흰개미에
   집중하라

Management Mess-Ups Revised Edition ⓒ 2006 Mark Eppler.
Original English language edition published by Career Press,
3Tice Rd., Franklin Lakes, NJ 07417 USA. All rights reserved.

No part of this book may be used of reproduced in any manner
whatever without written permission except in the case of brief quotations
embodied in critical articles or reviews.

Korean translation Copyright ⓒ 2006 by Human & Books Publishing Co.
Korean edition is published by arrangement with Career Press
through BOOKCOSMOS, Seoul.

이 책의 한국어판 저작권은 북코스모스를 통해
저작권자와 독점 계약한 것으로, 휴먼앤북스에 있습니다.
신저작권법에 의해 한국 내에서 보호를 받는 저작물이므로
무단 전재와 복제를 금합니다.

실패에서 배우는 성공 경영 리더십
흰개미에 집중하라

마크 에플러 지음
이경식 옮김

1판 1쇄 인쇄 | 2006. 8. 21
1판 1쇄 발행 | 2006. 8. 28

발행처 | Human & Books
발행인 | 하응백
출판등록 | 2002년 6월 5일 제2002-113호

서울특별시 종로구 경운동 88 수운회관 1009호
마케팅부 02-6327-3537, 편집부 02-6327-3535, 팩시밀리 02-6327-5353
이메일 | hbooks@empal.com

값은 뒤표지에 있습니다.

ISBN 89-90287-96-0 03320

흰개미에 집중하라

실패에서 배우는 성공 경영 리더십

마크 에플러 지음 | 이경식 옮김

Human & Books

| 머릿말 |

흰개미에 집중하라

지난 10년 간 이 세상에는 실로 엄청난 변화가 많이 일어났다. 이 변화가 기업 사회에 끼친 영향도 엄청나다. 간단하게 세 가지만 살펴보자.

_새천년 벽두에 터진 기업의 부정 사건이 재계와 월스트리트를 뒤흔들어놓았다. 회계 기준을 보다 엄격하게 강화한 '사베인스-옥슬리 법'이 제정되어, 최고경영자들도 투자자들의 돈을 유치하기 위해서는 자기 회사의 경영 상태를 보증해야 한다. 그리고 기업의 부정 사건 때문에 노동자들 사이에서는 냉소주의가 퍼지고 있으며 회사에 대한 충성도도 더욱 약해졌다.

_기술 발전과 비용 절감의 노력 덕분에 개인과 개인 사이의 의사소

통 방식이 완전히 바뀌었다. PDA, 노트북, 그리고 무선 통신 기술은 기업 통신의 방법과 시간 그리고 장소를 완전히 바꾸어놓았다. 이메일이 전통적인 개인 소통 방식을 대체함으로써 사람들은 과거보다 소외감을 더 많이 느끼게 되었다.

테러의 공포는 많은 것을 바꾸었다. 미국 영토 안에서는 안전이 보장된다는 생각이 바뀌었다. 노동자가 중요하게 여기는 가치도 바뀌었다. 거의 모든 것이 바뀌었다. 9·11 테러의 공포를 목격한 사람들은 현실에서 정말 중요한 게 무엇인지 다시 생각하고 있다. 노동자들은 이제 직장에서 돈보다 더 소중하고 의미 있는 것을 찾고 있다.

오늘날 경영자들은 10년 전에는 상상도 하지 못했던 문제들과 씨름을 한다. 아웃소싱의 폭발적인 증가, 유기적인 성장에 대한 요구, 기업의 내적 및 외적 동맹 관계의 변화, 빠르게 움직이는 시장, 어디로 튈지 모르는 소비 성향 등이 한데 합쳐져서 경제계의 지형을 바꾸어버렸다.

나는 강연을 할 때마다 이 시기를 '선천적 불안정성의 시대'라고 부른다. 어떤 사람들은 나의 이런 표현이 마치, 이 세상을 불확실성과 모호함과 변화로 뒤죽박죽인 세계로 묘사하는 것 같다면서 불편해한다. 이들은 과거를 그리워하면서 모든 것들이 하루빨리 '정상으로' 돌아가길 기원한다. 하지만 이런 상태는 지극히 정상이며 '새로운 표준'이다. 게다가 반가운 소식도 있다. 이 시대가 제공하는 기회가 이 시대가 드리우는 어두운 그림자보다 훨씬 많고 크다는 사실이다.

오늘날에는 기업들이 흡수나 합병에 과거처럼 많은 비중을 두지 않는다. 대신 핵심 사업 부문에서 성장의 기회를 찾으려 한다. 조직 내의 유기적인 성장을 증대시켜야 하는 과제는, 진정한 성장 지도자가 되고자 하는 (CEO에서부터 하급 관리자에 이르는) 모든 층위의 경영자들의 몫으로 다시 돌아갔다. 이로 인해서, 업무 과제와 업무 성과 사이에 어떤 차이가 있는지 이해하며 업무 성과에 대해서 주인의식을 가지는 경영자(그리고 직원)가 필요하게 되었다. 그렇다면 어떻게 하면 모든 조직원들이 주인의식을 갖고 핵심 사업 부문에 최대의 역량을 집중할 수 있을까? 이 책에서 주안점을 둔 것이 바로 그 부분이다.

미국의 해충방제협회에 따르면, 북아메리카 전역에서 흰개미로 인한 피해액은 화재와 폭풍과 홍수를 모두 합친 피해액보다 크다고 한다. 흰개미는 땅 속을 통해 목재 구조물에 침투하여 서서히 목조 가옥을 붕괴시킨다. 흰개미의 침입을 받은 가옥은 적절한 대비책을 마련하지 않는다면 언젠가는 붕괴되고 만다. 미국의 경우 이 작은 해충 때문에 발생하는 피해액은 뉴올리언스에서만 해마다 3억 달러나 된다. 자연계에서 일어나는 이런 현상은 기업 세계에서도 똑같이 일어난다. 아주 사소한 것들이 엄청난 피해를 낳는다는 말이다.

최근 중국은 비약적인 경제 발전을 이루었다. 물론 중국의 기업들도 약진하고 있다. 원천 기술도 그다지 주목할 것 없는 중국 기업의 약진에 대해, 이제는 미국 기업들도 저임금을 앞세운 저가품 전략이라고 중국 기업들을 평가절하할 수만은 없다. 중국의 기업들은 전 세계가 아웃소싱에 대해서 걱정하고 있을 때 경영 실천을 통해서 비용을 줄이고 생산성을 높이는 데 초점을 맞추고 있다. 즉, 중국은 기업을 갉아먹고 급기야 기업의 붕괴를 가져오는 '흰개미'에 집중하고 있다는 말이다.

경쟁력 있는 지속 가능한 강점들을 추구하는 기업이라면 경영에서 '기본을 충실히 하는 전략'을 고려할 수도 있다. 빠져서는 안 되는 함정을 포착하고 그 함정을 피해 감으로써 경영자는 경쟁력 있는 회사를 만들 뿐만 아니라, 유능한 직원들이 회사를 떠나는 일이 없도록 한다. 어떤 사람이 말하길, 평범한 회사에 다닌다 하더라도 사장이 훌륭한 경영자이면 훌륭한 직장이라고 했는데, 이 말에 나도 전적으로 동의한다. 훌륭한 경영자면 자신의 기업의 '흰개미'를 찾아내고 박멸할 수 있어야 한다. '흰개미'는 인사관리에도 재무관리에도 마케팅에도 모두 자리 잡고 있다. 회사의 각 영역에서 조금씩 '흰개미'의 공격에 노출되면, 언젠가는 그 기업은 무너지고 만다. 결국 오늘날 어떤 회사든 핵심 사업 부문에서 지속적인 성장을 가능하게 하려면, '흰개미'를 찾아 박멸하는 방법밖에 없다. 다른 것들은 부수적이다.

그렇다면 어떻게 '흰개미'를 찾을 것인가. 그 방법은 의외로 간단하다. 과거에 출현했던 '흰개미'를 찾아 그들의 생태를 관찰하는 것이다. 다른 말로, 실패의 경험으로부터 성공 경영의 가능성을 찾는 것이다. 물론 그렇다고 해서 실패를 직접 겪어봐야 한다는 말은 아니다. 다른 기업의 실패의 교훈을 자신의 기업에 적용한다면, 그 기업은 '흰개미'의 공격을 물리칠 수 있다. '흰개미'의 박멸, 그것은 기업이 죽느냐, 사느냐(To be, or not to be)의 문제이다.

'흰개미'에 집중하라. 이 책을 읽는 독자들은 이 책에서 제시한 57마리의 '흰개미'를 모두 찾아내고 또 박멸하길…….

행운을 빈다.

CONTENTS

05 　머릿말　　　　　흰개미에 집중하라
13 　흰개미의 오류 0 　실패에서 배우지 못한다

1부　리더십

18 　흰개미의 오류 1 　혼자 스타가 되려 한다
27 　흰개미의 오류 2 　기업의 '불꽃'을 유지하지 못한다
34 　흰개미의 오류 3 　'영향력'이 아니라 '권력'을 행사하려 한다
42 　흰개미의 오류 4 　지도자의 성격을 갖추지 못한다

2부　의사소통

52 　흰개미의 오류 5 　직원의 말에 귀 기울이지 않는다
61 　흰개미의 오류 6 　말로만 의사를 전달한다고 믿는다
67 　흰개미의 오류 7 　부서간 의사소통의 통로를 만들지 못한다
74 　흰개미의 오류 8 　소문의 위력을 알지 못한다

3부　동기부여

82 　흰개미의 오류 9 　고용은 날마다 새롭게 맺는 계약임을 알지 못한다
91 　흰개미의 오류 10　고객이나 직원에게 중요한 가치를 부여하지 못한다
99 　흰개미의 오류 11　'쫄쫄이 양말' 경영을 한다
106　흰개미의 오류 12　진정한 칭찬과 격려의 말을 하지 못한다
112　흰개미의 오류 13　동기부여를 강제로 이끌어내려 한다

4부　변화 관리

120　흰개미의 오류 14　변화를 혼자서 주도한다
126　흰개미의 오류 15　사람들이 왜 변화에 저항하는지 알지 못한다
135　흰개미의 오류 16　변화의 역학을 이해하지 못한다
141　흰개미의 오류 17　변화를 예상하지 못한다

5부 자기계발

- 150 흰개미의 오류 18 당신 자신이 하나의 회사가 되지 못한다
- 156 흰개미의 오류 19 '쓸모없는 조개껍데기'를 주기적으로 제거하지 않는다
- 163 흰개미의 오류 20 인맥을 쌓지 못한다
- 169 흰개미의 오류 21 당신의 평소 개인적 스타일이 지닌 힘을 알지 못한다
- 175 흰개미의 오류 22 자기 자신을 돌보지 않는다
- 182 흰개미의 오류 23 미래를 맞을 준비를 철저하게 하지 않는다

6부 문제 해결

- 190 흰개미의 오류 24 개혁하지 못한다
- 199 흰개미의 오류 25 '라이트 형제의 원칙'을 간과한다
- 206 흰개미의 오류 26 직원들이 침 튀기며 논쟁하는 분위기를 만들지 못한다
- 212 흰개미의 오류 27 문제 해결 도구를 채택하지 않는다
- 220 흰개미의 오류 28 '사리에 맞는' 위험을 무릅쓰지 않는다

7부 고객 서비스

- 230 흰개미의 오류 29 무한 고객 서비스의 중요성을 간과한다
- 235 흰개미의 오류 30 규정은 일반적인 지침이지 구체적인 행동 지침이 아님을 직원들에게 가르치지 않는다.
- 242 흰개미의 오류 31 고객을 만나지 않는다
- 250 흰개미의 오류 32 '있는 힘을 다하는 것'은 생존 전략임을 알지 못한다

8부 성과 관리

- 258 흰개미의 오류 33 비난이 비생산적인 활동임을 알지 못한다
- 265 흰개미의 오류 34 직원에게 재량권을 부여하지 않는다
- 273 흰개미의 오류 35 성공으로 이끄는 것은 열망과 노력임을 알지 못한다
- 278 흰개미의 오류 36 승리를 축하하지 않는다
- 284 흰개미의 오류 37 모든 조직 체계는 정치적이라는 사실을 알지 못한다
- 292 흰개미의 오류 38 성과를 내지 못하는 직원에게 책임을 지우지 못한다

9부 일반 관리

304 흰개미의 오류 39 '성장 지도자'가 되지 못한다
311 흰개미의 오류 40 업무 평가를 사소하고도 귀찮은 일로 생각한다
317 흰개미의 오류 41 미시 경영에 집착한다
323 흰개미의 오류 42 사무실에서 늘 심각하고 엄숙한 태도를 유지한다
331 흰개미의 오류 43 직원을 훈련시키지 않는다

10부 계획

340 흰개미의 오류 44 목표를 문서로 작성하지 않는다
347 흰개미의 오류 45 부하 직원에게 권한을 위임하지 않는다
353 흰개미의 오류 46 시간 관리에 철저하지 못하다
360 흰개미의 오류 47 미래를 내다보고 계획을 세우지 못한다

11부 기업 문화

368 흰개미의 오류 48 기업 문화의 상징물이 없다
374 흰개미의 오류 49 냉소주의가 얼마나 위험한지 깨닫지 못한다
380 흰개미의 오류 50 작업장을 깨끗하게 유지하지 않는다
387 흰개미의 오류 51 직원들의 자부심을 북돋우지 않는다
393 흰개미의 오류 52 호의와 공손한 태도를 갖추지 못한다

12부 경영과 영업의 기본

400 흰개미의 오류 53 물건을 파는 게 아니라 가치를 파는 것임을 이해하지 못한다
407 흰개미의 오류 54 회사의 모든 구성원은 영업사원이라는 사실을 알지 못한다
415 흰개미의 오류 55 직원들에게 회사의 수익 발생 구조를 이해시키지 않는다
421 흰개미의 오류 56 어려움에 잘 대처하지 못한다

13부 가장 중요한 것

430 흰개미의 오류 57 이론으로 배운 것을 실천하지 않는다

| 흰개미의 오류 0 |

실패에서 배우지 못한다

"잘못되었다는 지적과 수정 요구를 받아들이는 사람은 성공의 길로 곧장 나아간다. 그러나 그 지적과 수정 요구를 무시하는 사람은 결국 도중에 길을 잃고 말 것이다." —〈잠언〉 10장 17절

고작 60센트 때문에 200만 달러짜리 고객을 잃는 일이 일어났다면 믿을 수 있는가? 이 일은 실제로 워싱턴의 스포캔에서 일어났다. 〈유에스에이 투데이〉가 실은 기사 '200만 달러의 교훈을 얻은 은행'에 따르면 이야기는 이렇다. 존 배리어라는 남자가 거래 은행의 한 지점에서 수표를 100달러짜리 지폐로 바꾼 뒤 은행 직원에게 주차 확인 도장을 찍어달라고 했다. 그러자 그 직원은 예금 거래를 한 게 아니라서 규정상 무료 주차 혜택을 줄 수 없다고 했다. 배리어는 자기가 많은 자산을

그 은행에 예치하고 있는 VIP 고객이라고 설명했다. 그러자 그 직원은 이렇게 말했다.

"그게 어쨌다구요?"

배리어는 지점장을 찾아가서 항의했다. 하지만 지점장도 예금 거래를 하지 않은 고객에게는 무료 주차 혜택을 줄 수 없다는 은행의 규정만 기계적으로 반복했다. 화가 난 배리어는 다음날 당장 본사로 찾아가서 자기가 예금한 돈을 전부 인출했다. 자그마치 200만 달러가 넘는 돈이었다.

사업을 할 때는 아주 작은 실수라도 엄청난 결과를 몰고 올 수 있음을 늘 되새기기 위해서 나는 이 이야기가 실린 기사를 복사해서 지갑에 넣고 다닌다. 이 책에서 나는 이런 종류의 실수를 '기업의 성공 가능성을 갉아먹는 실패'라는 의미로 '흰개미'로 지칭하기로 한다. 이 이야기 속에서 진짜 실수를 저지른 사람은 안내 직원이 아니라 은행의 경영진이다. 고객의 요구에 대응하려면 회사가 정한 규칙이나 규정을 순발력 있게 수정할 수 있어야 하기 때문이다('흰개미의 오류 30' 참조). 이런 사건은 드물게 일어나는 아주 특이한 사건인 것 같지만, 사실 현실에서 비일비재하게 일어나는 일들이다. 수많은 기업들이 날마다 200만 달러, 아니 그보다 훨씬 더 많은 금액을 어처구니없는 단 한 번의 실수로 잃어버리는 게 현실이다. 차이가 있다면, 손실액이 눈에 잘 띄지 않고 또 추적하기 어렵다는 것뿐이다.

무엇이 문제인가

오늘날과 같은 거친 기업 환경에서 경영을 한다는 것은 결코 만만한 일이 아니다. 현대 사회에서 책임과 권한의 분산을 통해서 각 분야의 자율권이 보다 강화되는 현상을 보면, 생산성이나 다른 사람의 업무 활동을 책임진다는 것이 결코 작은 일이 아님을 금방 알 수 있다. 게다가 오늘날의 경영자들은 이런 책임에 대해서 제대로 준비가 되어 있지도 않다. 조금 강하게 말을 하면, 언젠가는 망할 게 뻔히 내다보인다.

최고의 명성을 가지고 있는 기업을 포함해서 전 세계의 기업은 현재 자질이 우수한 직원들을 놓침으로써 엄청난 액수의 손실을 기록한다는 사실을 잘 알고 있다. 회사에 사직서를 쓰고 나오는 유능한 인재들을 대상으로 조사를 해보면, 이들이 회사를 떠나는 이유는 흔히 지극히 사소하다. 경영자들이 수없이 작은 실수들을 저지름으로써 재능이 있는 우수한 인재들을 자기 회사 밖으로 몰아내고 있다는 말이다. 남아 있는 직원들 역시 마음이 편하지는 않다. 최근에 이런 회사의 어떤 직원이 나에게 이런 말을 했다.

"세계에서 가장 큰 회사에서 일을 하는 건 좋은 일이죠. 하지만 높은 사람이 엿 같으면, 하는 일도 엿 같단 말입니다."

어떻게 개선할 것인가

이 책은 부하 직원들을 다루어야 하는 지위에 있는 사람들이 실제 현실에서 곧바로 사용할 수 있는 시의적절한 조언을 제시한다. 이 책에서 제시하는 조언은 간단명료하고 재기가 넘치며 통찰력이 번득인다. 하지만 무엇보다 중요한 것은 쉽게 활용할 수 있다는 사실이다. 이 책에서 제시하는 여러 상황의 '흰개미'들은 내가 진행하는 워크숍이나 훈련 프로그램에 참석한 전 세계의 고객들이 직접 경험한 (혹은 저지른) 생생한 체험담들이다. 하지만 특정한 기업이나 인물의 구체적인 이름은 익명으로 처리했음을 미리 밝혀둔다. 이 책에서 제시하는 여러 원칙들이 실제 경영 현실에서 진가를 발휘할 수 있으리라 기대한다.

실패를 통해서 배운다는 것

사업의 기본적인 목적은 새로운 고객을 만들고 또 그 고객을 계속 붙잡아두는 것이다. 경영의 기본적인 목적은 직원들이 저마다 역량을 갖추고 동기부여를 받아서 사업 목적을 달성할 수 있는 작업 환경을 만드는 것이다. 이런 작업 환경을 만들려면, 우선 경영자가 인간관계의 개념적이고 기술적이며 인간적인 다양한 기술들을 알고 있어야 한다. 하지만 그 어떤 기술보다 중요한 것이 있는데, 그것은 바로 과거에 자기 혹은 다른 사람들이 저지른 실패들을 통해서 학습하고 성장할 수 있는 능력이다.

1부 리더십

흰개미의 오류 1

혼자 스타가 되려 한다

"문제는 재산의 불평등에서 발생하는 게 아니라 명예의 불평등에서 발생한다." —아리스토텔레스

웨스트 코스트 사社의 구매 담당자는 자사에 부품을 공급할 업체로 애크미 사社를 선정하기 위해서 이 회사를 직접 방문해서 회사 상태를 실사했다. 애크미는 웨스트 코스트와 계약을 맺을 경우 납품을 독점할 수 있었다. 이렇게 되면 웨스트 코스트의 전체 납품업체 가운데서 가장 규모가 작은 회사로 기록될 수 있었다. 구매 담당자는 애크미 소속 직원들과 회의를 하면서 '~하면 어떻게 할 것입니까?'라는 유형의 질문들을 하기 시작했다. 공장에 불이 날 경우 어떻게 할 것입니까, 부품을 생산하는 기계가 모두 못 쓰게 되면 어떻게 할 것입니까, 하는 등의 질

문이었다. 그런데 구매 담당자는 다른 직원들이 함께 회의 탁자에 앉아 있음에도 불구하고, 이 모든 질문에 총책임자가 직접 대답하는 것을 보고 적지 않게 놀랐다.

회의가 거의 끝나갈 무렵, 구매 담당자는 회의 시간 내내 답변을 독점하고 있던 총책임자에게 이렇게 물었다.

"만일 당신에게 무슨 일이라도 생기면 어떻게 하죠?"

사실 이 질문에 그는 쉽게 답을 했어야 옳았다. 자기가 직접 모든 것을 총괄하고 혼자서 모든 문제를 해결한다고 생각해왔기 때문이다. 게다가 답변을 어떻게 하느냐에 따라서 이 질문을 던진 사람의 우려를 씻어낼 수도 있었을 뿐만 아니라, 회의장에 함께 있던 직원들이 가지고 있는 능력을 최대한 홍보할 수 있는 기회였다

구매 담당자 측 사람들뿐만 아니라 애크미의 직원들까지 모두 그의 대답을 기다렸다. 그는 어깨를 한 번 으쓱하고는 야릇한 표정을 지었다. 그 표정은 마치 이렇게 말하는 듯했다.

'그렇습니다. 만일 그런 일이 일어나면 큰일입니다. 내가 없으면 안 되거든요.'

비록 그 말이 입 밖으로 나온 것은 아니었지만, 침묵 속에 짓고 있는 그의 표정은 분명 그런 뜻이었다. 자기 직원들의 능력을 치켜세워서 상대방의 우려를 씻었어야 함에도 불구하고 그는 자기가 얼마나 중요한 존재인지 과시하고 즐기는 데만 정신이 팔려 있었다. 그 결정적인 실수로 인해서 계약은 물 건너가고 말았다. 부하 직원들의 존경과 충성심 역시 날아갔음은 말할 것도 없다.

이와 비슷한 상황에서 똑같은 질문을 받은 어떤 기업의 대표가 했던

말을 나는 기억하고 있다. 그 사람은 무척 재미있다는 듯이 웃으면서 이렇게 말했다.

"내가 영영 가버렸다는 사실을 누군가 알아주길 바라야겠죠."

그리고는 이어서 자기 직원들이 '미국 최고의 인재들'이라면서 그들이 가지고 있는 장점들을 열거하며 칭찬했다. 그리고 다음과 같이 결론을 내렸다.

"사람들이 나를 그리워할 것이라고 믿습니다. 하지만 이 회사는 전과 다름없이 계속 힘차게 굴러갈 것입니다."

이것이 바로 스타를 만드는 경영자, 즉 자기 직원의 노력과 자질을 칭찬하는 경영자가 함직한 대답이다. 애크미의 총책임자가 이런 식으로 대답하지 않았던 것은 정말 부끄러운 일이다. 그의 주변에도 그가 없을 경우에 얼마든지 잘 해낼 수 있는 유능한 직원들이 포진해 있었기 때문이다. 하지만 그는 기회를 놓쳤고, 아울러 직원들의 지지까지 잃고 말았다.

훌륭한 경영 기법은 최근에 새로 발견된 것이 아니다

어떤 경영자가 경영자로 성공을 거두었다고 할 때, 이 성공 요인 가운데 가장 핵심적인 것으로 직원들 편에 서는 것을 들 수 있다. 고대 중국의 현인인 노자는 무려 기원전 600년에, 성공의 열쇠는 다른 사람들이 스타가 될 수 있는 환경을 만들어주는 것이라고 말했다. 그러면서 이렇게 말했다.

"다른 사람을 존경하지 않으면, 그 사람도 너를 존경하지 않을 것이다."

훌륭한 경영 기법은 최근에 새로 발견된 것이 아님을 여실하게 보여주는 대목이다. 노자가 이런 충고를 한 지 수백 년이 지났건만, 수많은 경영자들은 여전히 이 충고를 무시한다. 최근의 한 경영 관련 잡지에 실린 인터뷰 기사가 이런 상황을 잘 보여준다. 〈포춘〉이 선정한 200대 기업에 속하는 회사의 최고경영자는 리더십 철학에 대한 질문을 받고 이렇게 말했다.

"현재로서는 생산적이지 않다는 사실을 나도 압니다. 하지만 골라인을 넘어서 터치다운을 해야 할 순간이 오면, 공을 들고 터치다운을 하는 사람은 바로 내가 되고 싶습니다."

당시 이 인터뷰 기사를 읽은 사람이라면, 누구든 이 사람을 보좌해야 하는 사람들이 불쌍하게 보였을 것이다. 나는 이 기사를 읽으면서 고등학교 때의 쿼터백 '잘난척'을 떠올렸다. 잘난척도 이 최고경영자와 비슷한 생각을 가지고 있었다.

〈포춘〉과 인터뷰를 한 그 최고경영자처럼 잘난척도 골라인을 통과하는 마지막 공격 때는 자기가 터치다운을 하고 싶어했다. 그가 구사한 전략은 간단했다. 골라인 직전까지 밀고 갈 때는 공을 하프백에게 주었다. 덩치가 크고 파이팅이 좋았던 이 하프백은 상대방 선수들을 따돌리고 달리는 데 특출한 재능을 가지고 있었기 때문이다. 하지만 골라인 직전에만 가면 잘난척은 '쿼터백 스니크' 작전을 지시했다. 쿼터백이 직접 공을 들고 중앙을 돌파하는 작전이었다. 이 작전으로 그는 자기 팀의 모든 점수를 혼자 냈고, 환호성을 혼자 독차지했다. 그는 스타였다.

잘난척이 터치다운을 계속하면서 그의 명성은 높아져 갔다. 그는 늘 박수를 받았다. 처음에는 경기에 이겼다는 사실 하나만으로 동료 선수들도 모두 좋아했다. 하지만 얼마 가지 않아서 잘난척의 말이 선수들 사이에서 먹혀들지 않았다. 자기 아닌 다른 누군가를 돋보이게 만들기 위해서 힘들고 위험한 일을 하는 데 지친 것이다. 그래서 110킬로그램이 넘는 상대 선수들의 태클에 정면으로 맞서지 않기 시작했다. 깨끗하기만 하던 잘난척의 옷에 때가 묻기 시작했다. 그래도 잘난척은 어리석게도 골라인 앞에만 가면 쿼터백 스니크 작전 지시를 내렸다. 하지만 그의 마지막 시즌은 상대 팀 선수의 강력한 태클로 끝이 나고 말았다. 이때 자기 편 선수는 아무도 상대 팀 선수의 태클을 막아주려 하지 않았다.

모든 영광을 혼자 독차지하기

〈포춘〉과 인터뷰를 한 그 경영자는, 자기 경영 철학이 비록 생산성이 조금 떨어질지는 모르지만 그 정도는 괜찮다고 했다. 그는 이기적이고 거만했으며 나아가 오늘날 노동자들의 요구와는 전혀 동떨어져 있었다. 무한 경쟁이라는 기업 환경에서 스타를 만드는 리더십의 역할을 해내지 못한다는 것은 최고경영자가 저지를 수 있는 가장 큰 실책일 수도 있다. 그럼에도 불구하고 모든 영광을 혼자 독차지하려고 끊임없이 쿼터백 스니크를 외치는 경영자들이 있다. 다음 상황들을 살펴보자.

재능이 넘치는 젊은 여성 하급간부가 자기 부서의 업무를 개선하기 위해서 혁신적인 제안을 하지만 상사는 그 제안을 거부한다. 그런데 이 상사는 부하 직원의 제안을 마치 자기가 직접 창안한 것처럼 상부에 제출한다. 그리고 이 제안이 채택되어 표창장을 받고, 제안 채택 결과 발생한 비용 절감 효과에 대한 보상으로 특별보너스까지 받는다.

소매 체인점의 한 점장은 직원들의 매출 기록을 모두 자기 이름으로 기록한다. 비록 매출 기록에 따른 성과급 지불 제도는 없지만, 본부에서 기록을 검토해서 전체 점장들을 평가할 때 이 점장은 업무 성취도가 높다는 평가를 받는다.

중개업 회사의 한 중간간부는 부하 직원이 낸 보고서의 겉장을 떼어낸 뒤 보고서 작성자의 이름에 자기 이름을 넣어 이사회에 보고한다. 그리고 이 보고서는 그의 인사 고과 평점을 높여준다.

이런 사례들은 내가 일부러 힘들게 생각해낸 게 아니다. 어떤 분야의 기업에서든 늘 일어나고 있다. 부하 직원들은 상사를 위해서 신물이 날 정도로 자기 꼬리를 잘라야 하고, 상사는 늘 혼자 영광을 독차지한다. 아마도 이런 부하 직원들은 언제 어떤 상황에서든 자기 상사를 없애버릴 만반의 준비가 되어 있다고 보면 된다.

쓰라린 실패

스타를 만드는 데 실패한 좋은 사례를 미드웨스트의 한 전기 회사 인력 관리 담당자에게서도 들었다. 그녀는 나에게 자기 회사에 있는 젊은 사람 이야기를 했다. 그 사람은 말썽 많은 기술 부서 관리자로 임명이 되었다. 그 부서는 업무를 멋지게 해낼 역량이 있음에도 불구하고 단 한 번도 만족할 만한 성과를 낸 적이 없었다. 여러 명의 관리자가 차례로 투입되어 상황을 바꾸려고 노력했지만 모두 실패로 돌아갔던 것이다. 그런데 새로운 관리자가 부서 책임자로 발령을 받아 일을 하기 시작하면서, 변화가 생겼다. 그가 어떻게 했는지 알 수는 없지만, 그 부서에 커다란 충격을 가한 것만은 분명했다. 그 부서는 활기가 넘치고 열정이 뜨겁게 달아올랐다. 생산성도 놀랄 만큼 뛰어올랐다.

몇 달 뒤에 그 새로운 관리자가 전에 같은 부서에서 일하던 여자 동료를 한 식당에서 만났다. 그 동료는 이렇게 말했다.

"당신네 부서가 완전히 바뀐 것 같아요. 이번 분기만 해도 벌써 당신네 부서에서는 여러 프로젝트를 벌써 다 끝내버렸다고 하니, 정말 믿을 수가 없어요."

매력적인 여직원으로부터 기대하지도 않던 칭찬을 받자, 그 관리자는 잠시 생각하더니 이렇게 말했다.

"맞아요, 내가 오기 전까지는 이 회사에 진정한 기술 부서는 있지도 않았던 셈이죠."

크지 않은 회사였던 터라 이 관리자의 발언은 빠르게 전체 회사에 퍼졌다. 문제의 기술 부서 직원들도 이 관리자의 발언을 몇 다리 건너서 들었다. 그리고 며칠 지나지 않아서, 이 부서는 다시 과거의 비생산적이던 모습으로 돌아갔다. '놀라운 변화'는 다시 놀랍게 추락하고 말았던 것이다. 관리자가 아무리 노력을 해도 부서의 상황은 개선되지 않았다. 몇 달 뒤, 결국 이 관리자는 자기 부서에서 일어난 '기적'에 대해 책임을 져야 했고, 다른 부서로 전출되었다. 인력 관리 담당자는 이 이야기를 매듭지으면서 다음과 같이 말했다.

"그 사람이 한 실수는 아주 사소한 것이었지만, 결과는 엄청나게 컸지요."

이 젊은 관리자와 〈포춘〉과 인터뷰를 한 200대 기업의 경영자, 그리고 고등학교 시절의 쿼터백이 처했던 상황은 모두 비슷하다. 조직 전체의 단결된 힘이 없이는 목표를 달성할 수 없는 상황에서, 이들은 모두 영광을 혼자 독차지하려고 했다. 그리고 결국엔 그것 때문에 쓰라린 결과를 맛보아야 했다. MIT의 슬론 경영학교 학장인 레스터 서로우는 조직 구성원 모두에게 승리의 영광을 나누어주는 것이 중요하다면서 다음과 같이 말했다.

"조직의 지도자뿐 아니라 조직의 일반 구성원에게도 영광을 나누어주어야 한다. 그렇지 않으면 모든 사람이 지도자가 되기만을 원하고 일반 구성원은 되려 하지 않을 것이다."

NO.1 흰개미 박멸 프로젝트

1 당신의 상사 혹은 최고경영자에게 당신은 '스타 만들기' 체제로 조직을 운영할 것이라고 알려주어라. 당신이 하는 일은 조직의 다른 구성원들을 발전시키고 격려하고 칭찬하는 것임을 알게 해주어야 한다. 당신이 책임진 부서의 업무 성과가 좋아지면, 당신 상사나 최고경영자도 당신의 지도력이 발휘된 결과임을 인정할 것이다.

❷ 조직을 관리하고 경영한다는 것은 자기가 직접 스타가 되는 것이 아님을 명심하라. 다른 사람들이 잘하도록 격려하고 독려하는 것이다. 다시 말하면, 다른 선수가 터치다운을 할 수 있도록 적절한 순간에 '공을 그 선수에게 건네주는 것'이다. 한 조직의 성과에는 관리자의 지문만이 아니라 조직 구성원 모두의 지문이 묻어 있어야 한다.

❸ 조직의 노력을 이끌어낼 수 있는 기회를 찾아라. 당신 자신을, 당신 조직이 최대 성과를 낼 수 있도록 조언해주는 1인 경영 컨설턴트 회사로 생각하라. 성과를 일구어내는 사람들에게 영광을 돌릴 수 있는 여러 가지 창조적인 방법을 생각하라. 예를 들면, 비록 플라스틱으로 만든 상이라 하더라도, 각 팀별로 부하 직원들에게 아카데미상을 줄 수도 있다.

❹ 신뢰할 수 있는 진정한 경영자는 어떻게 하면 자기 조직과 부하 직원에게 봉사할 것인가를 늘 생각해야 한다는 사실을 명심하라. 직원들에게 당신이 정보를 제공하고, 훈련을 시켜주고, 상담을 해주고, 옳은 길을 안내하고, 또 그들이 하는 모든 노력을 지지한다는 사실을 명확하게 인식하도록 만들어라. 일상의 업무에 쫓겨서 부하 직원의 미래에 투자하는 일을 게을리 하면 안 된다.

❺ 당신이 지지하고 격려하는 행위가 어떤 인위적이고 계산적인 의도에서 비롯된 것이 아님을 분명하게 인식하도록 만들어, 직원들 사이에 불필요한 오해가 생기지 않도록 조심해야 한다. 부하 직원을 칭찬하는 것과 그들을 이기적으로 이용하는 것은 종이 한 장 차이밖에 나지 않을 수가 있다.

흰개미의 오류 2

기업의 '불꽃'을 유지하지 못한다

"나팔수가 분명하게 나팔을 불지 않으면, 병사들이 싸우러 나가라는 명령을 어떻게 알아들을 수 있겠는가?" —〈고린도전서〉 14장 8절

　잭 런던의 작품 가운데 내가 즐겨 읽는 소설은 〈불 지피기〉라는 단편소설이다. 겨울이 막 시작될 무렵에 한 남자가 개를 데리고 얼어붙은 유콘 강을 따라서 알래스카 횡단에 나서는 이야기이다. 이들의 여정은 험난하다. 눈앞이 보이지 않을 정도로 거세게 몰아치는 눈보라, 그리고 뼛속까지 얼어붙는 매서운 추위와 싸워야 한다. 개는 기온이 섭씨 영하 20도 이하로 내려가면 어떻게 되는지 잘 알고 있기에 '모든 걸 단념하고' 주인을 따라간다고 런던은 묘사하고 있다. 개가 주인을 뒤따라가는 것은 충성심 때문이 아니라, 그 남자가 자기에게 온기를 제공해줄 것이

라 믿기 때문이다. 남자는 성냥을 가지고 있을 뿐만 아니라, 그 성냥으로 불을 만들 줄도 안다.

고객을 위한 회의

여러 해 전에 나는 영국 스코틀랜드의 컴버놀드에 공장을 짓는 일에 관여했다. 내가 몸담고 있던 회사는 당시로서는 드물게 고객 서비스를 매우 중요하게 여겼고, 그런 점에서 특이했다. 고객 서비스 부문이 기업에 매우 중요한 사실임을 '발견'한 것은 비교적 최근이고, 그 회사는 훨씬 이전부터 이미 이러한 사실을 알고 있었기 때문이다. 회사가 고객에 대한 서비스를 특히 중요하게 여겼던 배경 가운데 하나는, 그 회사의 창업자이자 대표이던 사람이 뜨거운 열정을 가지고 우리 직원들이 보는 앞에서 몸소 그 부분을 강조했다는 사실이다. 회의를 할 때마다 대표는 늘 회의에 앞서 그 부분을 강조했다. 때로는 회의를 시작하자마자 그 회의를 통해서 고객이 이익을 볼 수 있을지 묻곤 했다. 한번은 그 질문에 어떤 관리자가 이렇게 답했다.

"정확하게 말씀드리면, 제가 알기로는 아닌 것 같습니다."

그러자 그 대표는 자기 서류와 커피잔을 들고 자리에서 일어나며 이렇게 말했다.

"고객에게 도움이 되지 않는다면, 우리가 회의를 하는 게 무슨 필요가 있겠나."

사업을 다른 나라로 확장할 준비를 할 때 가장 큰 관심사는 이 전략을 다른 나라의 문화에 적용하는 게 가능할까 하는 것이었다. 어느 날 저녁 더블린에서 아일랜드 은행의 한 간부와 이 문제를 토론한 적이 있었다. 그는 이렇게 말했다.

"나는 도무지 이해를 할 수 없습니다. 고객에게 미소를 짓는다고 해서 과연 그만큼 경쟁력이 높아질 수 있을까요?"

그 사람과 대화를 계속하면서 나는 고객들을 친절하게 대하는 것이 중요하긴 하지만, 우리가 택하고 있는 고객 서비스 전략은 단순히 그것만이 아니라 그것보다 훨씬 더 멀리 나가는 것이라고 말했다. 그리고 우리 서비스가 고객을 어떻게 감동시키며 또 우리 회사에 대한 고객의 이미지를 어떻게 바꾸었는지 사례를 들어서 설명했다. 그러자 그가 이렇게 말했다.

"알겠습니다. 고객에 대한 서비스가 당신네 회사의 윤리란 말이군요."

고객 서비스라는 윤리의 불꽃

차별화된 특성 혹은 근본적인 믿음을 가리키는 단어인 윤리ethos는 우리 회사가 고객 서비스에 대해 가지는 태도를 묘사하기에 가장 적합한 말이었다. 고객 서비스는 우리 회사의 윤리였다. 영국에서 우리 윤리에 동감하는 지도자를 찾는 일이 우리 사업의 성패를 결정짓게 될 터였다. 우리처럼 그렇게 그 믿음을 강렬하게 끌어안을 수 있는 사람이 우리에게 필요했다. 글래스고의 스코틀랜드 개발청 사무실에서 여러 지원자들을 차례로 만나 면접을 하면서, 우리 노력이 허사로 끝날지도 모른다는 예감이 들었다. 나는 한 지원자에게, 자신의 경영 스타일을 남이 평가하거나 묘사하는 말을 빌어서 한 마디로 표현하면 무엇이냐고 물었다. 그러자 그는 이렇게 곧바로 대답했다.

"엑조세(프랑스 제 유도미사일―옮긴이)."

나는 그가 무슨 뜻으로 한 말인지 몰라서 잠시 당황한 뒤, 왜 하필이면 엑조세냐고 물었다. 그러자 그는 이렇게 대답했다.

"나는 목표물을 향해 정확하게 날아가서, 날려버리거든요."

그 순간, '다음 지원자 들여보내세요!'라는 말이 목구멍까지 치고 올라왔다.

이제 지원자는 한 사람밖에 남지 않았다. 우리가 세웠던 목표를 달성하지 못하겠구나 싶었다. 하지만 마지막 남은 그 지원자는 바로 우리가 찾던 자질을 그대로 갖추고 있었다. 제조에서 판매에 이르는 전 부문에 걸쳐 다양한 기술을 가지고 있을 뿐만 아니라, 그는 우리가 하는 말을 알아들었다. 기업이 성공하는 데 가장 본질적인 요소가 무엇이냐고 묻자 그는 망설이지 않고 이렇게 대답했다.

"양질의 제품, 양질의 직원, 양질의 서비스라고 생각합니다."

우리는 그 사람을 곧바로 채용했고, 기본적인 사항 및 우리 회사의 철학과 가치를 교육하기 위해서 미국에 있는 본사로 데리고 왔다. 그리고 그는 두 달 동안 우리 회사 문화와 관련된 교육을 받았고, 이제 영국 공장을 관리하기 위해서 다시 영국으로 돌아갈 참이었다.

그가 모든 교육을 마쳤을 때, 우리는 환송식을 성대하게 열었다. 새로운 동료들이 마련한 선물들을 열어본 뒤, 그가 한 연설은 감동적이었다.

"나는 지금 막 양초 하나를 꺼내서, 이 자리에서 밝게 타오르는 불꽃을 옮겨 붙였습니다. 이 촛불의 불꽃을 꺼트리지 않고 새로운 고향으로 안전하게 가져가겠습니다. 그리고 거기에 사는 사람들에도 이 촛불의 온기와 불빛의 혜택을 나누어주도록 하겠습니다."

이 회사의 대표는 '그 불꽃을 지키는 사람'이었다. 하지만 우리도 마찬가지였다. 각 조직의 경영자이자 지도자로서 우리는 우리의 촛불을 켠 다음 각자 일하는 부서로 돌아가 거기에서 다시 부하 직원들이 자기의 초에 불을 붙일 수 있도록 해야 했다. 하지만 만일 우리 가운데 누군가가 '불을 꺼트린다면' 우리 회사의 불꽃은 회사 전체 조직으로 번지지 못한다. 고객 서비스 우선주의 원칙도 마찬가지다. 어떤 회사가 차별성을 가지고 확립하려는 어떤 가치가 있다고 할 때 누군가 그 가치를 망각한다면, 이 가치는 회사 전체 조직 구석구석까지 퍼져나가지 못하게 된다.

불꽃을 지켜라

안정적인 궤도에 올라선 회사는 모두 잘 정리된 기업 이념과 기업 가치를 가지고 있으며, 관리자들은 이 믿음과 가치가 얼마나 중요한지 이해하고 이것을 옹호하고 지지하기 위해 노력한다. 어떤 기업에게는 이것이 고객에 대한 서비스일 수 있고, 또 어떤 기업에게는 이것이 '식스 시그마'(품질 혁신과 고객 만족을 달성하기 위한 기업 경영 전략—옮긴이)일 수 있고, 또 '군살 없는 생산lean manufacturing'을 중심 가치로 설정하는 기업도 있을 수 있다. 물론 다른 가치들도 얼마든지 있을 수 있다. 이 가치들은 궁극적으로 한 기업의 전략 방향을 결정하는 가장 중요한 성공 요인이 될 것이다. 하지만 조직의 어느 한 곳이라도 이 불꽃이 켜지지 않는다면, 전체 회사가 그 메시지를 공유한다고 할 수는 없을 것이다.

다시 잭 런던의 소설 이야기로 돌아가보자. 남자는 여행을 마치기 전에 성냥을 다 써버리고 만다. 언 몸을 녹일 수 없게 되자 남자는 쓰러진다. 처음에 개는 남자가 불을 피우길 기대하면서 끈기를 가지고 기다렸다. 하지만 자기가 원하는 것을 남자가 이제 주지 못한다는 사실을 깨달은 개는 남자를 떠나기로 결심한다. 잭 런던은 이 부분을 이렇게 쓰고 있다.

개는 조금 더 기다렸다. 기다리면서 소리를 내어 울부짖었다. 차가운 하늘에 박힌 별들은 이리저리 뛰고 춤추면서 밝은 빛을 뿌렸다. 이제 개는 돌아섰다. 그리고 자기가 알고 있는 캠프가 있는 방향으로 뚜벅뚜벅 걸어갔다. 거기에 가면 누군가가 자기에게 불을 제공해줄 터였다.

지도자가 불꽃을 지키지 못하면, 그 아래에 있는 사람들은 '온기'를 찾아서 두리번거리며 다른 곳으로 떠나는 위험한 상황이 전개된다.

 # 흰개미 박멸 프로젝트

1 갑작스런 돌풍은 언제든 불어 닥칠 수 있다. 이럴 때 당신이 가지고 있는 불꽃이 꺼지지 않도록 조심하라. 회사에는 그 불꽃을 꺼트릴 수 있는 수많은 요소들이 잠복해 있다. 냉소주의, 편견, 질투, 무관심 때문에 당신이 가지고 있는 불꽃이 빛을 잃고 희미하게 꺼져갈 수 있다.

2 회사의 핵심적인 성공 요인을 파악하고, 직원들이 이를 늘 인지하도록 하라. 이 성공 요인을 계속 강조함으로써 직원들은 그 불꽃 속으로 힘차게 달려갈 수 있다.

3 모든 직원이 그 불꽃을 비리볼 (혹은 메시지를 들을) 기회와 자기 자신의 초에 불을 붙일 기회를 가지고 있음을 명심하라. 새로 조직에 몸담은 사람들은 반드시 초기에 자주 이 메시지를 접하도록 해야 한다.

4 밝은 불꽃을 내기 위해서는 모든 초에 다 불이 붙어야 한다는 사실을 깨달아라. 누가 불을 붙이기 꺼리는지, 그리고 가능하다면 그 이유가 무엇인지 간파하라. 그 이유가 정당하다면 그의 문제 제기를 받아들이고 처리하라. 이유가 정당하지 않다면 그 사람에게 다른 빛을 찾을 수 있도록 하라.

5 당신이 원하는 행동 양식을 정식화하고 실천하라. 당신이 가지고 있는 불꽃에 장작을 던져 넣어 계속 타오르게 만들어야 한다. 불꽃이 사그라지기 시작하면, 전체 조직은 금방 깜깜하게 어두워진다. 리더십은 조직의 말단까지 관통하고 통제하는 것이다.

흰개미의 오류 3

'영향력'이 아니라 '권력'을 행사하려 한다

"백성의 모습은 국왕의 모범에 따라서 좌우된다. 국왕의 모범적인 행동과 삶은 그가 내리는 명령보다 더 강력하다."
―클라디아누스, 기원전 365년

"우리 사장님 만나보셨나요?"

회의 기획자가 나에게 묻는 말이었다. 만난 적이 없다고 하자 그녀는 곧바로 내 팔을 잡아 끌고는 다른 사람 몇과 대화를 나누고 있던 사장에게 데리고 갔다. 그리고는 내 귀에다 대고 속삭였다.

"정말 감동받으실 거예요. 진짜 특별한 분이시거든요."

사장은 우리가 온 걸 보고는 먼저 있던 사람들과 나누던 대화를 끊고 내게 다가왔다.

"이렇게 직접 얼굴을 뵙다니 정말 반갑군요. 여러 사항을 그렇게 자세하게 지적하고 설명해주실 줄 몰랐어요."

잠시 대화를 나누는 동안 사장은 내가 지적한 내용 중 몇 가지를 자세하게 질문했다. 사장과 헤어진 뒤, 나를 데리고 갔던 회의 기획자는 다른 사장들도 내가 보고한 내용에 관심을 갖고 직접 질문을 한 적이 있느냐고 물었다. 그래서 이렇게 대답했다.

"예, 하지만 늘 좋았던 내용만 물어봤죠."

짧은 만남이었지만 그 회사의 사장에게서 상당히 신선하고 의미 있는 충격을 받았다. 솔직히 나는 내 작업을 좋게 평가하는 사람들에게서는 모두 좋은 인상을 받는다. 하지만 그때의 만남은 단지 그것만이 아니었다. 비록 공식적인 만남이긴 했지만, 만나고 돌아설 때 마음이 무척 뿌듯했다. 그때 나는, 영업을 하는 사람이 명심해야 할 첫 번째 원칙은, 사람들은 영업자가 좋아서 그 영업자의 상품을 사는 게 아니라 그와 함께 있는 자기 모습이 좋아서 상품을 사는 것임을 다시 한 번 확인했다. 비록 그 사장은 직위에 따른 권력을 가지고 있긴 했지만, 그가 자기 직원을 포함해서 수많은 사람들을 감동시킨 것은 자기 주변 사람들에게 영향력을 행사할 수 있는 능력을 가지고 있었기 때문이다.

"당신과 더 이상 할 이야기 없습니다"

관리자가 부하 직원을 자기 사무실로 부른다. 직원이 들어오면 그 뒤에서 문을 닫고, 그가 자리를 잡고 앉기도 전에 왜 핵심적인 사항을 임의로 변경했느냐고 묻는다. 직원은 이렇게 대답한다.

"그렇게 바꾸면 주문을 따낼 가능성이 더 많아진다고 생각했습니다."

"잠깐 잠깐. 한데 내 허락도 받지 않고 당신 마음대로 바꿔도 되나? 그렇게 해도 된다고 누가 그랬지?"

"저는 그게 낫다고 판단해서……"

직원이 말을 마치기도 전에 관리자는 버럭 고함을 지른다.

"시키는 대로 해. 아니면 회사에서 나가든가! 이 부서의 책임자는 나야. 지시를 내리는 사람은 나라구! 당신은 내가 시키는 것만 하면 돼, 알겠어?"

그러자 직원은 자리에서 일어난다. 그러면 관리자는 더욱 큰 소리로 고함을 지른다.

"기다려, 얘기 아직 안 끝났어!"

하지만 직원은 이렇게 말한다.

"나는 당신과 더 이상 할 이야기 없습니다."

이것은 이 일을 직접 당했던 사람에게서 들은 이야기다. 조직의 진정한 힘이 어디에서 나오는지 관리자가 제대로 이해하지 못할 때 어떤 일이 벌어지는지 보여주는 가장 좋은 사례가 아닐까 싶다. 이 관리자는 자기에게는 직위와 직책에 따른 권력이 있으므로 그 힘으로 자기 부서를 마음대로 해도 된다고 생각했다. 《칭찬은 고래도 춤추게 한다》의 저자 켄 블랜차드가 지적했듯이, 오늘날 리더십의 진정한 힘은 영향력이지 권력이 아니다. 앞에서 들었던 사례에 등장하는 관리자는, 오늘날에는 작업장에서 어떤 강압적인 통제도 환상에 지나지 않는다는 사실을 깨달았을 것이다. 전혀 다른 조건과 환경에 있던 또 다른 '관리자'도 부하 직원이 자기 권력을 무참하게 거부하는 비슷한 경험을 했다. 이 이야기는 소제목을 바꾸어서 계속된다.

지위에 따른 권력은 허구다

1차 걸프전 직후 조지 H. W. 부시 대통령에 대한 지지도는 최고치를 기록했다. 재선의 가능성도 무척 높았다. 민주당의 대통령 선거 후보들 가운데 많은 사람들이 일찌감치 출마를 포기했다. 하지만 불과 몇 달 사이에 대통령의 지지도가 떨어지기 시작했다. 그는 평범한 일반 시민의 요구가 닿을 수 없을 만큼 멀리 떨어져 있는 사람으로 비쳤기 때문이다. 1992년 11월, 그는 자기가 지도력을 발휘하고자 했던 사람들에게 긍정적인 영향력을 행사하는 데 실패한 결과, 결국 가지고 있던 권력까지 내놓아야 했다. 세상에서 가장 권력이 크다는 자리에 앉아 있으면서도, 대통령은 하고자 하는 일을 계속 할 수 없었던 것이다.

효과적인 리더십의 한 요소로서 영향력이 차지하는 비중은 과거 그 어느 때보다도 중요해졌다. 오늘날의 노동자들은 경영 참여라는 개념을 이미 알고 있기 때문에 독재자의 방법으로는 지도력을 발휘할 수 없다. 관리자나 경영자들은 부하 직원을 움직일 수 있는 힘은 이제 넓은 사무실이 딸린 직위에서 나오지 않는다는 사실을 깨달아야 한다. 부하 직원의 생활과 관련된 직장의 환경이나 상황을 바꿀 수 있는 힘은 그냥 주어지는 것이 아니라 동의 과정을 통해서 허락받는 것이다. 부하 직원이 당신에게 힘을 실어주겠다고 하지 않는 한, 당신의 직위나 직책이 무엇이든 간에 당신은 절대로 힘을 행사할 수 없다. 이것이 바로 영향력이 결정적으로 중요한 까닭이다.

영향력을 행사한다는 것

여러 해를 거치면서 영향력은 다양하게 정의되고 묘사되었지만, 그럴수록 더욱 신비스럽게만 보인다. 어떤 사람은 영향력을 정신적 혹은 도덕적 힘이라고 정의했고, 어떤 사람들은 권위나 특권 혹은 신뢰성이라고 정의했다. 일반적으로 동의할 수 있는 수준으로 정의를 하자면, 영향력은 강제적인 힘을 행사하거나 직접적인 지시를 내리지 않고도 원하는 결과를 얻을 수 있는 능력이다. 자기 조직의 지도자가 자기들이 가고자 하는 곳에 데려다줄 수 있고 또 더 나은 대안을 실현할 수 있다고 믿는 데서 영향력은 비롯된다.

다른 사람들에게 효과적으로 영향력을 행사하는 사람들은(의식적으로든 무의식적으로든 간에) 사람들이 원하는 기본적인 요구들을 잘 이해한다. 심리학자들 말로는, 사람은 누구나 다른 사람이 자기를 이해하고 환영하길 바라며 어디서든 편안함을 느끼고 싶고 또 자기 인생이 중요하다고 믿고 싶은 강렬한 욕구를 가지고 있다고 한다. 다른 사람을 만족시켜줄 수 있는 사람이라면 영향력을 행사할 수 있는 기본적인 자질을 갖추고 있다고 볼 수 있다.

세미나를 진행하고 훈련 프로그램을 진행하는 사람으로서 내가 해야 하는 기본적인 역할은 분위기를 매끄럽게 만들고 사람들로 하여금 편안한 느낌이 들게 만드는 것이다. 비록 고객으로부터 위임받은 어떤 권위가 있긴 하지만 그럼에도 불구하고 내가 주어진 일을 잘해내는 능력은, 내 말에 귀를 기울이는 사람에게 영향력을 행사할 수 있는 힘에 달려 있다. 이런 사실은 나도 잘 알고 있다. 회의실이나 강당에 모인 사람들이 과연 나를 지도자 역할을 할 사람으로 인정할 것인지 말 것인지 결정하는 시간은 극히 짧다. 전문가들 말로는 대략 이삼 분 안에 판가름이 난다고 한다.

리더십은 동의를 통해 위임받는 것이다

나는 워크숍이나 훈련 프로그램을 진행할 때, 참석자들의 요구를 가능한 한 빠르게 파악할 수 있는 내용을 일정의 앞부분에 배치한다. 참석자들이 환영받고 있다고 느끼고, 편안하게 느끼고, 내가 자기를 이해한다고 느끼고, 또 각자 특별한 존재라고 느끼게 만든다. 이것이 나의 의도이다. 만일 내 의도대로 된다면, 나는 그 사람들에게 영향력을 행사할 수 있는 힘을 어느 정도 확보하게 되는 셈이다. 물론 짧은 시간 동안만이지만.

기업이라는 조직에서 리더십을 발휘하는 능력은 (몇 시간 동안이라는 조건과는 비교가 되지 않을 정도로) 보다 긴 시간을 전제로 한다. 그렇기 때문에 리더십과 관련된 개념과 행동들을 개발하는 것은 많은 시간을 필요로 하는 작업이다. 이런 개념과 행동으로는 다음과 같은 것들을 들 수 있다.

개인이 가지고 있는 위신. 보통 이것은 성공 경력과 관련해서 형성된다.

개인에 대한 신뢰. 신뢰를 얼마나 많이 이끌어낼 수 있는가 하는 것.

기술적 측면의 신뢰. 실제 현실에서 발생하는 문제를 이해하고 해결하는 능력.

미래에 대한 전망. 성공으로 가는 방법에 대한 선명한 계획 혹은 믿음.

무게감. 필요할 경우 휘두를 수 있는 혹은 휘둘러야 하는 압박감.

인맥. 필요한 인적·물적 자원에 영향력을 행사할 수 있는 사람.

포용력. 다른 사람들의 의견을 구하는 능력.

의사소통 기술. 합리적인 설득을 할 수 있는 재능.

영감을 자극하는 호소력. 자기가 가지고 있는 전망을 다른 사람에게 '파는' 능력.

위에 열거한 요소를 가지고 있으면, 원하는 변화를 이끌어내도록 영향을 미치는 데 필요한 힘을 가지고 있다고 볼 수 있다. 이런 힘을 갖고 있지 못한 경영자는 직원들로부터 지도자의 자격을 갖추었다는 인정을 받지 못할 것이다. 나아가 직원들은 말을 듣지도 않을 것이다. 이렇게 되면 지도력은 이미 물 건너가고 없다.

 **흰개미 박멸 프로젝트**

1 직원과 함께 그리고 그들을 통해서 일을 되게 만드는 능력인 경영은 장기간에 걸쳐서 진행되는 반면에, 지도력은 날마다 새롭게 획득해야(인정을

받아야) 하는 것임을 이해하라.

2 다른 사람에게 영향력을 행사할 수 있는 능력을 확보하려면 우선 직원과 접촉을 해야 한다. 개인적인 접촉은 확실히 효과가 있다. 사무실에만 틀어박혀 있지 말고 현장을 돌면서 직원을 만나서 개인적인 신뢰를 쌓는 기회를 최대한 많이 만들어라.

3 직원은 당신이 가지고 있는 믿음의 힘에 이끌리고 또 영향을 받는다. 직원과 접촉을 할 때, 당신이 강력하게 믿고 있는 어떤 것을 그들이 시각적으로 떠올릴 수 있도록 대화의 기술을 개발하고, 이야기를 꾸미거나 빗대어서 하는 기술들을 적극적으로 활용하라.

4 영향력을 행사하는 데 핵심적으로 필요한 요소들이 무엇인지 깨닫고 실천하라. 직원이 하는 말에 귀를 기울이고, 그들의 의견을 이끌어내며, 그들이 스스로 정말 필요한 존재라고 느낄 수 있도록 해야 한다. 그리고 당신에게 '허락된 힘'을 강화하고 보완할 수 있는 가능한 모든 기회를 찾아서 실천하라.

5 사람들은 자신이 필요로 하는 것을 잘 이해하는 사람에게 가장 많이 영향을 받는다. 부하 직원을 만나는 자리를 자주 가져서, 이들이 공통적으로 요구하는 내용뿐만 아니라 개개인이 요구하고 필요로 하는 것이 무엇인지 파악하라.

흰개미의 오류 4

지도자의 성격을 갖추지 못한다

"사람들은 신뢰하기를 원한다. 사람들은 신뢰에 목마르지만, 이들은 누구나 신뢰하지는 않는다. 사람들은 좋을 때나 나쁠 때나 변함없이 옳은 일을 하는 사람만 신뢰한다."
―제프리 이멜트, 제너럴 일렉트릭의 CEO

경영의 역사를 돌아보면, 피터 드러커보다 '경영의 스승'이라는 칭호가 더 잘 어울리는 사람은 없을 것 같다. 저술가로서 그리고 경영 이론가로서 드러커는 누구보다도 탁월한 존재이다. 1939년에 출간한 첫 저서에서부터 마지막 저서에 이르기까지(그는 죽기 전까지도 평균 1년에 한 권씩 책을 냈다), 그는 경영과 리더십에 관해서 무려 10,000쪽이나 되는 글을 썼다. 하지만 여기에는 같은 주제에 대해서 쓴 수천 건의 칼럼과

소논문은 포함되지도 않는다. 《좋은 기업을 넘어 위대한 기업으로》의 저자 짐 콜린스는 다음과 같이 말했다. "드러커는 매우 특이한 천재성의 소유자이다. 그는 엄청나게 많은 글을 쓰는데도, 그의 글은 하나같이 새로운 통찰력으로 번득인다."

드러커는 최근에 전 저작을 요약하는 작업을 하는 게 어떠냐는 제안을 받고, (조셉 마시아리엘로의 도움을 받아서) 전 저작을 통틀어서 가장 중요한 요점 366가지를 가려서 뽑았다. 이렇게 해서 나온 책이 《데일리 드러커: 올바른 판단을 위한 통찰력과 동기부여의 366일》이다.

나는 이 책을 쓰면서 어떤 실패를 가장 앞자리에 두는 게 좋을지 많은 시간을 들여서 고민했다. 맨 앞에 놓을 '흰개미의 오류 1'은 경영자들이 가장 많은 관심을 기울여야 하는 주제여야 한다고 생각했다. 이런 점에서는 드러커도 마찬가지였을 것이라 확신했고, 그래서 나는 그의 책을 펴놓고 그가 설정했던 기준이 무엇인지 열심히 찾았다.

드러커는 1월 1일의 첫 번째 내용으로 리더십의 완전무결한 고결함을 제시했다. 전체 메시지를 짧은 두 개 단락에 모두 담았기 때문에 그가 말하고자 하는 내용이 핵심적으로 표현되었는데, 경영자가 진실하고 진지하다는 증거는 '고결한 성격을 얼마나 강조하느냐'에 있다고 했다. 추측이긴 하지만 아마도 드러커는 마시아리엘로에게 이렇게 말했을 것이다.

"이게 가장 중요한 것이니 맨 위에 올려놓게."

드러커와 마찬가지로 나 역시, 경영과 리더십의 심장과 영혼은 지도자가 갖추고 있는 성격의 힘과 깊이라고 믿는다. 이 책에서 나는 총 300개 가까운 '흰개미 박멸 프로젝트'를 제시한다. 이 충고 각각을 따르려면, 이를 수행할 수 있는 특별한 성격을 갖추어야 한다. 이 특별한 성격은 경영자가 의사 결정을 하는 데 강력한 동력이 된다.

HIT 리더십

'사막의 폭풍' 작전에서 연합군을 이끈 노먼 슈워츠코프 장군은 리더십을 정의하면서, 리더십은 전략과 성격의 강력한 결합이라고 말했다. 그리고 이렇게 덧붙였다.

"그 결합에서 굳이 하나를 빼야 한다면, 전략을 빼라."

슈워츠코프는 로버트 프로스트(미국의 시인—옮긴이)가 '성격을 수단으로 삼아 그 땅을 점령하라'고 했던 충고가 얼마나 중요한지 잘 알고 있었다. 눈에 보이는 계획(전략)을 갖는 것도 중요하지만, 그 계획에 대한 믿음은 그 계획을 세운 지도자에 대한 믿음에 따라 좌우된다는 사실을 명심해야 한다(어쩌면 이것은 성공과 실패를 가르는 교훈이 될 수도 있다). 그리고 지도자에 대한 믿음은 그 지도자가 얼마나 자기를 위로하고 편안하게 해주느냐에 따라서, 그것도 날마다, 형성된다.

일반적으로 사람들이 성격에 대해서 생각할 때 가장 먼저 떠올리는 것은 정직함 honesty과 고결함 integrity, 그리고 진실성 truth-telling이다. 이것을 나는 HIT라고 부른다. 경영자나 지도자의 성격과 관련해서 이야기할 때 이런 덕목들은 가장 기본적인 최소한의 조건이다. 어떤 사람이 다른 사람의 태도나 의견 그리고 행동에 영향력을 미치고자 한다면, 솔직하게 말해서 더 많은 덕목이 필요하다(물론 위의 세 덕목은 출발점으로 나쁘지는 않다). '성격을 수단으로 삼아 땅을 점령'하려면, 봉사, 용기, 열정, 지혜, 인내 및 기타 더 많은 덕목들이 필요하다.

앞에서도 말했듯이 이 책에서 제시하는 충고 하나하나는 지도자의 성격을 동력으로 한다. 이 책 전체를 포괄하는 리더십의 다음 핵심 사항들을 곰곰이 생각하기 바란다.

_부하 직원에게 당신의 모든 관심을 기꺼이 쏟아 붓고 귀를 기울여야 한다. 이는 지도자의 고결함을 인식시킬 수 있는 가장 기본적인 방법으로 여겨지고 있다.
_의미 있고 도전할 가치가 있는 목표를 설정한 다음에 모든 구성원에게 각자 동일한 책임을 지워야 한다.
_집무실의 문을 활짝 열어놓고 날마다 부하 직원들과 크고 작은 약속들을 하고, 그 약속을 지켜라.
_자기가 기여한 내용을 자랑스럽게 여기는 것 말고는 다른 동기를 가지고 있지 않은 부하 직원들이 보다 적극적인 태도를 가지도록 만들어라.
_조직 내외의 여러 상황이 빠르게 바뀌고 모든 것이 불확실하게 보이는 시기에는 공개적인 방식으로 적절하게 부하 직원들과 의사소통을 하라.
_부하 직원들이 각자 할당된 임무를 성공적으로 수행하는 데 필요한 자원(시간, 돈, 교육 및 훈련)을 제공하라.

고객의 이익을 늘 마음속에 담고 있고 또 그 이익에 최대한 부합하는 방향으로 의사결정을 하는 것도 역시 지도자의 성격과 관련된 사항이다.

경영자나 지도자가 '성격을 수단으로 삼아 땅을 점령한다'는 것은, 부하 직원들의 이익과 관심을 가장 잘 대변하는 방향으로 날마다 그리고 매 시각 자기 의무를 다한다는 것을 뜻한다. 이어서 지도자의 성격이 일상적인 업무 속에서 어떻게 드러나는지 몇 가지 짧은 사례들을 살펴보자.

역경 속에서

성격은 고결함이나 적절한 행동뿐만 아니라 역경에 대처하는 개인의 역량과도 관련이 있다. 지금 하는 이야기는 나의 아버지 이야기다. 아버지가 아직 소년일 때, 아버지는 어머니와 함께 미국 뉴욕에서 독일의 브레멘까지 뱃길 여행을 했다. 그런데 돌아오던 길에 두 사람이 탄 배는 커다란 폭풍을 만났다. 역대 가장 큰 폭풍으로 기록되었던 엄청난 폭풍이었다. 배는 금방이라도 뒤집힐 듯이 거대한 파도를 오르내리며 춤을 추었고, 혼비백산한 승객들은 복도를 따라 길게 이어진 손잡이를 붙잡고 매달려 미친 듯이 비명을 질렀다. 그래서 나는 아버지에게, 아버지도 그렇게 비명을 질렀느냐고 물었다.

"처음에는 그랬지. 그러다가 선장님을 보았어."

아수라장이 된 갑판에서 선장은 뒷짐을 진 채 느긋한 모습으로 왔다 갔다 걷고 있었다고 했다.

"선장님의 그런 자신 있는 모습을 보니까 나도 모르게 안심이 되지 뭐냐."

남을 위한 행동

장모가 암과 오랫동안 싸우다가 운명을 달리 했을 때, 우리는 고인이 다니던 회사의 최고경영자가 문상을 온 것을 보고 깜짝 놀랐다. 그때가 일요일 오후였다. 누구에게나 그 시간은 절대로 남에게 양보하고 싶지 않은 시간이었던 것이다. 게다가 그 사람은 거기까지 오기 위해서 오랜 시간 동안 자동차를 타야 했다. 그리고 또, 다음 날 아침에 있는 회의에 늦지 않기 위해서 한 시간도 채 있지 않고 자리를 떠야 했다. 그럼에도 불구하고 그는 무려 일곱 시간이라는 귀중한 시간을 냈다. 전적으로 자기 직원에 대한 관심을 표시하기 위해서 취한 행동이었다. 특히 지도자에게는, 루돌프 줄리아니의 말처럼, 결혼식은 선택이고 장례식은 필수이다.

남을 위한 선택

구약 성경에 따르면 다윗 왕이 죽고 솔로몬이 왕위를 계승할 때, 솔로몬의 꿈에 하나님이 나타나서 원하는 소원이 있으면 무엇이든 다 들어주겠다고 했다. 이 젊은 지도자가 선택할 수 있었던 모든 가능성을 다 생각해보자. 불로장생을 얻을 수도 있었고, 상상도 할 수 없는 재물을 얻을 수도 있었고, 누구든 지배할 수 있는 권력을 얻을 수도 있었고, 끊이지 않는 칭송과 찬사의 명예를 얻을 수도 있었다. 하지만 〈역대기 하〉에 기록된 그의 대답은 다음과 같았다.

"저에게 지혜와 지식을 주시어서 저를 따르는 사람들을 잘 다스릴 수 있게 하시옵소서."

솔로몬이 지도자로서 맨 처음 한 결정은 자기 자신이 아니라 남을 위한 것이었다.

동정과 겸손

내가 있는 사무실 벽에는 남북 전쟁이 끝나가던 무렵인 1864년 11월 21일에 에이브러햄 링컨이 리디아 빅스비라는 한 여자에게 보낸 편지의 사본이 붙어 있다. 그 여자에게 아들이 전사했음을 알리는 편지였다. 링컨은 편지에 이렇게 썼다. "제가 어떤 말씀을 드린들 아들을 잃은 그 커다란 슬픔에 조금이라도 위안이 되겠습니까."

링컨이 직접 쓴 이 편지를 읽으면, 링컨이 가지고 있던 성격의 한 부분인 동정과 겸손이 놀라울 만큼 완벽하게 결합해 있음을 알 수 있다. 대통령이자 연방군의 최고사령관이었음에도 불구하고 링컨은 '제가 어떤 말씀을 드린들…… 위안이 되겠습니까'라고 했다. 굳이 친필 편지를 써서 아들을 잃은 여자의 슬픔을 함께 나누고자 했던 그의 이런 행위는 바로 동정과 겸손에서 비롯된 것이었다. 이것이 바로 지도자가 갖추어야 할 성격이다.

드러커도 지적했듯이, 부하 직원은 상사의 많은 결점을 용서할 수 있다. 무능, 무지, 무감각, 그리고 심지어 나쁜 행동까지도 용서할 수 있다. 드러커는 다음과 같이 썼다. "하지만 그들은 고결하지 못한 성격은 용서하지 않을 것이며, 그 중간관리자를 선택한 최고경영자 역시 용서받지 못할 것이다." 지도자가 어떤 사람이냐 하는 것은 지도자의 리더십 내용보다 훨씬 앞선다. 그리고 부하 직원들은 지도자의 성격을 놀랍도록 빠르게 간파한다.

흰개미 박멸 프로젝트

다음은 지도자와 부하 직원들 사이의 인간관계를 강화할 수 있는 지도자의 다섯 가지 행동 특성으로, 앞에서 들었던 몇 가지 사례에서 뽑은 것이다.

❶ 무서운 폭풍이 몰아치면 뒷짐을 지고 갑판을 거닐어라. 사람들이 어려운 상황에서 벗어나기 위해 힘겨운 투쟁을 하는 와중에 있을 때, 지도자는 다른 사람이 바라볼 수 있고 언제나 다가갈 수 있는 곳에 있어야 한다(결혼식은 선택이고 장례식은 필수라고 한 루돌프 줄리아니의 말을 잊지 마라). 변화, 위기, 구조 조정 등과 같은 어려운 시기에 지도자가 우왕좌왕하며 겁먹은 모습을 보일 때, 그를 따르는 사람들은 그의 리더십을 불신한다.

❷ 날마다 지도자로서의 성격을 강화하라. 결단력과 용기를 발휘해서 놀라운 업적을 달성한 사람들에 관한 글을 읽어라. 리더십에 관한 영감을 주고

생각할 거리를 주는 명언들을 날마다 곱씹어라.

3 리더십은 무엇보다 희생적인 행동임을 명심하라. 일을 할 때는 늘 다른 사람을 먼저 고려하는 방안을 생각하라. 다른 사람과 개별적인 접촉을 할 수 있는 기회가 무엇인지 찾고, 또 경영의 인간적인 측면을 강화할 수 있는 기회가 무엇인지 찾아라.

4 친필 편지나 메모는 당신이 관심을 가지고 부하 직원들을 지켜보고 있음을 드러낼 수 있는 강력한 도구임을 명심하라. 오랜 세월에 걸쳐 나는 수많은 이메일을 받았다. 그 가운데 많은 것들이 내가 쓴 글들에 대한 호의적인 격려와 비판이었다. 비록 고맙다고는 생각하지만 이들 대부분은 '삭제'되었다. 하지만 직접 손으로 쓴 편지나 메모는 버리지 않고 가지고 있다. 뿐만 아니라, 시시때때로 꺼내서 다시 읽곤 한다.

5 지금부터라도 늦지 않다. 많은 지도자들이 현역에서 활동을 하는 동안 실수를 저지른다. 하지만 대부분 중대하지 않은 실수이다. 명예는 얼마든지 회복할 수 있다. 그리고 당신이 이상형으로 생각하는 그런 존재가 되기에는 언제나 시간이 충분히 남아 있다. 결코 늦지 않았다.

2부
의사소통

흰개미의 오류 5

직원의 말에 귀 기울이지 않는다

"말은, 말을 하는 사람과 말을 듣는 사람이 혼란에 맞서서 함께 싸우는 경기이다. 두 사람 다 함께 노력하지 않는 한, 두 사람 사이의 의사소통은 결코 잘 이루어지지 않는다." ―노먼 와이너, 경영 컨설턴트

"너 말 안 들을 거야?"
 누가 고함을 지르는지 궁금해서 돌아보았다. 젊은 여자였다. 그 여자는 유치원생 딸을 앞에 두고 엄한 표정으로 소리를 질렀다. 어떻게든 딸이 말을 듣도록 하려고 애태우다가 결국 분통을 터트린 것이다. 얼마나 많은 직원들이 자기 상사와 이야기하고 싶어서 속을 끓일까. 상사의 어깨를 잡고 크게 흔들고, "내 말 좀 들어보시라구요!" 하면 되지 않을까. 이런 생각을 하던 중 문득, 옛날 내 부하 직원이었던 사람이 떠올랐다.

"내 말에만 주의를 기울여주세요"

나는 내 집무실에서 중요한 보고서를 끝내려고 진땀을 흘리고 있었다. 그때 제인이 들어와서, 할 이야기가 있는데 괜찮겠느냐고 물었다.

"그럼요."

나는 이렇게 대답을 하면서도 하던 일을 계속했다. 1분쯤 지난 뒤에야 제인이 아무 말도 하지 않는다는 사실을 깨달았다. 고개를 들어보니 제인은 자리에 앉아서 내가 일을 마칠 때까지 기다릴 양이었다.

"얘기해보세요."

하지만 내 관심은 여전히 보고서에 가 있었다.

"기다릴게요."

"괜찮아요, 듣고 있으니까."

"아니에요. 듣고 계시지 않아요."

그제야 정신이 퍼뜩 들었다. 나는 펜을 내려놓은 다음에 이렇게 말했다.

"이제 당신 이야기만 들을 준비가 됐어요."

"네, 저는 그럴 자격이 있으니까요."

남의 말에 귀를 기울이는 것은 우리가 인간으로서 할 수 있는 가장 강력한 행위 가운데 하나이다. 하지만 불행하게도 우리는 대부분 이런 행위에 익숙하지 않다. 남의 말에 귀를 기울이게 함으로써 발달시킬 수 있는 폭넓은 감정 영역을 곰곰이 생각하면, 학교에서 왜 이 분야를 과학이나 수학처럼 정식 과목으로 채택해서 중요하게 다루지 않는지 의아할 정도이다. 예를 들어 '남의 말에 귀 기울이는 기술 101가지'를 익히지 않으면 졸업을 시키지 않아야 한다는 게 내 생각이다. 가장 기본적이면서도 결정적인 기술이 바로 남의 말에 귀를 기울이는 것이다. 하지만 사람들은 이런 사실을 철저하게 무시한다. 가장 설득력이 있는(정말 설득력이 있다!) 도구인, 남의 말에 귀를 기울이는 기술을 완전히 익힌 경영자들은 많지 않다. 연구 결과를 보면, 경영자들이 남의 말에 귀를 기울이는 정도는 놀라울 정도로 낮게 나타난다.

설득의 기술

다른 사람을 설득하는 능력이 사업에 성공하는 핵심적인 요소라는 사실에 동의하지 않는 사람은 별로 없을 것이다. 하지만 많은 사람들이, 남의 말에 귀를 기울이는 것이 그 설득 과정에서 가장 효과적인 도구라는 사실은 쉽게 인식하지 못한다. 그렇기 때문에 이렇게 반문한다.

"말을 하지도 않고 어떻게 설득을 시킨단 말이야?"

그들이 알고 싶은 내용은 바로 이것이다. 나는 의견을 전달하지 않고서도 누군가를 설득할 수 있다고 주장하는 게 아니다. 다만, 혼자 아무리 떠들어봐야 사람들의 생각은 바뀌지 않는다는 말을 하는 것이다. 사람들이 자기가 가치 있는 사람이라고 믿게 하려면, 그 사람이 하는 말을 잘 들어야 한다. 이렇게 할 때 사람들은 자기가 회사의 목적을 달성을 달성하기 위한 도구에 지나지 않는다는 생각에서 벗어날 수 있다.

다른 사람의 말에 귀를 기울이겠다고 마음먹는다는 것은, 우리가 가지고 있는 아주 중요한 자원인 시간을 그 사람에게 내주기로 마음먹는다는 뜻이다. 이런 사실 자체만으로도, 다른 사람의 말에 귀를 기울이는 사람의 의도가 상징적인 차원에서 강력하게 상대방에게 전달된다. 그 사람의 가치를 인정하고 그 사람이 중요한 존재임을 묵시적으로 드러내는 것이다. 이 과정에서 지도자는 부하 직원의 기본적인 요구들, 즉 이해를 받는 존재가 되고 싶다는 요구와 자기가 중요한 존재임을 느끼고 싶은 요구 등을 충족시킨다. 사람은 누구나 자기 요구를 들어주는 사람의 계획이나 제안을 훨씬 더 진지하게 받아들이게 마련이다. 남의 말에 귀를 기울이는 행위가 강력한 설득의 도구가 되는 이유도 바로 여기에 있다.

남의 말을 들을 때 저지르는 잘못

의사소통(특히 듣는 것)에는 오늘날 경영자들이 풀어야 할 숙제인 오해와 혼란을 불식시킬 수 있는 수많은 기회들이 담겨 있다. 나는 경영 훈련 워크숍을 진행할 때마다 참가자들에게, '남의 말을 들을 때 저지르는 잘못'을 상사와 대화를 하는 부하의 입장에서 열거해보라고 한다. 그런데 놀랍게도, 열거되는 내용은 여러 다양한 집단들에서 거의 비슷하게 나타난다. 이 가운데 가장 자주 언급되는 열 가지는 다음과 같다.

_ 내 말을 들으면서 동시에 다른 일을 한다(압도적으로 많은 표를 얻은 답변이다).
_ 우리가 말을 할 때 웃지 않는다.

_ 나를 똑바로 바라보는 일이 거의 없다.

_ 화제를 자꾸만 바꾼다.

_ 말을 끊고 전화를 받거나, 내가 아닌 다른 사람 말을 듣는 등 다른 볼일을 본다.

_ 생각을 완전하게 매듭지을 여유를 주지 않는다.

_ 엉덩이를 들썩거리며 짜증스럽다는 태도를 보인다.

_ 무지막지한 양의 메모를 한다.

_ 내가 말하는 것을 반박하려고 애를 쓴다.

_ 내가 시시한 존재로 느껴지도록 만든다.

이상에서 확인할 수 있듯이, 남의 말을 듣는 행위 속에는 수많은 감정들이 함께 얽혀 있다. 이것을 나는 다음과 같이 정리한다. 남의 말에 귀를 잘 기울여라. 그러면 그 사람도 자기 자신에 대해서 그리고 자기가 가지고 있는 생각에 대해서 좋은 느낌을 가지게 될 것이다. 남의 말에 귀 기울이는 일을 소홀하게 하라. 그러면 그 사람은 당신에게 분노와 적개심을 가지게 될 것이다.

큰 귀

금요일 아침, 피곤한 기색이 역력한 한 무리의 사람들이 회의실로 들어섰다. 회사에서 1주일에 한 번씩 하는 부서간 회의로, 경영진과 실무자들 사이의 의사소통을 보다 원활하게 하는 게 목적이었다. 이 회의에서 의사소통은 우선 사장이 실무자들에게 보다 열심히 그리고 많은 시간을 들여서 일을 하라고 말하는 것부터 시작되었다. 그리고 매번 회의는 간부 가운데 직원의 말에 가장 귀를 잘 기울인 사람에게 사장이 직접 거대한 면봉, 소위 '면봉 상'을 주는 것을 마지막 순서로 해서 끝이 났다.

이 회의는 원래 의사소통 부문에서 직원들이 관리자를 대상으로 매긴 리더십 점수가 낮게 평가되어 이를 개선할 목적으로 만들어졌지만, 언제부턴가 사장이나 경영진의 다른 간부들이 1주일에 한 시간씩 실무자들에게 강의를 하는 자리로 변질되었다. '면봉 상' 제도가 도입된 것도 보다 긍정적인 태도로 회의를 마무리하자는 의미였지만, 거대한 면봉의 등장과 함께 회의가 끝나도 실무자들은 결코 긍정적인 태도를 가질 수 없었다. 실무자들은 돌아서서 자기들끼리 이렇게 말했던 것이다.

"경영진이 그 거대한 면봉이 들어갈 만큼 큰 귀를 가지고 있어야, 정말로 우리가 살려달라고 외치는 고함 소리가 들릴 거야."

남의 말에 귀를 기울이는 것은 투자다

다른 사람의 말에 효과적으로 귀를 기울임으로써 얻을 수 있는 경영과 리더십의 효과는 막대하다. 우선 말하는 사람의 자긍심을 높이는 데 도움이 된다. 또 이 과정을 통해서 경영자는 절대적으로 필요한 정보와 아이디어들을 끊임없이 제공받을 수 있다. 나아가 말하는 사람과 듣는 사람 사이의 인간관계를 돈독하게 하는 데 도움이 되고, 의사소통이 이루어지지 않을 때 흔히 나타나는 오해를 미연에 방지하는 데 도움이 된다.

다른 사람의 말에 효과적으로 귀를 기울이려면 기술과 지식이 필요하다. 어떤 경영자가 다른 사람의 말에 얼마나 귀를 잘 기울이는가는 우선 그 경영자의 욕구, 즉 사람들이나 경영의 제반 과정에 대한 그의 태도에 달려 있다. 오늘날과 같은 기업 환경에서 경영자가 훌륭한 지도자가 되려면, 자기가 확보하고 있는 시간의 80퍼센트를 종업원, 고객, 원자재 공급업자, 동료 등과 같은 다른 사람들의 말을 듣는 데 할애해야 한다. 이들을 통해서 경영이 실현되기 때문이다.

 ## 흰개미 박멸 프로젝트

의사소통은 매우 복잡한 과정이지만, 우선 여기에서는 당신이 다른 사람들의 말에 효과적으로 귀를 기울이는 데 도움이 될 간단한 공식 하나를 제시하겠다. 나는 이 공식을 'POWER 모델'이라고 부른다.

1단계 지각적으로(Perceptively) 들어라. 이 말은 눈에 보이는 것을 넘어서서 다른 감각들을 활용하라는 말이다. 《웹스터 사전》은 지각知覺의 특징을 이해와 통찰이라고 정의한다. 내가 주장하는 것은 상대방이 하는 말을 곧이곧대로 듣는 게 아니라 그 말 이면에 있는 감정과 느낌을 찾아서 들을 필요가 있다는 뜻이다. UCLA 대학교의 앨버트 마라비안 교수가 저술한 의사소통 태도에 관한 유명한 논문에 따르면, 우리가 다른 사람의 말을 듣고 해석할 때 그 사람이 하는 말의 어조를 통해서 해석하는 내용이 전체의 38퍼센트를 차지한다고 한다. 다른 사람의 말을 지각적으로 들으려면, 그 사람이 하는 말의 어조, 말로 표현하지 않은 내용, 그리고 암시적인 내용 등에 특별히 주의를 기울여야 한다.

2단계 관찰자적인 자세(Observant)를 잃지 마라. 다시 마라비안 교수의 논문을 인용하면, 의사소통의 55퍼센트는 눈으로 관찰하는 내용에 의해 이루어진다. 다른 사람의 말을 잘 듣는 사람은 추가적인 정보를 얻기 위해서 말을 하는 사람에게서 시선을 떼지 않는다. 언젠가 텔레비전에서, 부정행위를 했다는 의혹을 받고 있던 유명한 제약 업체의 최고경영자가 인터뷰하는 모습을 보았다. 그는 자기는 아무런 부정도 저지르지 않았다고 말했다. 하지만 말만 그랬을 뿐이다. 그의 태도나 몸동작은 이렇게 말하고 있었다.

"이 문제에 관해서 분명히 말하건대, 나는 절대로 깨끗한 사람이 아닙니다!"

3단계 기꺼이 듣는(Willing) 자세를 잃지 마라. 이 단계는 특히 대화 초반에 필요하다. 남의 말을 효과적으로 듣는 행동은 대화를 시작하는 순간부터 시작되기 때문이다. 다른 사람의 말을 가만히 듣고만 있는 것은 어쩌면 가장 자연스럽지 않은 행동일 수도 있다. 다른 사람의 말을 듣기 위해서 자기가 하고 싶은 말과 주장을 꾹꾹 누르는 행동은 인간의 본성에도 어긋나기 때문이다. 남의 말에 귀를 잘 기울이려면 특별한 노력과 기술이 필요한 것도 바로 이 때문이다.

4단계 열중하는(Engaged) 자세를 잃지 마라. 적극적인 반응을 보임으로써 대화의 친밀도를 높이라는 뜻이다. 예를 하나 들어보겠다.

최근에 어떤 사람과 전화 통화를 한 적이 있는데, 이 사람은 내가 말을 하는 동안 아무런 소리도 내지 않았다. 심지어 내가 말을 끊고 잠시 가만히 있어도 침묵은 계속되었다. 어색한 침묵이 흐른 뒤에 내가 물었다.

"듣고 계십니까?"

"네. 선생님이 하신 말씀을 곰곰이 생각하느라고요."

이 사람은 자기도 모르게 나와의 대화 끈을 놓아버렸던 것이다. 말을 듣는 사람으로서 대화에 열중한다는 것은 상대방이 나와 대화를 나누고 있다는 사실을 확인해주는 것이다.

5단계 존경하는 마음(Respectful)을 가져라. 앞에서 예를 들었던 제인이라는 여성이 기억날 것이다. 나는 처음에 제인을 존경하는 마음이 부족했기 때문에 내 모든 관심과 시간을 그녀에게 할애하지 못했다. 할 말이 있으면 하라고 해놓고선 보고서를 계속 작성하고 있었던 것이다. 존경하는 마음을 가진다는 것은 말을 하는 사람에게 모든 관심과 시간을 집중하는 것이며, 그 사람이 말을 하는 동안에는 딴 짓을 하지 않고, 또 그 사람 말을 앞질러서 미리 머릿속으로 답변을 준비하는 따위를 하지 않는다는 것을 뜻한다.

'POWER 청취자'가 되려면 실제로 POWER 모델을 익히고 실행해야 한다. 만일 당신이 정말 효과적인 지도자가 되고 싶다면, 먼저 이 기술을 익혀라. 그렇지 않고서는 시간 낭비만 할 뿐이다. 남의 말에 귀를 잘 기울이는 것은, 지도자가 자신의 성실함을 상대방에게 전달할 수 있는 가장 기본적인 방법이다.

흰개미의 오류 6

말로만 의사를 전달한다고 믿는다

"미소를 지을 줄 모르는 사람은 장사를 하지 마라." —중국 속담

라디오에서 흘러나오던 곡조를 휘파람으로 따라 부르며 아무 생각 없이 지나가는데, 복사기 옆에 있던 미셸이 말을 걸었다.

"오늘 기분이 좋으신 걸 보니까 저도 좋네요."

"무슨 말이야?"

"그래야 사무실 전체 분위기가 화기애애하거든요."

"그럼 반대일 경우에는 어때?"

농담 삼아 물었는데, 미셸이 복사한 용지를 챙기면서 말했다.

"웃고 계시지 않으면, 사무실에 있는 사람들은 모두 자기가 혹시 어떤 잘못을 저질렀나 하고 불안해하거든요."

미셸은 미소를 던지고 갔고, 그 순간 목사가 설교에서 하던 말이 문득 생각났다. 집에서 주부가 기분이 좋지 않으면, 모든 가족의 얼굴이 다 일그러져 있다고 하던……. 경영자도 가정에서의 주부와 같은 존재가 아닐까 하는 생각이 들었다.

그날 저녁, 집에서 미셸에게 들은 말을 아내에게 했다. 그런데 놀랍게도 아내 역시 미셸의 의견에 전적으로 동의했다. 심지어 옆에서 듣고 있던 십대 소녀인 딸도 맞장구를 치고 나섰다.

"아빠가 웃지 않을 때 보면 표정이 꼭 미친 사람 같아요."

그날 밤 나는 혼자 거울 앞에 서서 평소에 내가 하는 온갖 표정들을 다 지어보았다. 그 표정들이 다른 사람들에게는 도대체 어떻게 비치는지 알고 싶어서였다. 그리고 마지막으로, 무표정하다고 나 스스로 생각하는 표정을 지어보았다. 결과는 놀라웠다. 딸 이야기가 옳았다. 웬 미친 남자 하나가 거기 서 있었다.

모든 것에 메시지가 담겨 있다

부하 직원들이 제출한 의견과 생각에 반응할 때, 말이나 문자가 아닌 다른 요소가 얼마나 큰 영향을 미치는지 깨닫고 있는 경영자는 거의 없다고 봐도 무방하다. 직원과 상사 사이에 존재하는 모든 것은 감정이나 태도를 은연중에 전달한다. 얼굴 표정, 걸음걸이, 회의를 할 때 앉는 위치나 자세, 입고 있는 옷 등은 모두 그 사람의 태도를 드러낸다. 특히 부정적인 태도는 더욱 선명하게 드러난다.

나쁜 태도, 특히 경영자나 관리자의 나쁜 태도는 그 집단에서 일어날 수 있는 최악의 것이다. 최근에 나는 친구 한 명을 만나서 이런저런 이야기를 나누었다. 그 친구가 다니는 회사의 사장 태도는 자기 부서의 구석구석까지 영향을 미친다고 했다. 그것도 좋지 않은 방향으로 미치는 영향이 크다고 했다. 친구는 자기 사장을 '괴물'이라고 부르며, 그 괴물이 모든 사람들의 일상적인 업무를 참혹할 정도로 망가뜨린다고 했다. 한번은 사장이 불러서 갔는데, 사장이 메모 작성을 마칠 때까지 10분 동안이나 침묵 속에서 기다린 적이 있다며 투덜거렸다. 나는 그 사장이 왜 그를 불렀는지 물었다.

"월급 올려준다는 말을 하려고."

어떤 사람이 자기 사장이나 상사에 대해서 부정적으로 말할 때, 그가 떠올리는 모습은 대개 위에서 예를 든 '괴물'과 비슷하다. 실제로 대부분의 경영자는 부정적인 신호를 보다 미묘한 여러 방식으로 전달한다. 그 친구가 자기 사장에 대해서 불만을 장황하게 늘어놓는 것을 들은 뒤에, 그 친구가 사장이 실제로 입 밖으로 낸 말에 대해서는 거의 언급하지 않았다는 사실을 깨달았다. 불만의 초점은 거의 대부분 사장의 행동이나 동작에 맞추어져 있었다. 그리고 나는 이런 결론을 내렸다. 그 '괴물'은 능력이 있는 경영자일지는 몰라도, 침묵 속에서 오고가는 의사소통에 대해서는 거의 아무것도 알지 못한다고.

포커페이스를 버려라

어떤 은행의 대표가 한번은 나에게, 최고경영진 급의 어떤 임원이 주재하는 회의에 참석해달라고 요청했다. 이 임원 밑에 있는 직원들이 이 임원의 태도를 놓고 숱하게 많은 불만을 호소해왔다는 것이었다. 그리고 대표는 이렇게 말했다.

"이 사람은 매우 능력 있는 사람입니다. 하지만 이 사람이 주재하는 회의를 마치고 나오는 사람들의 얼굴을 보면 모두 우거지상이란 말입니다."

또, 그 임원에 대한 불만 가운데 가장 많은 것이 그가 무관심해 보인다는 점이라고 했다. 이 무관심에 대해서 부하 직원들은 분노하고 좌절한다는 것이었다. 그런 이야기를 듣고 나자 그 임원이 어떤 사람인지 직접 보고 싶은 마음이 간절했다.

회의는 예정된 시각에 시작했고, 회의가 시작된 지 얼마 지나지 않아서 나는 부하 직원들이 왜 불만을 터트리는지 알 수 있었다. 그 임원은 여러 가지 비언어적 신호를 보냈다. 우선 자세부터 그랬다. 그는 구부정한 자세로 의자에 앉아 손으로는 얼굴의 반을 가렸다. 회의를 하는 동안 시선을 탁자에만 고정한 채 회의 참가자들과 거의 눈을 마주치지 않았다. 메모도 하지 않았고 질문이나 부연 설명도 하지 않았다. 심지어 자기 앞에 놓인 회의 자료도 펼쳐 보지 않았다. 논의 주제가 무엇이든지 간에 그는 아무런 반응도 보이지 않고 철저하게 무관심한 태도로 일관했다.

이 임원이 포커에 열중하고 있다는 사실을 나는 나중에 알았다. 그는 정기적으로 포커 게임을 하고 있었다. 이 임원은 자기도 모르는 사이에, 자기가 참석하는 모든 회의에서 포커를 칠 때의 얼굴 표정을 하고 있었던 것이다. 얼굴에 아무런 표정을 드러내지 않는 것은 포커 게임을 할 때는 유리하겠지만, 부하 직원들과의 인간관계에서는 최악의 결과를 낳는다.

경영자는 생산성을 높이고 직원의 사기를 높이며, 또한 날마다 직무의 만족도를 보장해주어야 하는 의무를 지고 있다. 이 의무를 충실하게 다하기 위해서는 밖으로 드러나는 말뿐만 아니라 침묵의 의사소통까지도 꿰뚫고 있어야 한다.

 **NO.6 흰개미 박멸 프로젝트**

1 경영자인 당신이 하는 모든 행동은 다른 사람들에게 특정한 메시지를 보낸다는 사실을 깨달아라. 당신이 어디에 앉는지, 당신이 누구에게 말을 하는지, 당신이 무슨 옷을 입고 있는지 등의 모든 행동이 엄청나게 많은 이야기를 하고 있다. 이런 사실을 고려해서 모든 비언어적 행위를 의식적으로 활용하라.

2 당신이 침묵 속에서 보내는 신호들이 무엇인지 확인하라. 당신이 보내는 침묵의 신호 가운데 부하 직원들이 혼란스럽거나 부정적으로 받아들이는 신호가 어떤 것들인지, 신뢰할 만한 직원에게 물어보아라. 문제를 해결하려면 우선 무엇이 문제인지 알아야 할 것 아닌가. 망설이지 말고 지금 당

장 가서 물어보아라!

3 미소 하나만으로도 사람들에게 힘을 주고 생산성을 높일 수 있다는 사실을 명심하라. 마음에도 없는 거짓 행동을 하라는 말이 아니라, '표정 경영'을 잘하라는 말이다. 대부분의 경영자들은 미소를 짓지 않는데, 그 이유는 미소 짓는 법을 잊어버렸기 때문이다!

4 매일 아침 짬을 내어서, 회의장에서나 사무실에서 혹은 구내식당에서 부하 직원들에게 행사하고 싶은 비언어적인 신선한 충격을 목적의식적으로 계획하라. 당신의 회사나 당신의 부서 분위기는 당신 손에 달려 있음을 명심하라.

5 당신이 원하는 행동을 구체적인 목표로 설정하라. 부정적인 태도와 무관심과 두려움이 없는 조직을 만들고 싶다면, 이런 의도를 언어적 및 비언어적 방식으로 직원들과 의사소통하라. 다른 사람들의 태도를 바람직한 방향으로 형성하는 것도 경영자가 해야 할 몫이다.

흰개미의 오류 7

부서간 의사소통의 통로를 만들지 못한다

"사람들은 자유롭게 토론할 때 가장 올바른 질문을 한다."
―토머스 B. 매콜리, 19세기 영국의 정치가이자 역사가

이 책에서 소개하는 실패 가운데 특히 나는 이 실패를 뼈아프게 경험했다. 이런 실패를 경험했다는 것이 어떤 점에서 보면 나로서는 다행이라고 생각한다. 이런 실패 유형은 누구나 너무도 쉽게 저지를 수 있는 것이어서, 정신을 똑바로 차려야 하면서도 실수를 하고 만다. 나는 한 번 실패를 경험했기 때문에 시시때때로 그 실패담을 떠올리면서 이런 점을 조심하고 있다. 다른 관점 혹은 다른 부서의 입장에서 보면 동일한 문제가 전혀 다르게 보인다는 사실을 망각한 채 어떤 문제에 대해서 자기만의 고정된 관점에 사로잡힐 때, 이런 실수를 얼마나 쉽게 저

지를 수 있는지 이 사례는 보여준다.

　내가 몸을 담고 있던 소규모 전자 부품 제조 회사는 빠른 속도로 성장하면서 그에 따라 발생한 여러 가지 문제를 안고 있었다. 주문량이 밀리고 일정이 갑작스럽게 바뀌고 업무 하중이 늘어나면서 모든 직원들이 지쳐 있었다. 이 와중에 나는, 회사의 생산 능력에 초점을 맞춘 25만 달러짜리 새로운 광고 계획을 추진했다. 광고의 카피는 이런 것이었다. '다른 회사가 하지 않을 때, 우리는 한다!'

　특히 예측이 불가능한 전자 부품 시장에서 유연성과 반응성을 앞세운 우리의 컨셉은 업계의 관심을 끌었다.

　하지만 불행하게도, 그 관심은 생산적인 것만은 아니었다. 적시에 부품을 공급받지 못한 구매자들이 우리 회사에 몰린 것이다. 재고 물량을 아슬아슬하게 유지해야 하는 담당자는 회사가 전략을 수정하기를 간절하게 바랐다. 또 고객을 직접 담당하는 부서에서는 제품 인도 날짜를 맞추기 위해서 발을 동동 구르는 일이 여러 번 일어났다. 급기야 회의장에서는 목소리가 높아지고 언쟁이 벌어지기도 했다. 생산 현장에서 일을 하는 직원들은 그들대로, 가뜩이나 작업량이 많은데 잔업과 특근으로 더 많은 시간을 작업대에 매달려 있어야 하는 게 불만이었다. 불만으로 똘똘 뭉친 '뒷전에 있는 녀석들'은 회사 사람이 아니냐는 소리까지 들려왔다.

　어느 담당자는 이렇게 말했다. "우리는 고객에게 할 수 있다고 말하는데, 뒷전에 있는 녀석들은 할 수 없다는 말이나 하고 있으니, 원."

　최고경영진이 이 문제를 논의하기 위해 회의를 열었고, 회의석상에서는 '뒷전에 있는 사람들'도 경영 일선에서 무슨 일이 일어나는지 알 필요가 있다는 결론을 내렸다. 전체 직원이 참가하는 설명회를 열어서, 모든 직원이 25만 달러짜리 새로운 광고가 어떤 의미인지 알려주고 '하나의 단일한 팀으로 보조를 맞추는 것'이 얼마나 중요한지 알리기로 했다. 영업 담당 부사장이자 광고 계획의 입안자인 내가 그 계획을 떠맡았다. 나는 보다 창조적으로 접근하기로 했고, 그래서 다음의 예를 들기로 했다.

팀워크의 중요성

베트남 전쟁 때였다. 네 명의 미군 병사가 지프를 타고 정찰을 나갔다. 외길을 따라 달리던 지프를 향해 갑자기 적군이 공격을 가했다. 네 사람은 지프에서 뛰어내려서 근처 들판에 엄폐물이 있는 것을 발견하고 거기까지 달려가 몸을 숨겼다. 그리고 선임 병사는 어떻게 하면 좋을지 생각했다.

'여기 계속 숨어 있으면 결국 사로잡히고 말 것이다. 하지만 다시 지프에 타고 앞으로 내달리면 적진 깊숙이 들어가는 꼴이 되고 만다.'

결국 그는 지프를 타고 본부로 돌아가는 게 최상의 방책이라는 결론에 도달했다. 하지만 문제는 지프를 돌릴 공간이 없다는 것이었다. 선임 병사는 잠시 더 생각한 뒤에, 네 명이 지프를 번쩍 들어서 방향을 돌려놓은 다음 지프를 타고 달아나는 방법을 떠올렸다. 그는 이렇게 생각했다.

'우리 네 명이 할 수 있다고 믿는다면, 얼마든지 할 수 있을 거야.'

그래서 그는 병사들에게 할 수 있다고 믿는지 물었다. 병사들은 믿는다고 대답했다. 선임 병사는 세 명에게 각자 지프를 들어올릴 위치를 지정해주고(정말 훌륭한 업무 지시가 아닐 수 없다!) 명령을 내렸다. 네 사람은 질풍처럼 지프로 달려가서 지프를 번쩍 들어서 방향을 돌려놓았다. 그리고 지프에 올라타 무사히 탈출해서 본부로 귀대했다.

분노와 섭섭함

이 이야기의 핵심 메시지는 팀워크였다. 내가 보기에는 썩 괜찮은 이야기 같았다. 나는 열정을 다해서 그리고 극적인 반전의 효과를 최대한 강조해서 그 이야기를 했다. 최고경영자도 감동을 받은 눈치였다. 이 이야기를 마친 뒤에 나는 우리의 새로운 광고에 대해서 설명했다.

"다음 12개월에 걸쳐서 우리는 매출을 올리기 위해서 25만 달러 가까운 비용을 광고에 지출할 것입니다."

나는 우리 회사의 신뢰도를 떨어뜨리지 않기 위해서는 우리가 한 약속을 지키는 것이 얼마나 중요한지 힘을 주어 말했다. 그리고 이렇게 결론을 내렸다.

"우리는 베트남 전쟁 때 이 네 명의 병사가 보여주었던 노력과 추진력을 본받아야 합니다."

말을 마치고 자리에 앉으면서 나는 이런 생각을 했다.

'죽인다, 내가 생각해도 잘했어!'

설명회의 효과는 빠르게 나타났다. 하지만 기대한 것과는 반대였다.

나쁜 상황에서 최악의 상황으로 치달았던 것이다. 사람들은 모두 폭발 직전까지 갔다. 그때 생산 부서에 있던 한 직원을 구내식당에서 만났다. 속마음을 거리낌 없이 얘기하는 것으로 유명했던 그 직원은 내가 설명회에서 했던 이야기에 대한 감상을 말했다.

"그런 이야기는 차라리 하지 않는 게 좋을 뻔했어요."

"왜?"

"우리가 정말 필요로 하는 것은 인력이거든요. 부품을 조립할 일손이 필요하다구요."

함께 식당을 나서면서 그 직원은 이렇게 덧붙였다.

"올해에는 임금 인상도 없을 거잖아요. 임금 인상분이 모두 광고비로 지출될 게 뻔하니까요."

비록 고통스럽긴 했지만 직원의 반응은 소중했다. 그 직원은 솔직하게 속마음을 털어놓았고, 덕분에 나는 하나의 메시지를 다르게 해석할 수도 있다는 사실을 깨달았다. 나는 회사를 발전시키고 우리 일터를 견고히 하기 위해 회사는 필요한 모든 것을 다 한다는 사실을 직원들에게 인식시킴으로써 그들에게 미래에 대한 전망을 제시한다고 생각했었다. 하지만 불행하게도 직원들의 관심은 다른 데 가 있었다. 그들은 많은 작업량과 충분하지 않은 임금에 대한 분노를 안고서 설명회에 참가했었다. 그리고 자기들의 노고를 경영진이 높이 쳐주지 않는다는 섭섭함도 함께 가지고 있었다. 그랬기에 설명회에서 내가 한 이야기는, 위에 있는 높은 사람들은 챙길 것은 다 챙기면서 자기들만 더 쥐어짜겠다는 속셈이라고 받아들였던 것이다.

마음으로 만나다

일단 그 문제가 수면 위로 떠오르자, 우리는 여러 부서 사이에 정기적으로 의사소통을 하는 프로그램을 마련했다. 한 달에 한 번씩 각 부서 사이의 원활한 협조와 의사소통을 위해서 부서장들이 모여서 회의를 했다. 그리고 실무 직원들 사이의 의사소통 구조도 강화하고, 어떤 결정을 내리기 전에 반드시 그 결정에 대한 직원들의 반응을 점검했다. 이 과정에서 예상하지 못했던 즐거운 결과도 나타났다. 추가 생산 공간을 확보하기 위해서 사무실 공간을 재배치했는데, 덕분에 생산 부문이 경영진과 더욱 가까워졌던 것이다. 과거 회사에 존재하던 물리적 및 추상적인 장벽을 제거함으로써 우리는 부서간의 의사소통 구조를 마련할 수 있었고, 덕분에 직원들의 사기와 생산성은 한층 높아졌다.

 **흰개미 박멸 프로젝트**

1 회사 내의 갈등 및 기타 문제를 해결하기 위해서 새로운 프로그램을 실행할 때는, 반드시 먼저 회사의 모든 부서 사람들이 참가하는 회의를 열어 일반 원칙들을 토론하게 하라. 그리고 그 회의의 목적이 누가 어떤 잘못을 하고 있음을 찾기 위한 것이 아니라 해결책을 모색하는 것임을 모든 사람들이 인식하도록 하라.

2 긍정적이고 진취적인 인간관계가 형성되기 전에는 감정이 동반된 쟁점

들은 피하라. 함께 해결할 수 있는 문제부터 먼저 처리하라.

3 각 부서 사이에 정기적인 만남의 자리를 만들어라. 하지만 이 회의는 형식적이어서는 안 된다. 한때 내가 몸담았던 회사에서는 '아침 마당'이라는 제도가 있었다. 그날의 가장 중요한 문제들을 10분 동안 다루는 짧은 회의였다.

4 어떤 결정 사항을 논의하고 있다면, 그 결정 사항의 파급 효과가 미칠 수 있는 각 부서의 관리자들에게 이런 사실을 미리 알려주어라. 사람들은 자기 업무 영역에서 자기도 모르는 일이 갑자기 일어나는 것을 결코 달가워하지 않는다는 사실을 명심하라.

5 어떤 부서에 소속된 직원이 다른 부서에 가서 자기가 맡은 업무를 설명하는 제도적 장치를 적극적으로 마련하라. 이 이야기를 할 때는 자기 업무의 세부적인 사항뿐만 아니라 전략과 목적도 반드시 포함시키도록 해야 한다는 사실을 명심하라.

흰개미의 오류 8

소문의 위력을 알지 못한다

"이메일은 빠르다. 그러나 사장의 비서보다는 빠르지 않다."
―익명인

"최근 소식 들었니?"
젊은 점원이 점심을 먹으면서 묻자, 다른 점원이 대답했다.
"뭔데?"
"방금 들었는데 말이야, 휴일 알바에게는 한 시간에 7달러씩 주기로 했대."
다른 점원들도 이들 주변으로 몰려들었다. 대부분 시간제 정규직 직원들인 이 점원들은 한 시간에 7달러도 받지 못하고 있었기 때문에 한 시간에 7달러라는 아르바이트의 임금은 뜨거운 화젯거리였다. 곧 모든 점원들은 직장에 배신감을 느꼈고, 다른 일자리를 알아보는 게 좋겠다는 쪽으로 의견이 모아졌다.

"이 상가 거리에만 가게가 125개나 있잖아. 게다가 전부 점원을 구하지 못해서 난린데."

그리고 머지않아서 이런 이야기는 한 관리자의 귀에 들어갔다. 이 관리자가 동료에게 이렇게 말했다.

"최근 소식 들었나?"

그러자 다른 관리자가 대답했다.

"뭔데?"

가장 오래되고 가장 강력한 커뮤니케이션 수단

블랙베리즈와 블루투스 테크놀러지는 전 세계의 PDA, 휴대폰, 그리고 노트북 컴퓨터를 대상으로 엄청나게 빠른 속도로 필요한 정보를 제공하는 회사들이다. 과학 기술의 발전은 놀라울 정도이지만, 그래도 어떤 조직에서건 가장 빠른 커뮤니케이션 수단은 소문이다. 모뎀을 이용하는 인터넷과 달리 소문은 언제 어디서든 접속이 가능하다. 식당, 휴게실, 음료수 자판기 앞 등 사람들이 모여서 사귀고 정보를 나누는 곳이면 어디에서든 소문에 접속할 수 있다.

사람들은 소문이라는 접속망을 통해서 일반 컴퓨터가 부팅을 하기도 전에 정보의 바다를 누빈다. 다음과 같은 웹사이트의 방문객 수는 점점 높아지고 있다.

_ 들어본적있나 닷컴 haveyouheard.com

_ 열받아 닷컴 frustration.com

_ 반신반의 닷컴 uncertainty.com

_ 임금불만 닷컴 salarygripe.com

_ 믿든지말든지 닷컴 unconfirmedrumor.com

_ 해고자 닷컴 gotfired.com

_ 구조조정걱정 닷컴 downsizeworry.com

_ 잘못된정보 닷컴 misinform.com

_ 어둠속에 닷컴 inthedark.com

_ 두고보자 닷컴 resentment.com

_ 올해보너스없어 닷컴 nobonusthisyear.com

소문은 인터넷과는 비교도 되지 않을 정도로 빠른 속도로 수많은 사이트에 동시에 접속할 수 있다. 복잡한 의사소통 요구에 부응할 수 있는 기술 발전을 꾀하고 있는 세상이지만, 소문은 이미 놀라운 체계를 구축해놓고 있다. 성서 시대와 동일한 토대를 바탕으로 구축된 소문의 체계들이 현재 얼마나 많이 구축되어 있는지 상상해본 적 있는가?

모든 조직에 존재하는 비공식적인 의사소통 체계인 소문이라는 형식의 정보 전달 체계는 로마 시대까지 거슬러 올라간다. 이때는 메시지가 벽에 쒸어졌다(우리는 이것을 '긁은 그림〔그라피토, graffito〕'이라고 부른다). 2차 대전 때 독일의 강제수용소에서도 정교한 소문 체계가 존재해서 헤어진 가족들이 상봉하기도 했다.

베트남 전쟁 때 포로들은 대면을 하지 못하도록 격리되었지만, 그럼에도 불구하고 이들은 벽을 두드리는 신호를 개발해서 정보를 나누었다. 그러므로 대부분의 회사에 강력한 소문 체계가 자리를 잡고 있다는 사실은 그다지 놀라운 일이 아니다. 보다 큰 기업들에서는 소문 체계가 광케이블 망처럼 복잡하게 구축되어 있다. 이 부분에 관한 연구 결과를 보면, 오늘날에는 급변하는 기업 환경 때문에 소문 체계가 그 어느 때보다도 활발하게 작동하고 있다고 한다.

소문을 이용한 경영

소문을 나쁘게 바라보는 시각이 없지 않지만 그래도 기업 내부에서의 소문 체계는 소문의 작동 배경과 원리를 이해하는 경영자의 입장에서 보면 매우 중요하고도 유용한 경영 수단이다. 소문을 필요악으로 바라보지 않고 비공식적 차원에서 정보를 공유하는 정상적이고 자연스러운 현상으로 인식하는 경영자가 소문을 가장 효과적으로 활용하는 경영자라고 할 수 있다. 기업이 불확실한 환경에 놓여 있거나 중대한 변화를 앞두고 있을 때, 경영진은 이 소문들을 통해서 유익한 정보를 얻어낼 수 있다. 소문을 통한 정보는 왜곡된 것일 수도 있다는 사실을 감안하더라도, 소문은 때로 매우 정확하다는 사실은 이미 연구를 통해서도 밝혀졌다.

기업 내에 존재하는 소문 체계를 활용하는 경영자들은 소문의 목적을 이해하고 있다. 소문이 나돈다는 것은 사람들이 정보를 원한다는 것을 뜻한다는 사실을 알고 있다는 뜻이다. 똑똑한 경영자는 일부러 정확성을 어느 정도 제거한 정보를 소문으로 나돌게 만들기도 하고, 또 적절한 시기에 적절한 방법으로 소문을 이용해서 사람들에게 정보를 제공하기도 한다. 《정치적 상식 Political Savvy》의 저자인 조엘 델루카는 이렇게 말했다.

유일하게 빛보다 빠른 것이 소문이다. (중략) 성공하고 싶으면 소문의 정보를 포착할 피뢰침이 되어라.

흰개미 박멸 프로젝트

1 직원들이 정보를 원한다는 사실을 미리 파악하라. 내부 정보를 정기적으로 직원들에게 알리지 않는 회사일수록 소문이 무성하다. 정보가 없을 때 직원들은 자기들만의 정보를 만들어낸다. 소문보다 더 많은 정보가 언제 필요할지 예측하고, 그때 배포할 정보를 준비하라.

2 모든 사람들이 자기들이 옮기는 정보에 대해서 궁극적으로 책임이 있다는 사실을 인식하도록 하라. 자주 소문을 내는 사람이 누구인지 파악하고, 그들에게 자기가 퍼트린 소문에 대해서 책임을 져야 할 것임을 인식시켜라.

3 소문 체계에 올라탄 정보는 자신이 불운하다고 여기는 직원들의 감정이 섞이면서 왜곡된다는 사실을 명심하라. 잘못된 정보가 나돈다는 사실을 파악하면, 곧바로 정보를 바로잡아라.

4 소문이 무성한 시기는 이미 계획된 어떤 변화와 관련이 있음을 깨달아

라. 이 시기 동안에는 보다 전통적인 방식의 의사소통 구조를 강화하는 노력을 기울여라. 소문은 보다 신뢰성이 높은 의사소통 체계를 보조하는 것이 되어야지, 그것을 대체하는 것이 되어서는 안 된다.

5 소문에 귀를 기울여라. 훌륭한 경영자는 소문의 힘을 결코 과소평가하지 않는다. 믿을 만한 정보통을 찾아서 가능한 한 모든 정보를 확보하라. 미리 약속을 정해서 동료와 함께 차를 마시거나 점심을 먹도록 하라. 앞에서도 언급했지만, 문제가 무엇인지 알고 있어야만 문제를 해결할 수 있다.

3부
동기부여

흰개미의 오류 9

고용은 날마다 새롭게 맺는 계약임을 알지 못한다

"너의 무게를 저울로 잰 즉, 너는 시험에 떨어졌다."
―〈다니엘서〉 5장 27절

　노력한 만큼 얻는다는 말이 있다. 이 말의 생생한 증인이 바로 내 딸이다. 딸은 쇼핑의 명수다. 딸은 자기 집 반경 80킬로미터 안에서는 어떤 가게에서 바겐세일을 하는지 다 찾아낸다. 일요일마다 모든 광고물을 꼼꼼하게 연구해서 쇼핑 전략을 짠다. 또 친구들과 늘 정보를 나누면서 가격에 비해서 가장 좋은 상품을 어디에서 파는지 알아둔다. 필요한 준비를 모두 한 뒤에는 '가게 구경'에 나선다. 딸은 자기가 포기해야 하는 가치(힘들게 번 돈)보다 자기가 얻을 수 있는 가치가 더 높을 때만 구매 행위를 한다. 그런 요건이 충족되지 않으면 절대로 물건을 사지 않는다. 당연한 이야기겠지만, 내 딸은 상당한 돈을 모았다.

시장에서 거래를 한다는 것은 가치를 교환하는 행위이다. 똑똑한 구매자라면, 자기가 가지고 있는 가치(보통 돈이다)를 지불함으로써 얻을 수 있는 가치가 원래 가치와 같거나 그보다 크지 않다고 믿으면 구매 행위를 하지 않는다. 여기에서 핵심 단어는 '믿으면'이다. 이것은 어떤 제품의 유용성과 관련해서 우리가 내리는, 뭐라 말할 수 없이 신비한 판단이다. 이 판단을 설명하기란 매우 어렵지만, 또 매우 실제적이다. 이것은 개인적인 판단, 느낌 그리고 통찰력을 바탕으로 한 지각知覺 행위이다.

고용인도 손해 보지 않을 거래를 찾는다

고용-피고용 행위도 시장에서 이루어지는 거래라는 강력한 주장이 있을 수 있다. 예를 들어서, 고용주는 언제 구직자에게 일자리를 제공하겠다고 나설까? 고용을 통해서 자기들이 얻을 이득이 고용에 따른 비용을 상쇄하고도 남는다고 생각할 때이다. 고용인은 언제 그 고용주의 제안을 받아들일까? 자기가 받을 수 있는 가치 총액이 자기가 제공하는 용역의 가치 총액과 같거나 더 높다고 생각할 때이다. 다음에 제시하는 사례는 이런 과정이 어떻게 전개되는지 보여준다.

당신이 취업을 위해서 면접을 본다고 하자. 취업-고용 면접은 구직자와 고용주가 서로에게서 얻을 수 있는 가치가 무엇인지 파악하는 게 목적이다. 여기에서 신념이나 도덕성은 전혀 상관이 없다. 장차 고용주가 될 수도 있는 사람이 당신에게 제공해야 하는 것뿐만 아니라 당신이 기술이나 재능 차원에서 그 사람에게 제공해야 하는 것이 무엇이냐 하는 것만이 문제가 된다. 당신은 깨끗하고 예쁜 종이에다(이런 노력들은 결코 배신하지 않아서, 늘 합당한 결과를 낳는다!) 당신이 제공할 수 있는 것들을 적어서 제출한다. 당신이 기본적으로 제공해야 한다고 믿는 것들은 다음과 같다.

- 지식
- 태도
- 교육
- 실천
- 훈련
- 시간
- 경험
- 고결한 성품
- 충성심
- 열정

당신의 고용주가 될 사람은 한 시간 정도 당신의 '상품'을 살펴본 다음에 당신이 가지고 있는 것을 잘 사용할 수 있겠다고 판단한다. 사실, 그 사람은 당신을 고용할 수 있다는 사실에 매우 흥분해 있을 수도 있다. 그 사람은 이제 자기 회사가 당신에게 해줄 수 있는 것들을 적은 목록을 살펴본다. 다음은 회사가 당신에게 제공할 수 있는 내용들이다.

- 임금
- 안정적인 일
- 여러 보험금 지원
- 칭찬과 인정
- 신뢰
- 의미 있는 작업
- 실천
- 경력
- 교육 프로그램
- 근무 시간 자유 선택 제도
- 몸값 높이기
- 육아 지원

설령 회사가 얻을 이득이 구직자가 얻을 이득보다 조금 더 크다 하더라도, 당신은 그 차이가 그다지 크지 않고 어느 정도 균형을 이룬다고 생각할 것이다. 고용주나 당신이 얻을 수 있는 가치가 포기해야 하는 가치와 같거나 크기 때문에, 고용 계약은 성립될 수 있다. 회사에서는 다음과 같은 고용 조건을 제시할 수 있다.

빌 씨, 당신이 메가 컴퓨터 사社에 제공할 수 있는 능력에 우리는 깊은 감명을 받았습니다. 우리 회사가 새로 운영하는 공급 센터의 책임자가 되어주시길 희망합니다. 만일 당신이 이 제안을 받아들인다면, 우리는 90일 뒤에 당신의 업무 역량을 재평가해서 당신이 만족할 수준으로 봉급을 올려드리겠습니다. 그리고 이것 외에, 우리는 당신의 미래에 투자하고자 합니다. 당신이 우리 회사의 업무 내용을 충분히 익히고 나면, 스위스 취리히에 있는 경영개발 과정을 이수할 수 있도록 비용과 시간을 마련해줄 생각입니다. 우리의 제안에 대해서 어떻게 생각합니까?

당신은 뭐라고 말을 할 것인가? 좋아서 펄쩍 뛸 것이다. 회사가 제안한 내용은 당신이 원하던 것보다 훨씬 좋다.

처음 몇 달 동안 당신은 메가 컴퓨터 사를 위해서 열심히 일한다. 당신은 고용주가 당신을 고용하기를 정말 잘했다고 생각하게 만들게 싶다. 그리고 90일 뒤, 당신은 그동안 수행한 업무 내용에 스스로 만족해하며, 사장이 당신을 불러서 칭찬을 하고 봉급을 올려주겠다는 말을 하기를 기대한다. 당신은 업무 내용을 빠르게 익히고 실천했다고 믿으며, 봉급 인상과 취리히 행 비행기 표가 바로 눈앞에 와 있다고 생각한다. 하지만 실제로는 아무런 일도 일어나지 않는다. 처음에는 사람들이 모두 바빠서 당신을 돌아볼 겨를이 없어서 그러려니 한다. 하지만 여섯 달이 지나고 나면, 무시당한다는 느낌이 든다. 그래서 사장과 면담 약속을 정한다. 입사 때 한 약속을 어떻게 생각하고 있는지 확인하고 싶기 때문이다. 그러면 사장은 이렇게 말한다.

"이렇게 먼저 면담 신청을 해주다니 반갑습니다. 그렇잖아도 얘기할 자리를 마련하려고 했는데."

그러자 당신은 어색하게 (약간은 바보 같이) 입을 연다.

"바쁘실 텐데 죄송합니다. 하지만 처음 회사에 들어올 때 하신 약속이 지켜지지 않아서……."

사장은 방어적으로 묻는다.

"어떤 약속?"

"석 달 뒤에 심사를 해서 봉급을 올려준다고 하셨지 않습니까. 그리고 경영 수업을 쌓을 수 있도록 스위스에도 보내주겠다고 하셨고……. 제 생각으로는, 제게 부여된 업무를 상당히 잘해냈다고 스스로 평가를 하고 있습니다만……."

그러면 사장은 정색을 한다.

"이런 세상에…… 당신은 정말 일을 훌륭하게 잘 해오고 있습니다. 우리 회사의 일급 직원이라고 할 수 있어요."

그러면 당신은 이렇게 묻는다.

"그럼 봉급 인상은요?"

하지만 당신은 당신의 질문이 어디로 향하는지 이미 알지 못한다. 당신의 질문은 허공을 맴돌 뿐이다.

받는 만큼만 주기

사장은 회사 사정이 좋지 않다고 말한다. 비공식적이긴 하지만 회사에서는 이미 임금 동결이 선포된 상태이며, 당신 봉급을 올려주겠다던 약속도 지키지 못하겠다고 한다. 취리히 건은 어떻게 되었느냐고 물으면, 회사의 직원 연수 프로그램도 당분간 모두 보류되었다고 한다. 하지만 사장은, 당신은 회사에서 없어서는 안 되는 인재이자 회사의 자산이라고 말한다. 그리고 아울러, 몇 달 더 현재 조건으로 계속 일을 해달라는 부탁을 한다.

애초 두 사람 사이의 관계는 손익을 계산해서 서로의 이익이 균형을 이룬 거래에서 출발했다는 사실을 명심하라. 그런데 이제 이 균형이 무너졌다. 고용주가 지불하기로 약속한 가치 가운데 상당 부분이 날아가 버린 것이다. 당신은 어떻게 할 것인가? 이런 상태를 그냥 그대로 놓아둔다면 받기로 한 것은 받지도 못하면서 주기로 한 것만 꼬박꼬박 주는 셈이니까 당신만 바보가 된다는 느낌이 들 것이다. 즉, 값싼 물건을 비싸게 주고 샀다는 느낌이 든다. 이런 상태에서 당신이 할 수 있는 선택은 두 가지이다. 하나는 사직서를 내는 것이고, 다른 하나는 (대부분 노동자들이 택하는 방법인데) 회사에 당신이 제공하기로 한 가치 총액을 줄이는 것이다. 회사에서 당신에게 지불하는 가치와 똑같이 값이 싼 가치를 회사에 지불하는 것, 다시 말해 소위 '값싼 물건을 값싸게 사는' 것이다.

이것은 구체적으로 다음과 같은 행태로 드러난다. 당신은 원래 아침 일찍 출근해서 늦게까지 일을 했다. 당신의 자동차는 토요일과 일요일에도 회사 주차장에 주차되어 있었다. 하지만 이제 당신은 그야말로 최소한으로만 일을 한다. 다른 사람들도 본받을 수밖에 없게 만들었던 열정과 근면은 사라져버리고 없다. 당신이 회사에 기여하는 가치가 회사에서 당신에게 제공하는 가치와 똑같아진다고 생각하는 정도까지 당신은 태업을 한다. 그래도 당신은 회사가 제공하는 가치보다는 조금이라도 더 일을 한다고 생각한다. 어쨌거나 회사가 당신에게 해주는 것만큼만 당신에게서 얻어갈 수 있다는 사실을 회사에게 분명히 알려주고 싶다. 이것이 당신의 생각이다. 그리고 이렇게 생각한다는 것 자체가 중요한 문제이다.

거래의 균형점 찾기

이 이야기에서 많은 교훈을 얻을 수 있다. 그 가운데서도 가장 중요한 교훈은 다음 내용이다. 고용은 서로 좋은 가격에 물건을 사려는 양측이 맺은 거래 관계라는 사실이다. 계약서에 서명을 한 순간부터 고용인은 자기가 거래를 제대로 했는지 날마다 확인한다. 훌륭한 경영자는 고용인이 (여섯 달에 한 번이 아니라 하루에 한 번씩) 자기 거래에 만족하도록 만든다.

최근에 교육 프로그램을 마치고 뒤풀이를 하는 자리에서 어떤 사람과 이야기를 나누었는데, 이 사람은 자기 직원과 한 이야기를 들려주었다. 그 직원에게 임금을 올려주겠다는 말과 함께 그가 회사의 훌륭한 자산이라고 했더니, 그 직원은 이렇게 말했다고 한다.

"아실지 모르겠지만, 저는 어떤 사장님 밑에서 일을 하건 원칙을 가지고 있고, 이 원칙은 지난 10년 동안 바뀌지 않았습니다. 저는 누구 밑에서든 열심히 일을 했습니다. 하지만 여태까지 제가 한 노력에 대해서 진정으로 보상을 해주신 분은 사장님이 처음입니다."

나는 그 사람에게 이야기의 핵심이 무엇이라고 생각하느냐고 물었다. 그는 이렇게 말했다.

"자기가 처음으로 봉급을 올려 받았다는 것인가요?"

그래서 나는 맞긴 하지만 그게 전부가 아니라고 했다. 진짜 핵심은, 과거에 일을 했던 사장들과는 제대로 된 거래를 하지 못했다는 사실을 깨달은 것이라고 했다. 그 직원이 과거에 다니던 회사를 그만둔 이유는, 자기가 손해를 보는 거래를 하고 있다고 느꼈기 때문인 것이다.

흰개미 박멸 프로젝트

1 고용은 거래 행위라는 사실을 인정하라. 그리고 손해 보는 거래라는 생각이 들지 않도록 하는 책임은 경영자인 당신에게 있다는 사실을 인정하라. 양측이 서로 만족하는 거래인지 정기적으로 확인하라.

2 정기적으로 직원을 만나서 그들이 현재 맺고 있는 거래에 만족하고 있는지 확인할 수 있는 기회를 제도적으로 정착시켜라. 설문조사도 고용주-고용인 관계가 균형을 맞추고 있는지 확인하는 좋은 도구이긴 하지만, 가장 좋은 방법은 일 대 일 면접이다.

❸ 직원과의 관계가 적법성과 관련해서 위기를 맞지 않도록 하라. 당신이나 당신 회사가 직원에게 제공할 수 있는 가치보다 훨씬 높은 가치를 직원에게서 끌어낼 생각을 하지 마라. 직원과 맺는 거래 내용 가운데 충분하게 논의하지 않은 채 불확실하게 남겨두는 사항이 생기지 않도록 하라.

❹ 가치를 보다 많이 창출하는 방법을 찾아라. 중세 시대의 제빵사가 빵을 열두 개 사면 하나를 덤으로 줬다는 이야기를 알고 있는가? (15세기 잉글랜드에서는 제빵사들이 빵의 무게를 속이는 바람에 이를 제재하기 위해서 혹독한 처벌 제도를 만들자, 제빵사들은 혹시라도 자기가 파는 빵의 무게가 모자랄까봐 열두 개 단위의 빵을 팔 때 하나를 덤으로 얹어줬다. —옮긴이) 누구나 애초에 기대했던 것보다 조금이라도 더 얻어내면 더할 나위 없이 좋아하고, 그런 일이 생기길 기대한다. 고용주는 이따금씩 직원에게 깜짝 놀랄 만한 기쁨을 안겨주어야 한다. 그래야 훌륭한 직원을 만들 수 있다.

❺ 직원들은 때에 따라서 더 나은 조건을 찾아서 여기저기 기웃거릴 수 있다는 사실을 인정하라. 만일 직원이 당신 곁을 떠난다면, 그 직원은 다른 회사에서 더 나은 조건을 찾았다는 사실을 분명히 인식하라. 가치 있는 직원에게 그 가치에 부합하는 대우를 해주지 못함으로 해서 놓치고 마는 실수를 저지르지 마라.

흰개미의 오류 10

고객이나 직원에게 중요한 가치를
부여하지 못한다

"모든 고객은 한 사람 한 사람이 모두 특별한 대접을 받고 싶어하는 특별한 사람이다. 각자 독특한 개성과 욕구를 가지고 있으며, 제품 구매 이유도 제각기 다르다. 당신이 이들을 얼마나 중요한 사람으로 대접하느냐에 따라서, 그들이 당신의 고객으로 계속 남을 수도 있고 그렇지 않을 수도 있다." ―마이클 르뵈프, 《고객의 마음을 사로잡고 영원히 붙잡아두는 방법》

다나는 봉급 봉투를 열어보고 안에 든 돈을 세어본 다음에 자기가 정당한 대접을 받지 못하고 있다고 느꼈다. 점심시간에 그녀는 계산기를 꺼내서 계산을 했다. 그리고 자기 임금이 시간당 14.50달러임을 알았다. 하지만 그녀는 시간당 14.75달러가 되어야 한다고 생각했다. 그녀는 인사부를 찾아가서 이의를 제기했다. 하지만 인사부의 말단 직원은 오히려 그녀에게 시간이 있으면 계산을 다시 꼼꼼하게 해보라고만 말했다. 그래서 그녀는 인사부장을 만나서 이야기하겠다고 했다. 하지만 돌아오는 대답은, 인사부장은 바쁜 사람이라서 그런 '사소한 일'까지 일일이 신경을 쓰지 않는다는 것이었다.

이 회사는 정말 심각한 문제를 안고 있다. 이 회사는 사업의 성격상 회사 인력의 상당 부분을 시간제로 일하는 대학생에게 의존하는데, 이 시간제 직원들을 제대로 대접해주지 않는 것으로 유명했다. 오랫동안 회사는, 시간제 직원이 회사를 나가면 다른 사람을 얼마든지 구할 수 있다는 생각으로 직원들을 대했다. 하지만 영업이 호조를 띠면서 더 많은 직원이 필요하게 되자 문제가 발생했다. 갑자기 필요한 수만큼 직원을 확보하기가 쉽지 않게 된 것이다. 그래서 회사에서는 관리자들을 대상으로 정기적인 교육 시간을 마련해서, 어떻게 하면 직원이 대접받고 있다고 느끼게 할 수 있을지 가르치기 시작했다.

컨트리 음악의 슈퍼스타 가스 브룩스

사람들이 자기가 특별한 존재라고 느끼게 하는 일을, 컨트리 음악의 슈퍼스타인 가스 브룩스보다 더 잘하는 사람은 없으리라 생각한다. 오클라호마 주립대학교 경영학과에서 마케팅 전공으로 학위를 딴 브룩스는, 직원이나 고객이 특별한 존재라고 스스로 느낄 수 있도록 하는 게 특히 중요하다는 사실을 믿는 경영자이다. 그가 갑작스럽게 은퇴를 하기 전에 나는 가족과 함께 신시내티로 그의 공연을 보러 갔다. 그때 나는, 그가 자기 밴드의 멤버뿐 아니라 조명 담당자들과 무대 설치 담당자들까지 일일이 소개하는 모습을 보고 깜짝 놀랐다. 심지어 그는 공연 준비물을 트럭에 싣고 다니는 운전기사까지 무대에 불러서 관객들 앞에 소개했다. 예컨대 이런 모습이 바로 직원에게 동기를 부여하는 행위가 아닐까?

또, 브룩스는 같은 멤버나 스태프에게 베푸는 것보다 고객에게 더 큰 관심을 베푼다. 그가 노래를 부르는 동안 팬들은 끊임없이 그에게 꽃을 건넨다. 그때마다 브룩스는 그들이 건네는 꽃을 받아서 무대 가운데로 가지고 가서 가지런하게 놓는다. 그리고 마지막 노래를 부르고 공연이 끝날 때 그 꽃들을 모두 가지고 무대를 내려간다. 팬들이 준 꽃들을 소중하게 다룸으로써 브룩스는 꽃을 건네준 '고객들'(이것은 자기 팬에 대한 브룩스의 표현이다)의 사랑에 깊이 감사한다는 메시지를 보낸다. 이런 행동을 통해서 브룩스는 꽃을 건네준 사람을 포함해서 모든 팬들로 하여금 자기가 특별한 존재라는 느낌을 받게 하는 것이다.

인간의 기본적인 욕구

심리학자는 인간에게 네 가지의 기본적인 욕구가 있다고 한다. 이 네 가지 욕구는 안락하게 있고 싶은 욕구, 이해받고 싶은 욕구, 환영받고 싶은 욕구, 그리고 중요한 존재로 인정받고 싶은 욕구이다. 마케팅 전문가들은 제품 개발이라는 관점에서, 새로운 욕구를 창조하는 것보다 기존의 욕구를 만족시키는 게 더 쉽다고 말한다. 그러나 만일 이 두 가지 욕구를 동시에 만족시키기 위해서 노력하고, 그 결과로 나타나는 제품이나 서비스가 고객을 만족시킨다면 성공은 보장된 것이다. 고객을 만족시키고 계속 자기 제품에 붙잡아두는 것은 회사가 장기적으로 성공하는 데 필수적인 요소이기 때문에, 회사가 고객을 중요하게 여긴다는 사실을 고객에게 인식시키는 작업은 경영에서 핵심적인 사항이다. 이 작업을 성공적으로 수행하려면 동기가 부여된 직원이 자기에게 맡겨진 역할이 중요하다는 사실을 느껴야 하기 때문에(고객 서비스의 질은 직원이 얼마나 회사의 대우에 만족하느냐에 달려 있다), 당신은 '흰개미의 오류 10'을 피하는 게 얼마나 중요한지 깨달을 수 있을 것이다.

사람은 누구나 존엄하다

내가 십대 소년일 때 아버지는 나에게 O. S. 마덴이 쓴 시 하나를 외우라고 했다. 지금은 이 시를 외우지 못하지만, 이 시의 기본적인 메시지는 이미 그때부터 내 철학의 한 부분으로 자리를 잡았다. 그 시의 메시지는, 누가 어떤 직업을 가지고 어떤 일을 하든 간에 모든 사람이 가지고 있는 권리를 인정하고 존엄하게 대해야 한다는 것이었다. 이 시에 '누구나 구두수선공이 내미는 의자에 앉아야 하고, 대장장이의 신세를 져야 한다'는 내용이 있었다. 그리고 결론은, 어떤 사람을 존엄하게 만드는 것은 그 사람의 직업이 아니고 그 직업을 존엄하게 만드는 사람이라는 것이었다. 이 메시지를 나 나름대로 해석하면 이렇게 된다. 모든 사람을 존중하라. 지위가 높다거나 돈이 많다는 이유만으로 그 사람에게 특별한 친절을 베풀지 마라. 이것이 사람들로 하여금 자기가 특별한 존재로 대접받는다는 느낌을 가지게 만드는 핵심이다.

고객이나 직원이 스스로 특별한 존재라고 느끼게 만드는 방법 가운데 하나는, 현재 그들의 모습 그대로를 존중하는 것이다. 한번은 어떤 직원이 나에게 이렇게 말했다.

"이 친구들은 중요한 고객이 아닙니다. 이 친구들이야 급하겠지만, 솔직히 최선을 다할 필요는 없습니다."

서비스 부문에 종사하는 회사가 주문량의 크기에 따라서 주문을 받기도 하고 또 받지 않기도 한다면, 결국 직원에게도 같은 문제가 생긴다. 직원 역시 머지않아 당신이 중요한 사람이 아니며 언제든 버리고 떠날 수 있는 존재라는 사실을 깨달을 것이고, 아울러 똑같은 평가가 자기들에게도 적용될 것임을 깨닫게 될 것이다.

옳은 일을 하라

여러 해 전에 어떤 회사의 설비 시설을 둘러보면서 거기에서 일하는 직원들과 이야기를 나눌 기회가 있었다. 그때 나는 직원들이 하나같이 자신감에 차 있는 모습을 보고 깊은 감명을 받았다. 모든 직원들이 자기가 있음으로 해서 그 설비가 원활하게 돌아갈 수 있다고 믿는 듯했다. 내가 마지막으로 대화를 나눈 사람은 유지보수반에서 일하던 청년이었다. 그는 막 잔디를 깎을 참이었다. 그런데 잔디는 이미 더할 나위 없이 훌륭한 상태였다. 나는 잘 가꾸고 정돈된 풍경을 바라보면서 이렇게 말했다.

"아주 잘해놓으셨군요."

"당연하지요."

그 청년은 나에게 좀더 가까이 오라고 손짓을 하더니, 이렇게 말을 이었다.

"사장님은 내가 하는 일이 가장 중요하다고 하셨습니다. 고객이 우리 공장을 처음 볼 때의 첫인상은 내가 어떻게 하느냐에 달렸다는 게 그 분 생각입니다."

나는 빙그레 웃을 수밖에 없었다. 그 청년은, 회사의 사장 스미스 씨가 자기에게 회사에서 가장 중요한 일을 맡기고 있다고 말했다며 은근히 내게 자랑하던 그 회사의 다섯 번째 직원이었기 때문이다.

내가 아는 어떤 경영자는 직원의 노고를 사적으로뿐만 아니라 공적으로 인정해주는 것을 철칙으로 지킨다. 만일 어떤 고객이 전화나 편지를 보내 어떤 직원의 업무 태도를 칭찬하기라도 하면, 이 경영자는 반드시 그 직원이 속한 부서에 고객의 칭찬 내용을 큰 소리로 읽어준다. 그리고 그 부서의 다른 직원들까지 함께 칭찬한다. 게다가 칭찬은 여기에서 끝나지 않는다. 회사의 공식적인 서류에 이 직원이 고객의 칭찬을 받게 된 경위를 가능한 상세하게 기록하고, 사본을 만들어서 한 장은 그 직원에게 보내고, 또 한 장은 인사 고과 파일에 첨부하고, 또 한 장은 회사의 사장에게 보낸다. 그러면 사장은 그 부서를 방문해서 그 직원에게 칭찬을 한다. 이런 대접을 받는데, 어떻게 그 직원이 회사가 자기를 중요한 존재로 여긴다고 느끼지 않을 수 있겠는가.

이 경영자는 고객에 대해서도 비슷한 전략을 구사한다. 그는 고객들에게 어떻게 하면 독특한 감사의 표시를 할 수 있을지 끊임없이 연구한다. 그가 즐겨 사용하는 방법은 헬륨이 든 풍선을 가득 담은 상자를 보내서, 고객이 상자를 여는 순간 풍선들이 하늘로 날아오르게 하는 것이다. 이때 사탕 봉지와 친필로 쓴 감사의 편지를 상자에 함께 넣는다. 이런 방식은 특별할 뿐 아니라 기억에 오래 남을 수 있는 것이다. 그는 고객에게 크리스마스 때 카드를 보내는 대신 추수감사절 때 카드를 보냈다. 그는 이렇게 말한다.

"내가 고객을 존중하며 고객에게 감사한다는 사실을 알리고 싶습니다."

그는 자기 메시지가 수백 장의 크리스마스카드 속에서 실종될 일이 없다는 사실을 잘 알고 있다.

NO.10 흰개미 박멸 프로젝트

1 귀를 기울이고 들어라! 들어라! 들어라! '흰개미의 오류 5'에서 이미 설명했듯이, 남의 말에 귀를 기울이는 것은 경영자가 할 수 있는 가장 강력하고 설득력 있는 도구이다. 다른 사람의 말에 귀를 기울일 때 우리는 우리가 가지고 있는 가장 중요하고 소중한 자원인 시간을 포기한다. 기꺼이 시간을 포기한다는 사실 하나만으로도 강력한 메시지가 된다.

2 호의와 친절을 베풀어라. 여기에는 다른 사람들에게 의무를 지우는 것뿐만 아니라 다른 사람들이 가지고 있는 관심에 주의를 기울이는 것도 포

함된다('흰개미의 오류 52' 참조).

3 칭찬과 감사의 글을 자주 발표하라. 어떤 사람의 공헌을 인정한다는 것은 그 사람의 중요성을 강조하는 데 반드시 필요한 (그러나 흔히 간과하는) 행위이다. '소멸 이론'에서는 아무리 선한 행동이라도 인정을 받지 못하면 결국 사라져버린다고 한다. 말로 하는 칭찬도 중요하지만 특히 글로 하는 칭찬은 막강한 힘을 발휘한다.

4 직원에게 투자하라. 자기들이 회사의 커다란 계획 속의 한 부분이라고 믿는 것보다 더 자부심을 갖게 하는 것은 없다. 직원의 미래에 투자함으로써 그들이 중요한 존재임을 분명하게 드러내 보여라. 가능하다면 직원들을 세미나나 워크숍에 파견해서 기술 수준을(그리고 자신의 가치를) 높일 수 있도록 하라.

5 고객에게 투자하라. 고맙다는 메시지(이 얼마나 오래된, 그러나 소중한 메시지인가!)를 전할 수 있는 창조적인 방법을 찾아라. 고객을 가치 있는 존재로 인식시키는 데 소비하는 시간은 장차 막대한 이익으로 돌아올 투자이다.

흰개미의 오류 11

'쫄쫄이 양말' 경영을 한다

"내가 마음에 든다고 생각하는 사람은 내 말에 동의하는 사람이다." ―벤저민 디즈레일리, 19세기 영국 수상

사람마다 가지고 있는 독특한 개성을 볼 때마다 나는 늘 놀란다. 얼마 전에 어떤 자매 두 명을 만나면서도 그런 생각을 했다. 두 사람 다 사업에 열정을 가지고 있는데, 각자 관심을 가지는 분야는 두 사람의 개성만큼이나 다르다. 언니는 은행의 회계 감사원인데 꼼꼼한 것을 좋아한다. 그녀는 계획을 세우고 협력하고 분석하기를 좋아한다. 그녀는 머릿속이 늘 잘 정리되어 있고, 무엇을 먼저 해야 하는지도 잘 알고 있다. 또한 갑작스럽게 다른 일이 생기거나 일정을 바꾸어야 할 때는 유연하게 대처한다. 하지만 비록 그녀가 다른 사람과 의사소통을 원활하

게 잘하고 또 고객 중심의 사고방식이 강함에도 불구하고, 그녀는 영업은 하지 않으려고 한다. 그녀는 영업은 누구든 다 할 수 있다고 생각한다. 그리고 당연한 이야기일지도 모르지만, 질서정연한 삶을 살고 싶어 한다.

동생은 소매점 운영에 관한 학위를 가지고 있다. 그녀는 대형 화장품 회사에서 미국 전역에 지사를 설립하는 일을 하고 있다. 그녀는 언니와 달리 영업 활동을 좋아한다. 뛰어난 의사소통 기술을 구사하며, 서비스 부문에도 강한 열정을 가지고 있다. 그녀는 판매를 적문적인 직업으로 여기며, 고객의 요구를 만족시킨다는 단 하나의 목적을 가슴에 품고 행동한다. 그녀는 사람들을 쉽게 만나고, 이런 재능을 이용해서 고객들과 빠르게 친해진다. 그녀는 경쟁을 좋아하며, 다른 팀과 자기 팀의 실적을 비교하는 한 달에 한 번 나오는 보고서를 늘 조바심 내며 기다린다. 그녀는 아이디어가 넘치고, 이 아이디어를 개념화하고 또 구체적인 실천 사항으로 바꾸어내는 데도 탁월한 능력이 있다.

적재적소에 적절한 인물을 배치하는 것은 경영자가 맞닥뜨리는 가장 큰 과제라고도 할 수 있는데, 다행히 위의 두 자매는 자신의 기질과 개성에 맞는 일을 선택한 것 같다. 하지만 만일 이 두 사람이 서로 직업을 바꾼다면, 두 사람 다 자기 일에 흥미를 가지지 못할 것이다. 경영자가 저지르는 가장 큰 실수 가운데 하나는, 모든 사람의 기질이 기본적으로 동일하다고 보는 것이다. 사람은 모든 발 치수에 다 맞는 쫄쫄이 양말이 아니다. 누구나 모든 일을 다 할 수 있다고 믿을 때 잘못된 인재를 잘못된 직종에 배치할 수 있다. 이 경우 직원은 좌절할 것이다. 아무런 동기부여가 되지 않기 때문이다.

개성을 어떻게 평가할 것인가

경영자가 직원들의 개성을 파악하기 위한 도구들은 간단한 면접에서부터 복잡한 시험이나 조사평가서에 이르기까지 많이 있다. 심지어 '마이어브릭스 성격 유형 검사'처럼 훈련을 받은 전문가가 직접 검사하고 점수를 매기는 검사법도 있다. 하지만 어떤 사람의 태도나 소중하게 여기는 가치, 그리고 그 사람이 선호하는 것이 무엇인지 전체적으로 알아낼 수 있는 보다 간단한 조사 방법이 있다. 이 방법은 검사를 하는 데 한 시간 정도 걸리고 점수도 금방 매길 수 있다. 그리고 이런 방법 가운데 많은 수가 소프트웨어 프로그램으로 나와 있는데, 이 프로그램이 있으면 응답 내용을 보다 세부적으로 분석할 수도 있다.

어떤 사람을 고용하기 전에 그 사람의 자질을 판단할 목적이든, 혹은 기존의 직원들을 비교할 목적이든 간에, 이러한 조사 결과를 결코 과대평가해서는 안 된다. 실제로, 이런 조사 및 보고서 작성을 의뢰받은 전문 회사들도 어떤 판단을 할 때 보고서 내용을 전적으로 신뢰하지 말라고 권유한다. 이들은 보고서를 최대 30퍼센트만 참조하라고 권유한다. 일 대 일 대화, 경력 조회, 학력 사항, 그리고 과거의 경험 등을 모두 참조할 때 비로소 한 개인의 인성과 관심에 대해서 믿을 수 있는 완전한 평가를 내릴 수 있다.

인성 평가 방법은 어떤 사람을 고용하기 전에 가장 많이 활용된다. 비록 나는 이런 조사 결과에 입각해서 지원자를 탈락시킨 적은 단 한 번도 없지만, 면접 때 지원자에게 던질 최적의 질문들을 뽑아내는 데 많이 활용했다. 예를 들어서, 영업 부서의 내근직 희망자를 대상으로 조사한 결과, 그 지원자가 매우 외향적이며 다른 사람들과 끊임없는 상호 작용을 필요로 하는 것으로 나왔다. 표면적으로만 보자면 이 결과는 많은 소비자들과 접촉해서 많은 이야기를 해야 하는 직책에 적합한 성격이라고 판단할 수 있다. 하지만 이 결과를 놓고, 면접 과정에서 확인해야 할 또 다른 의문점이 나타난다. 예컨대 이런 것이다. 사교성이 높은 성격 탓에 업무가 방해받지는 않을까?

'영향력이 있는 사람' 과 '조심스러운 사람'

하지만 기존 직원들을 대상으로 인성 조사를 할 경우에는, 각각의 직원이 조사의 목적을 정확하게 인식하도록 특별히 신경을 써야 한다.

한번은 어떤 은행의 고급 간부들을 대상으로 영업 활동 워크숍을 연 적이 있다. 금융 시장이 여러 해 동안 은행에 유리하게 돌아갔던 터라, 은행원들은 대부분 애써서 주문을 받으러 돌아다니지 않아도 되었다. 하지만 여러 가지 규제가 철폐되면서 상황이 바뀌었다. 은행원들이 길거리에 나가 새로운 금융 상품을 홍보하고 고객을 끌어들여야 할 필요성을 최고경영자가 역설하고 나서자, 이제는 누구나가 다 영업 기술을 익혀야 할 필요를 고통스럽게 절감했다. 대부분의 관리자들에게는 영업이라는 개념부터 두려움의 대상이었다.

이 워크숍에서는 의사소통 기술을 다루었고, 또 잠재적인 고객의 인성을 파악할 때 얻을 수 있는 이점이 무엇인지도 다루었다. 은행의 부회장이 워크숍 계획서를 읽어보고는 이 부분을 지적하면서, 훈련 프로그램의 하나로 직원들의 인성 조사도 할 수 있는지 물었다. 나는 할 수 있긴 하지만 그 조사 결과에서 얻을 수 있는 정보는 그다지 많지 않을 것이라고 했다. 그래도 부회장은 그 조사를 해달라고 했다. 그리고 이 조사 결과를 각 개인의 인사 기록에 첨부할 것이라고 했다.

워크숍은 참가자들이 놀라운 열의를 보이는 가운데 시작되었다. 처음 여섯 시간 동안은 감히 내가 여태까지 경험했던 훈련 프로그램 가운데 최고라고 할 수 있을 정도였다. 점심을 먹은 뒤, 나는 각자의 인성을 테스트할 예정이라고 일러주고, 방법을 설명했다.

"최고경영진의 요청에 따라서 우리는 모든 참가자를 대상으로 간단한 인성 테스트를 실시할 것입니다. 그리고 테스트의 분석과 판단은 여러분이 각자 할 수 있도록 하겠습니다."

테스트가 끝나자, 사람들은 서로 어떤 유형인지를 놓고 농담을 주고받았다.

"당신은 아마 사회주의자일걸? 내 농장을 걸고 내기할까?"

그런 농담에 사람들은 왁자하게 웃었다. 모든 조사가 끝난 뒤에, 나는 응답 내용을 해석하는 방법을 가르쳐주었다. 이 조사는 사람들의 인성을 '한결같이 착실한 사람', '다른 사람에게 영향력을 행사하는 사람', '지배적인 사람', '조심스러운 사람'이라는 네 범주로 나누어놓고 있었다. 여러 인성 조사 방법은 대체로 비슷한 분류 체계를 가지고 있지만 각 분류 기준의 이름은 다르다. 그런데 인성 조사 결과에 점수를 매기면서 나는 참가자들의 열의가 갑자기 식어버렸다는 사실을 깨달았다. 불과 몇 분 전에 떠들면서 농담을 주고받던 사람들이 모두 입을 다물어버린 것이다. 나중에 깨달은 사실이지만, 대부분의 사람들이 테스트의 분석 결과 자기 인성이 영업에서 두각을 나타낼 수 있는 '다른 사람에게 영향력을 행사하는 사람'으로 나오길 간절히 바랐던 것이다. 그리고 자기 인성이 '한결같이 착실한 사람'이나 '조심스러운 사람'으로 나온 사람들은 직장에서 쫓겨날지도 모른다고 느끼는 듯했다. 애초에 이 조사의 결과가 최고경영진에 제출될 것이라는 정보가 교육 효과를 높여줄 것이라 생각했지만, 전혀 그렇지 않았다.

인성 조사를 시작하기 전에 주의할 점

인성 조사 방법은 매우 가치 있는 도구이다. 하지만 이 도구를 사용하기 전에 먼저 다음 두 개의 지침을 정확하게 따라야 한다. 첫째, 조사를 시작하기 전에 조사 대상자들에게 '좋거나' '나쁜' 유형은 없다는 사실을 분명히 확인시켜줘야 한다. 은행의 간부들을 대상으로 한 워크숍에서 이런 내용을 내가 보다 적극적으로 인식시켰더라면, 참가자들은 모두 자기가 속한 유형과 상관없이 최고의 영업 실적을 올릴 수 있다는 자신감을 가졌을 것이다. 둘째, 어떤 유형에 속한다 하더라도 그 유형의 어떤 특성을 상대적으로 많이 가지고 있다는 것이지, 특정 업무와 관련된 다른 유형의 특성이 결여되어 있다는 뜻이 아님을 참가자들에게 분명하게 확인시켜줘야 한다. 그리고 마지막으로, 한 회사가 최대의 능력을 발휘하려면 다양한 유형의 사람들이 절대적으로 필요하다는 내용을 참가자들에게 일러주어야 한다.

NO.11 흰개미 박멸 프로젝트

1 인간은 모두 다르다는 사실을 인정하라. 인성 조사는 어떤 사람의 인성에 대한 일반적인 느낌을 파악하는 유용한 도구이며, 또한 그 인물에 접근할 수 있는 가장 좋은 방법이 무엇인지 결정하는 데 도움이 된다는 것을 인식하라.

2 직원 각각의 성격 유형을 발견하도록 애를 써라. 이렇게 함으로써 당신은 어떻게 할 경우 각각의 직원과 가장 바람직한 방식으로 의사소통을 할 수 있을지 파악할 수 있을 뿐 아니라, 어떻게 하면 각각의 직원에게 가장 크게 동기부여를 할 수 있을지 파악할 수 있다.

3 가장 좋은 성격 유형이라는 것은 존재하지 않음을 인식하라. 회사에 어떤 기회나 위기가 닥쳤을 때, 독특한 발상으로 접근할 수 있는 다양한 성격의 인재를 많이 확보한 회사가 훌륭한 인적 자원을 가지고 있는 회사임을 명심하라.

4 사람은 각자 특징적인 유형으로 분류할 수 있지만, 이들은 모두 다른 성격 유형으로 쉽게 바뀔 수 있다는 사실을 명심하라.

5 인성 조사가 제시하는 결과는 분명 정확하다. 하지만 고용 희망자나 기존 직원의 인성을 총체적으로 파악하려면 일 대 일 면접이나 경력 등의 다른 적절한 자료를 함께 참조해야 한다.

흰개미의 오류 12

진정한 칭찬과 격려의 말을 하지 못한다

"상황이 좋지 않을 때라도 변변찮은 성과를 올린 누군가를 편들어서 싸우는 것은 언제나 즐거운 일이다."
―스티븐 크레인, 〈붉은 무공 훈장〉

여러 해 전에 코네티컷의 하트퍼드에서 비행기를 탔는데, 옆 자리에 앉은 노신사가 '예일, 1929년'이라는 글귀가 새겨진 베레모를 쓰고 있는 것을 보고 깜짝 놀랐다. 우리는 대화를 나누었고, 그가 65번째 예일대학교 동창회에 참석하고 돌아가는 길임을 알았다. 여행 내내 나는 이 신사분의 이야기에 매료되었다. 혹시 당신은 뉴욕 증시가 붕괴하던 바로 그날에 그 객장에 있었던 사람들과 대화를 나누어본 적이 있는지 묻고 싶다. 적어도 베레모 신사는 바로 그런 사람이었다. 나는 역사의 산

증인과 대화를 나누었던 것이다.

대화를 나누면서 깨달은 사실이지만, 내 옆자리에 앉은 사람은 캔자스의 대형 주식중개인 회사에 입사해서 나중에 최고경영자까지 되었던 성공한 사람이었다. 그는 은퇴했지만 여전히 시장 상황에 대해서 공부를 하고 있었고, 87세라는 적지 않은 나이에도 불구하고 시간제로 투자 자문을 하고 있었다. 피츠버그 상공을 날아갈 때 나는, 출세한 사람들에게 묻고 싶은 질문 한 가지를 했다.

"돌이켜 생각해보실 때, 처음 사회생활을 시작할 때부터 알았더라면 좋았을 텐데, 하는 게 있으면 뭔지 말씀해주시겠습니까?"

여러 해 동안 이런 질문을 해오면서 나는 매우 흥미로운 조언들을 모았고, 평생을 금융계의 높은 위치에서 보낸 동행자로부터도 중요한 조언을 얻고 싶었던 것이다. 그는 잠시 생각하더니 이렇게 말했다.

"내가 50년 전에 미리 알았더라면 하는 게 뭐냐 하면, 내가 다른 사람들을 격려할 줄 알았더라면 그 사람들이 보다 많은 일을 할 수 있었을 것이라는 사실이라오."

비록 그 대답을 듣고 처음에는 놀랐지만, 나는 한 회사의 직원이 발휘할 수 있는 역량과 관련해서 그보다 더 멋진 조언을 얻을 수 없겠다는 생각을 했다.

격려를 아끼다가는 사업을 망칠 수 있다. 〈붉은 무공 훈장〉에 나오는, 죽을힘을 다해 싸웠는데도 장군에게 호된 질책을 듣고 낙담한 병사처럼, 회사의 직원들이 힘들여 일한 결과를 인정해주지 않는 상사는 짜증스러울 뿐이다. 여러 해 전에 참석한 한 회의에서, 나는 참석자들이 어떤 제안을 할 때마다 '저리 치워' 하고 대꾸하던 관리자들을 보았다. 직원들의 눈에는 아마도 이 관리자들이 스키트 사격을 하는 사수로, 그리고 자기들이 낸 제안은 산산이 부서지는 진흙 표적처럼 보였을 것이다. 직원들이 내는 제안은 그저 부서져 추락하기 위해 존재할 뿐이었다!

여러 해 전에 나는 또 사기가 심각할 정도로 떨어져 있는 회사를 위해 일한 적이 있었다. 회사의 직원들과 프로그램을 하나씩 진행하면서 깨달은 사실은, 직원들이 모두 사장에 대해서 쉽게 가라앉지 않을 분노를 품고 있다는 것이었다. 사장이 직원들을 낙담시켜 온 수준과 정도는 가히 예술적이라 할 만했다. 실적이 좋은 달에 사장은 이렇게 말했다.

"더 열심히들 해."

실적이 좋지 않은 달에는 직원들이 게으름을 피워서 그렇다는 듯이 말했다. 특히 어떤 달에는 사장이 직원들에게 '절름발이 래리', '어슬렁거리는 캐롤', '낮잠 자는 샘' 따위의 별명을 붙이기도 했다. 직원 한 명은 이렇게 말했다.

"기껏 열심히 해봐야 얻어걸리는 건 욕밖에 없는데, 미쳤다고 열심히 합니까?"

따뜻한 말 한 마디

나의 할머니는 놀라운 여자였다. 독일에서 이주해왔던 터라 언어가 달렸음에도 불구하고, 할머니는 위협적이고 당당한 풍채로 온갖 어려움을 극복해왔다. 우리 가족은 해마다 크리스마스 때가 되면 늘 할머니에게 최고의 소원이 무엇이냐고 장난삼아 묻곤 했다. 그러면 할머니는 정확하지 않은 영어 발음으로 이렇게 대답했다.

"내가 바라는 것은 따뜻한 말 한 마디야."

만일 그게 진심이었다면, 할머니도 역시 많은 사람들처럼 이루기가 결코 쉽지 않은 소원을 말한 셈이었다. 지금도 따뜻한 말 한 마디만 들을 수 있다면 크리스마스 선물을 전부 기꺼이 내놓을 사람들은 널려 있다. 격려할 줄 아는 기술을 가지고 있는 관리자나 경영자는 극히 드물다. 언젠가 한번은 워크숍에 참가한 사람이, 사장이 자기 등을 몇 차례 친근하게 두들겨주기만 한다면 봉급은 올려주지 않아도 좋다고 했다. 이 사람은 결코 과장한 것이 아니다.

이 점에 관해서 많은 경영자들은 격려를 할 줄 아는 능력은 타고난 재능이라고 변명한다. 언젠가 한번은 어떤 회사의 직원들과 회의를 한 결과를 그 회사의 사장에게 보고한 적이 있는데, 그때 내가 보고한 내용은 이렇다.

"사람들이 다들, 사장님이 인정을 해주시고 격려를 해주시는 말씀을 기다리느라 굶주려 있습니다."

그러자 그 사장은 이렇게 말했다.

"나도 그러고 싶지. 하지만 난 그런 성격이 아니잖아. 낯이 간지러워서 말이야······. 그런 능력은 타고나는 건데, 난 타고나지 않았어."

남을 격려하는 능력은 타고나는 것이라는 말은 전혀 사실과 다르다. 칭찬과 격려가 넘치는 환경에서는 누구나 칭찬하고 격려하는 법을 배운다. 이런 작업 환경을 만드는 것은 경영자의 책임이다. 이것은 경영자를 위해서도 좋고 직원을 위해서도 좋다.

'으아아아아주 좋았어!!!!!'

젊을 때 나는 격려의 힘이 무엇인지 알던 사람 밑에서 일을 한 적이 있었다. 그는 자기가 고용한 사람들에게서 최대한을 요구하고 뽑아내는 사람이었다. 누구든 그가 원하는 만큼 해내지 못한 사람은 곧바로 엄청난 질책을 들어야 했다. 그러나 해낸 사람은 곧바로 진심어린 칭찬을 들었다. 그가 칭찬하는 방식은 특이했다. 오렌지색 종이에 칭찬하는 말을 적어주는 것이었다. 이 쪽지에 적힌 단어와 문장 부호는, '으아아아아주 좋았어!!!!!'처럼 늘 과장되어 있었다. 물론 격려의 효과를 배가하기 위한 것이었다. 이 격려의 메시지 효과가 얼마나 컸던지, 직원들은 혹시 사장이 자기에게 그 오렌지색 메모를 주지 않았나 늘 책상 주변을 두리번거리곤 했다. 그가 했던 닦달은 지독했지만 사람들은 그것을 참아냈다. 반대급부가 있었고, 따라서 공정했기 때문이다.

격려를 받고 싶으면 당신이 먼저 격려를 해야 한다. 당신이 다른 사람들을 기분 좋게 만들 때, 그 사람들이 이번에는 당신을 기분 좋게 만들고 기분이 좋아지는 표현법을 배울 것이다. 이것을 호혜성의 법칙이라고 부를 수 있다. 이것을 보고 서로 칭송하는, 말도 안 되는 웃기는 공동체를 연상하는 사람도 있을 것이다. 하지만 그렇지 않다. 칭송은 높고 멀리 있는 존재에게 바치는 것이다. 하지만 격려는 가까이에서 개인적으로 전하는 것이다. 만일 조직 내에서 진정한 힘을 가지고 싶은 경영자가 있다면, 당장 격려의 기술을 익히면 된다고 권하고 싶다. 직원들을 격려하면, 직원들은 자부심을 느끼면서 기꺼이 창조적인 에너지를 발휘하며 경영자가 가리키는 방향으로 나아갈 것이다.

NO.12 흰개미 박멸 프로젝트

1 격려를 어떤 것을 이루기 위한 일회적인 수단으로 삼음으로써 위기를 자초하지 마라. 진정한 격려는 자신감과 자부심을 길러주는 것으로 아무런 조건을 달지 않는 것이다.

2 정말 격려를 받을 가치가 있을 때 격려를 하라. 권장하고 강화해야 할 행위를 조심스럽게 선택해서 격려를 하라. 그래야 부당한 칭찬에 뒤따르는 부정적인 효과를 피할 수 있다.

3 격려가 필요한 곳을 놓치지 마라. 일상적인 업무와 힘든 계획들에 치이다 보면 함께 일하는 사람들의 요구를 부심코 지나칠 수 있다. 격려는 경영의 다른 어떤 요소들 못지않게 중요하다.

4 당신의 메시지를 전달할 수 있는 창조적인 방법들을 찾아라. 특히 친필로 쓴 쪽지나 편지의 위력을 결코 간과하지 마라. 이메일이 지배하고 있는 세계에서 친필 메시지는 '가상'이 아닌 '실제적인' 충격을 발휘한다.

5 당신의 상사들도 격려하라. 몇몇 사람들은 어색하게 느낄지도 모르지만, 상사나 사장도 때로는 따뜻한 말이 필요하다. 게다가, 따뜻한 말을 듣고도 그 호의에 보답하지 않는 사람은 이 세상에서 좀처럼 찾아보기 힘들다는 사실도 명심하라.

흰개미의 오류 13

동기부여를 강제로 이끌어내려 한다

"신이라도 배고픈 사람에게 말을 할 때는 빵 이야기를 해야 한다."
—마하트마 간디

라그레인지에 있는 켄터키 주립 교도소는 접근하는 것조차 엄청나게 까다롭다. 출입 허가를 받으려면 검문소를 여러 개 통과해야 하고, 그런 다음에야 비로소 정문을 통과할 수 있다. 정문 바로 안에는 외부인이 지나야 하는 또 하나의 관문이 있다. 이중문 보안 장치다. 뒤쪽의 무거운 철문이 잠기고 앞쪽의 문이 열리지 않는 동안, 방문객은 이곳 사람들이 하루 24시간을 어떤 기분으로 살아가는지 잠깐이나마 맛볼 수 있다. 양쪽의 무거운 철문에 갇힌 바로 그 순간, 나는 켄터키에서 가장 큰 교도소의 재소자들에게 지식을 나누어주겠다고 찾아온 내 결정이 과연 현명한 것인지 돌이켜보기 시작했다.

내 앞에 굳게 닫혀 있던 문이 열리자마자 나는 얼른 빠져나와서 교도소 운동장으로 연결되는 문을 향해 빠르게 발을 옮겼다. 하지만 축구장 여러 개를 합쳐놓은 듯한 넓이의 운동장을 가로질러 걸으면서 불안감은 점차 사라졌다. 내가 재소자들을 가르칠 교실이 있는 콘크리트 건물과 나 사이에 있는 유일한 존재는 쓰레기를 줍고 있던 재소자 몇 명뿐이었다. 그러나 안뜰을 가로질러 걸어갈 때, 주변 건물에 있던 무료한 재소자들이 나를 향해 야유와 휘파람을 불며 '환영 인사'를 보냈다. 그 순간 교도소와 수형 체계에 대해서 내가 가지고 있던 환상들이 빠르게 사라졌다.

나는 그해 봄 켄터키에서 동기부여에 대해서 많은 것을 배웠다. 처음 교도소에서 상법 강의를 맡아달라는 부탁을 받았을 때 나는 사회에 봉사하는 마음으로 수락했다. 게다가 교도소에서는 사람들이 어떻게 생활하는지 궁금하기도 했다. 어쩌면 이 궁금증 때문에 나는 첫날에, 서로 얼굴을 익힌다는 명목으로 학생들을 따로 한 명씩 불러서 대면을 했던 것인지도 모른다. 나는 이날, 재소자들과 얼굴을 익힌다는 것은 그들이 교도소에 오게 된 이유가 무엇인지 아는 것도 포함된다는 사실을 처음으로 깨달았다. 사기에서 살인까지 이유는 다양했다. 전체 집단 가운데 정확하게 절반인 17명은 다른 사람의 목숨을 빼앗았다. 이 놀라운 사실에도 불구하고 학생들은 친근한 태도로 나를 맞았다. 그리고 배움에 대한 열정으로 가득 차 있었다. 이런 사실에 나는 무척 고무되었다.

6주 동안 우리는 열심히 공부했고, 마침내 첫 번째 시험을 치르는 날을 맞았다. 시험 당일, 부정행위를 할 수 없게 한 자리씩 건너뛰어 앉으라고 했다. 학생들은 넓게 퍼져 앉았다. 그런데 유독 한 명이 멀찌감치 떨어져 구석에 혼자 앉았다. 나는 학생들에게 시험을 치르는 동안에는 다른 사람들을 둘러보지 말고 자기 시험지만 바라보라고 당부하고, 내가 감시할 것이라고 말했다. 시험지를 나누어준 뒤, 나는 교실 맨 앞에 서서 시간을 확인하고, 문제를 풀기 시작하라고 했다.

15분쯤 지났다. 키스라는 친구가 교실을 가로질러 친구를 불렀다.

"야, 에릭. 4번 답이 뭐니?"

에릭은 아무렇지도 않게 태연하게 대답했다.

"3번."

"고마워."

내가 뭐라고 말을 하기도 전에 다른 학생 하나가 누구에게랄 것도 없이 묻고 또 다른 누군가가 대답하기 시작했다.

"12번 답 아는 사람 있어?"

"동산動産."

대답은 교실 뒤쪽에서 나왔다. 나는 버럭 고함을 질러 제지한 뒤, 만일 그런 행위가 계속되면 반 전체를 탈락시키겠다고 했다. 그러자 한 명이 이렇게 말했다.

"왜 그러세요, 선생님? 감옥에라도 가두시려구요?"

동기부여에 관한 잘못된 믿음

인간이 하는 어떤 행동들을 인간이 하게 된 이유는 분명하지 않다.

이론은 많지만, 진짜 아는 것은 별로 없다. 날마다 경영자들은 뭔가 나아질 것이라는 희망으로, 사람들이 모두 인정하긴 하지만 잘못된 개념에 바탕을 두고 의사 결정을 한다. 하지만 내가 교도소에서 배운 것처럼, 결과는 동기부여의 효과를 오히려 떨어뜨리는 것으로 종종 나타난다. 동기부여에 관해서 사람들이 흔히 가지고 있는 잘못된 믿음 세 가지를 소개하겠다.

잘못된 믿음 1. 동기부여는 남한테 해줄 수 있는 것이다.

정의에 의하면, 동기부여는 내적인 충동이다. 이것은 사람의 마음속에 있으면서, 그 사람의 특정한 욕구를 만족시켜주는 목표를 향해 그 사람을 몰아대는 것이다. 예를 들어 어떤 노숙자가 돈이 한 푼도 없어 며칠을 굶었는데, 당신이 그 노숙자에게 당신 집의 창고를 청소해주면 커다란 햄버거 하나를 사주겠다고 제안했다고 치자. 이 경우 당신은 먹을 것을 줌으로써 그 노숙자가 일을 할 수 있도록 동기부여를 한다고 생각한다. 하지만 그 노숙자의 내적인 충동인 배고픔이 실제로 존재하지 않는다면, 그는 당신이 제안한 일을 하려 들지 않을 것이다. 다시 말해서 그 노숙자가 일을 할 것인가 말 것인가를 결정하는 것은 당신이 주겠다고 한 햄버거가 아니라 그 사람의 배고픔이다.

잘못된 믿음 2. 전혀 동기부여가 되지 않는 사람들이 있다.

모든 사람은 동기부여가 된다. 다만 똑같은 것으로 동기부여되지 않을 뿐이다. 훌륭한 경영의 비밀은, 충족되지 않은 직원의 욕구를 찾아내고 그 욕구를 충족시킬 방법을 찾아내는 데 있다. 여러 해 전에 나는 여러 가지 교육용 소프트웨어와 데이터베이스가 딸린 컴퓨터를 산 적이 있다. 당시 십대 소녀이던 딸과 함께 컴퓨터 앞에 앉아서 컴퓨터에

깔린 프로그램들을 하나하나 실행해 보였다. 컴퓨터를 사용하면 얼마나 편리한지 알려주고 싶었던 것이다. 하지만 딸은 나의 이런 노력에도 불구하고 컴퓨터에 전혀 관심을 보이지 않았다.

며칠 뒤 아내와 나는 딸에게, 딸이 대학교에 다니려면 아직 여러 달이 남아 있었지만 그 전에 미리 승용차를 사주겠다고 했다. 딸은 뛸 듯이 좋아했다. 그날 저녁에 집에 돌아오니 딸은 우리가 이야기했던 차종의 가격이며 기타 선택 사양과 관련된 여러 가지 사항들을 출력한 종이를 보여주었다.

"이런 것들을 어디에서 구했니?"

내 질문에 딸은 이렇게 대답했다.

"컴퓨터에서요."

"컴퓨터 어디에서?"

"인터넷 뒤져보면 다 나오잖아요."

내가 딸에게 원하던 것이 이미 이루어지고 있었던 것이다. 하지만 이 과정은 내 필요성이 아니라 순전히 딸의 필요성에 의해서 이루어졌다.

잘못된 믿음 3. 기업에서 가장 흔한 동기부여 수단은 돈이다.

많은 경영자들은 돈만 많이 주면 직원들이 무엇이든 다 하고 좋아할 것이라고 생각한다. 경영자 한 사람이 자기 회사에 있던 훌륭한 직원 한 명이 다른 회사로 옮긴 일을 놓고 투덜거리던 일이 있었다.

"어떻게 그럴 수가 있는지 믿을 수가 없습니다. 돈을 적게 주는 회사로 옮겼더라 이 말입니다!"

하지만 나는 그의 말에 동의할 수 없었다. 나도 그 직원과 똑같은 경험을 한 적이 있기 때문이다.

대학교를 막 졸업했을 때, 나는 지방의 소규모 회사에서 고객 서비스 부서에 취직해 있었다. 안정된 일자리였다. 정규직으로는 처음 입사한 회사였던지라 나는 내게 주어진 업무를 열심히 했다. 나는 모든 일을 깔끔하고 만족스럽게 해냈다. 그리고 몇 년이 지나면서 여러 차례 봉급도 올랐다. 하지만 사장은 봉급을 올려줄 때마다 마치 선심이라도 쓰듯이 자기 사무실로 불러서 이렇게 말하곤 했다.

"자네 봉급을 올려주려고 돈을 어렵게 마련했다네."

내가 일을 잘 해서 봉급을 올려준다는 말은 한 마디도 없었다. 사장은 봉급을 올려주는 것으로 모든 게 해결된다고 생각했다. 하지만 전혀 그렇지 않았다. 나의 내적 충동은 내 업무 능력을 인정받고 싶어 안달이었고, 그 사장은 그 충동을 충족시켜주지 않았던 것이다. 돈도 좋았지만 그게 다가 아니었다.

직원들이 자기가 일을 하는 이유가 무엇인지, 그리고 자기들이 일에서 추구하는 것이 무엇인지 새롭게 다시 평가하는 현대 사회에서(지금은 의미가 있는 직업이 사람들에게 가장 인기가 좋다), 과연 사람은 어떨 때 가장 크게 동기부여가 되는지 깊이 이해하는 게 무엇보다 중요하다.

NO.13 흰개미 박멸 프로젝트

1 단 한 가지 동기부여만으로 모든 것을 해결하려는 방식은 이미 낡은 것이 되었다. 시간을 들여서 직원 각각의 독특한 욕구가 무엇인지 파악하라.

현재 업무에 대해 직원들이 가지고 있는 욕구를 충족시킬 수 있는 현실적인 대안들을 마련하라. 정직은 여전히 가장 큰 동기부여의 요소가 된다.

2 직원들이 무엇을 원하고 또 필요로 하는지 알아냈다면, 직원들이 그것을 얻을 수 있는 다양한 기회를 제공하라. 그리고 직원들이 각자 자기 업무에 만족하도록 하기 위해서 당신이 무척 애를 쓰고 있다는 사실을 직원들이 알 수 있도록 하라.

3 동기부여는 논리의 문제가 아니라 감정의 문제임을 이해하라. 당신이 보기에 합리적이고 이치에 맞다 할지라도 거기에 목을 매지는 마라. 만일 당신 생각과 달리 직원이 돈보다는 칭찬과 인정에 더 많이 동기가 부여된다고 보일 경우, 지체 없이 당신의 생각을 바꾸어라.

4 충족된 욕구는 동기를 부여하지 않는다는 사실을 명심하라. 만일 한때 직원의 동기부여 요소였던 것이 더 이상 유효하지 않다면, 다시 처음으로 돌아가서 그 직원의 새로운 동기, 즉 충족되지 않은 욕구가 무엇인지 찾아라. 그 욕구는 분명히 있다.

5 칭찬, 인정, 특별한 정보에 접근할 권리, 존경, 휴가, 의미 있는 과업, 가시적인 표식, 업무에 대한 비평, 최고경영진과의 만남 등은 개인에 따라서 돈보다 훨씬 더 큰 동기부여가 될 수 있음을 명심하라. 하지만 돈으로 동기부여를 해야 할 때 이런 것들로 대신해서는 안 된다.

4부
변화 관리

흰개미의 오류 14

변화를 혼자서 주도한다

"특정 영역에서 어떤 변화를 모색하겠다고 마음먹을 경우, 흔히 사람을 변화시키는 것만 생각한다. 하지만 대부분 경우, 이렇게 해서는 나아지지 않는다." ―Q. T. 와일스, 경영 컨설턴트

좁은 공간에서 생활할 때 '통나무집의 발열(cavin fever, 캐빈 피버)' 즉 극도의 정서 불안 상태가 나타난다. 매우 위험한 증상이다. 특히 그 '통나무집'에 함께 있는 사람들이 모두 같은 부서 사람일 경우에는 더욱 그렇다. 오래 전에 있었던 일이다. 나는 한 부서의 책임자였는데, 당시 우리 부서 직원들은 길고 춥던 겨울 내내 서로 싸웠다. 솔직히 우리 모두는 일을 하는 동안 줄곧 서로 신경을 건드렸다. 영업은 부진했고 불만은 높았으며, 일은 끝이 보이지 않았다. 우리 부서의 업무는 제대로 진

행되지 않았다. 바깥이 살을 에는 것처럼 추울 때 따뜻한 실내에 있으면 나른해지는 권태감 같은 것이 우리를 휘감고 있었다. 이런저런 생각을 한 끝에 나는 우리의 통나무집, 즉 사무실을 새롭게 단장하기로 결심했다. 그렇게 하면 '발열'과 극도의 정서 불안이 사라질 것 같았다. 이런 아이디어를 생각해낸 내가 자랑스럽고 흥분이 되었지만, 모든 변화가 완료될 때까지는 아무에게도 말을 않기로 했다.

그리고 주말, 나는 혼자서 사무실 공간의 배치를 완전히 새로 했다. 책상과 탁자, 캐비닛 그리고 화분까지도 모두 위치를 바꾸었다. 나 나름대로 완벽하다고 생각할 때까지 하루 종일 땀을 뻘뻘 흘리면서 일했다. 그리고 월요일 아침에 나에게 쏟아질 찬사를 기대하면서 흐뭇한 마음으로 집으로 향했다. 내가 통찰력이 넘치는 유능한 관리자라고 말하는 직원들의 칭찬이 귀에 들리는 것 같았다.

월요일 아침, 나는 일찌감치 사무실에 출근했다. 관리자로서의 나의 천재적인 감각이 발휘한 효과가 직원들에게 어떻게 나타나는지 한 사람도 놓치지 않고 보기 위해서였다. 하지만 기대는 터무니없이 빗나갔다. 맨 처음 사무실에 들어온 직원은 아무 말도 하지 않았다. 하지만 침묵은 웅변보다 더 많은 이야기를 했다. 다른 사람들도 마찬가지였다. 그들이 보여준 감정은 당황과 경악과 낙담이었다. 나는 칭찬 대신 저주를 받았다. 환경을 새롭게 바꿈으로써 우리 부서에 새로운 활력을 불어넣으려 했다는 말로 설득하려 노력했지만 아무 소용이 없었다. 직원들의 불만은 일주일 내내 계속되었고, 생산성은 더욱 떨어졌다.

그리고 그 일주일이 끝나갈 무렵, 나로서는 두 손을 드는 일만 남아 있었다. 내가 시도한 '변화 요법'이 참담한 실패로 끝나고 만 것이었다.

금요일 오후, 나는 직원들에게 사무실 공간 배치를 원래대로 돌려놓자고 말했다. 직원들은 비웃었다. 그리고 뒤에서 이렇게 쑤군거렸다. 그 소리는 내 귀에도 똑똑하게 들렸지만 애써 못 들은 척했다.

"저 사람이 이제 정신이 들었나봐."

다른 직원이 맞장구를 쳤다.

"그러게 말이야. 난 완전히 정신을 잃은 줄 알았는데……."

내 시도가 잘못되었음을 증명하는 작업이 진행되었고, 모든 것이 원래 있던 자리로 돌아갔다. 그러자 모든 사람이 행복한 눈치였다. 물론 나는 아니었다. 나는 여전히, 판에 박힌 듯이 돌아가는 우리 부서의 분위기를 완전히 뒤흔들어놓을 무엇인가가 필요하다고 느꼈다. 그리고 수요일쯤에 나는 직원들을 모두 한자리에 모아놓고 나의 이런 느낌을 이야기했다. 나는 직원들에게 어떤 변화가 필요하다고 판단했다고 말했다. 그리고 우리의 생산성이 매우 낮은 수준으로 떨어졌고, 또 그럼에도 불구하고 우리는 여전히 만족하고 있는 게 아니냐고 말했다. 사무실 환경이 바뀌면 새로운 활력이 넘칠 것이라 생각해서 사무실의 책상과 탁자의 위치를 바꾸었지만, 그 방법은 올바른 해결책이 아니었던 것 같다고 말했다. 그리고 이 상황을 이제 직원들이 직접 나서서 주인의식을 가지고 해결해주면 좋겠다고 했다.

"어떻게 하면 이 문제를 해결할 수 있을지 여러분의 생각을 듣고 싶습니다. 내 방의 문은 언제나 열려 있습니다."

정오쯤에 직원 두 명이 내 집무실로 들어왔다.

"둘이서 곰곰이 생각하고 얘기해봤는데, 이사님 생각이 옳은 것 같습니다. 환경이 바뀌면 분위기도 바뀔 겁니다."

그리고 곧 우리는 사무실의 배치와 단장을 어떻게 새롭게 할지는 부서의 전체 직원이 함께 고민하는 것이 옳다는 사실에 동의했다. 오후에 사무실 벽에는 사무실의 새로운 배치 설계도 시안이 붙어 있었다. 그리고 직원들은 각자 어느 자리를 자기 자리로 할지 열띤 토론과 협상을 벌였다.

그리고 그 다음날부터 배치 설계도 시안에 대한 검증 작업이 이루어졌다. 각자 설계도 시안 위에 자기 자리를 표시했다가 지우고 다시 표시하는 일이 반복되었다. 그리고 금요일 오후에는 마침내 모든 직원들이 동의한 최종 설계도가 확정되었다. 나는 직원들에게, 월요일에 출근하면 그 설계도대로 사무실이 변해 있을 것이라고 말했다. 모든 직원들은 새로운 변화를 눈으로 직접 맞이하게 될 월요일 아침을 기다렸다. 직원 가운데 몇몇은 주말에 사무실로 나와서 작업을 돕겠다고 했다.

월요일, 새롭게 바뀐 사무실을 본 직원들의 얼굴에는 웃음꽃이 활짝 피었다. 사무실에 새로운 열정과 활기가 넘쳤다. 당연히 생산성이 올라갔다. 우리 부서에 자주 전화를 하는 다른 부서의 어떤 직원은 우리 부서 직원들의 태도가 밝게 변했다고 말했다. 정말 직원들의 태도는 완전히 바뀌었다.

우리는 우리가 성취하고자 했던 모든 목표를 달성했다. 그런데 재미있는 사실은, 새롭게 바뀐 사무실의 배치가 캐비닛 한두 개를 제외하고는 처음에 직원들이 냉담한 반응을 보인, 나 혼자 바꾸어놓은 배치와 똑같았다는 것이다. 하지만 여기에 중요한 교훈이 있다. 야유와 환호성의 차이는 내가 혼자 독단적으로 했다는 것과 직원 전체가 공동으로 참가해서 했다는 차이에서 비롯된 것이었다.

변화가 몰고 온 신비한 힘

변화는 흥미로운 현상이다. 몇몇 사람들은 변화에 목을 맨 듯 무엇이든 바꾸려고 달려든다. 하지만 대다수 사람들은 미지의 가능성을 실험하기보다는 조금은 모자라도 현재의 상황에 안주하는 길을 택한다. 변화를 성공적으로 이끌기 위한 핵심적인 요인은, 관리자가 자기 집단 내의 구성원들을 얼마나 변화에 적극적으로 참여하도록 만드느냐 하는 것이다. 변화를 두려워하지 않도록 격려하는 사람, 위험을 무릅쓰고 창조적인 생각을 하는 사람, 그리고 자기 조직이 직면하게 될 문제들에 대해서 조직의 구성원들이 주인의식을 가지게 만드는 사람, 이런 관리자나 경영자는 예측할 수 없는 미래를 준비하는 길로 이미 자기 조직을 이끌고 많이 앞서가고 있다.

 **흰개미 박멸 프로젝트**

❶ 직원들을 예고도 없이 깜짝 놀라게 하지 마라. 어떤 조직이든 변화를 적극적이고 긍정적으로 받아들이려면 조직 내의 원활한 의사소통이 필수적이다. 당면한 변화에 대한 이유가 무엇인지 규정하고 직원들에게 설명하라. 그리고 그 길로 들어서서 한 단계씩 나아갈 때마다 그 이유를 새롭게 규정하고 설명하라. 의사소통의 기회를 미리 그리고 자주 가져라.

❷ 제안된 변화를 단호하게 추진하기 위해서는, 그 변화를 이끄는 사람들이

우선적으로 주도권을 가질 수 있고 또 가져야 한다는 사실을 분명히 인식시켜라. 의사소통도 중요하지만 참여 의식도 그만큼 중요하다. 모든 직원을 변화에 대응하는 과정에 어떤 수준으로든 동참시켜라. 가능한 한 직원들의 제안을 많이 활용하고 또 설명하라.

3 변화가 각 개인에게 어떤 이익을 가져다줄지 인식시켜라. 변화를 수행할 사람들이 그 변화에서 이익을 얻지 못한다면 변화에 따른 성과를 기대할 수 없다. 당신이 시도하는 변화가 반드시 필요하다는 정당한 명분을 사람들이 받아들이도록 만들어라.

4 변화를 수행할 때, 그 변화의 일정 부분에 대해서는 사람들이 독립적인 권한을 행사할 수 있도록 하라. 직원들이 자기 미래의 모습에 대해서 스스로 어느 정도 영향력을 행사할 수 있다고 느끼는 것은, 변화를 성공적으로 이끌기 위해서 매우 중요한 조건이다.

5 변화를 위해 싸우는 투사가 되어라. 하지만 변화를 이끄는 작업을 할 때 당신이 응당 해야 하는 의무를 소홀히 하지 마라. 당신이 해야 할 의무를 남에게 미루고 남이 대신해주기를 기대해서는 안 된다. 다시 한 번 기억하라. 변화 관리의 핵심적인 요소는 필요한 변화가 무엇인지 규정하고, 직원들에게 알리고, 토론하고, 업데이트하는 것이다.

흰개미의 오류 15

사람들이 왜 변화에 저항하는지 알지 못한다

"그들은 위기의 순간을 맞이했을 때 과거의 기억을 버리고 오랜 옛 날부터 지켜왔던 생활 방식을 바꾸었어야 했지만 그렇게 하지 못했다." —J. H. 엘리엇, 역사가

인력 관리부의 책임자가 말했다.

"좀 도와주세요. 새로운 정보 체계를 도입하려고 하는데, 모든 사람들이 거품을 물고 반대하거든요."

그때 내 머리에는 비슷한 경험이 떠올랐다. 나쁜 경험이었다. 그래서 이렇게 대답했다.

"알아요, 뭔가를 바꾼다는 건 정말 힘든 일이죠."

그리고 나는 과거에 내가 들었던 말을 그대로 사용해서 그 책임자를

격려했다.

"회사에서 전체 정보 체계를 바꾸는 일은 어린아이에게 대소변 가리는 법을 가르치는 것과 비슷합니다. 처음 시작할 때는 도무지 될 것 같지 않다가도, 하다보면 조금씩 좋아지니까요."

하지만 인력 관리부 책임자는 내 농담 속에 담긴 지혜를 간파하지 못한 듯했다.

"맞아요. 하지만 지금 당장 사람들은 양손에 똥 기저귀와 오줌 기저귀를 들고 있는 것처럼 비명을 지르며 난리를 치고 있다구요."

그가 처한 상황을 놓고 이야기를 나누면서, 인력 관리부 직원들이 느끼는 분노와 소외감이 매우 심각하다는 것을 알았다.

"불행한 일이지만, 우리 경영진은 세상에서 가장 관대한 사람들이 아닙니다. 내 생각에는, 프로그램 도입에 처음부터 기여한 게 거의 없는 사람들이 그 프로그램 추진을 책임지고 있다는 사실도 문제 가운데 하나라고 봅니다. 자기들 생각에도 우선적으로 필요하다고 확신하지 않는 어떤 것을, 억지로 등을 떠밀려서 한다고 자기들도 느낀단 말이에요."

그는 또 계속해서, 경영진들 가운데 많은 사람들이 응당 해야 하는 지원을 하지 않는다고 말했다. 심지어 몇몇 사람들은 교묘하게 프로그램의 진행을 방해한다고 했다.

내가 해야 할 일은 실무진들을 상대로 그들이 느끼는 좌절에 대해서 이야기하고, 그 다음에 변화를 추진하는 문제에 관해 경영진에게 대안을 제시하는 것이었다. 실무진들을 면접하는 일은 흥미로웠다. 사람들이 흔히 변화에 거부감을 보인다는 사실은 진작부터 알고 있었다. 하지만 그 거부감과 함께 나타나는 격렬한 감정에 대해서는 준비가 되어 있지 않았다. 고객 지원 부서의 한 여직원은 여태까지 해오던 모든 체계가 바뀌어버린 현실 앞에서 울음을 터트리기 직전이었다. 그녀는 이렇게 말했다.

"제대로 되는 게 없다구요. 고객들이 전화에 대고 비명을 질러댄단 말이에요. 주문을 한 게 도착하지 않았다구요. 고객에게 뭐라고 대답을 해줘야 하는데, 할 수가 없어요. 메인 화면 어디에서 어떻게 접속해 들어가야 하는지 모르거든요. 이런 형편인데 내가 무슨 업무를 제대로 볼 수 있겠냐구요."

생산 현장에서도 상황이 나쁘긴 마찬가지였다. 나는 공장장실로 찾아갔다. 그는 무척 화가 나 있었다. 부품과 완성품의 재고 현황과 출고 일정을 날마다 확인해야 하는데 시스템이 고장 나서 확인을 할 수 없었기 때문이다. 정보 체계의 변화와 관련해서 바꾸면 좋겠다고 제안을 한 적이 있는지 물었다. 없다고 했다. 그게 문제가 아니라, 아예 제안을 할 여지가 없었다고 했다. 그제야 나는 새로운 제도에 대한 회사의 태도는 혼란 그 자체임을 알 수 있었다.

저항을 예상하라

사람들을 이끌고 변화의 시기를 돌파하는 것은 경영자가 해야 하는 가장 중요한 과제 가운데 하나이다. 이 과제를 얼마나 잘 수행하느냐에 따라서 한 기업과 경영자의 미래 및 성공이 판가름 난다. 하지만 실제 현실은 만만하지 않다. 회사 차원에서건 개인 차원에서건 사람들이 변화를 대하는 태도는 긍정적이지 않다. 무슨 대가를 치르든 변화는 피하는 게 좋다고 생각하는 것이다. 로버트 케네디가 이런 말을 한 적이 있다.

"진보는 멋진 말이다. 하지만 변화가 진보를 이끌어낸다. 그리고 변화에는 늘 많은 적들이 뒤따른다."

케네디의 비극적인 죽음이 바로, 사람들이 얼마나 극단적으로 치달으면서까지 변화를 피하려고 하는지 생생하게 보여주는 증거이다.

변화 전략을 성공적으로 추진하려면 사람들이 왜 변화에 저항을 하는지 이해하는 것이 필수적이다. 저항의 이유는 양적인 측면에서나 강도의 측면에서 매우 다양한데, 여기에서는 가장 대표적이고 중요한 여섯 가지만 간추려서 설명하겠다.

1. 변화는 또 다른 실패로 이어지는 길이다. 두려움을 갖는 것은 비록 생산적인 모습은 아니지만 어쩔 수 없는 인간의 본성이다. 어떤 사람은 두려움을, 인생을 결코 바라지 않는 어떤 모습으로 생생하게 그리며 온갖 상상력을 동원해서 묘사하는 것이라고 정의했다. 두려움 가운데 많은 것들이 변화와 관련되어 있다. 사람들은 변화에 직면했을 때 다음과 같은 두려움을 가질 수 있다. 당혹스러운 상황에 놓이게 될지 모른다는 두려움, 모든 것이 불확실하게 바뀔지 모른다는 두려움, 혼자 뒤처질지 모른다는 두려움, 실망하게 될지 모른다는 두려움, 설 자리를 잃어버릴지도 모른다는 두려움 등이다. 이 모든 두려움들을 하나의 큰 범주로 묶을 수 있다. 그것은 바로 실패할지도 모른다는 두려움이다. 인생을 살면서 우리는 주변의 조건이나 상황 때문에 언제부턴가, 실패는 한 사

람에게 일어날 수 있는 일 가운데 최악이라는 명제가 절대 불변의 진리라고 믿는다. 그래서 우리는 이런 일이 일어날 가능성을 최대한 줄이는 데 인생의 많은 것을 쏟아 넣는다. 하지만 변화의 위험을 무릅쓰는 행위는 여기에 포함되지 않는다.

2. 바뀌어봐야 득이 될 것도 없고, 나는 이미 충분히 만족한다. 나는 한때 내가 책임지고 있던 부서에 새로운 절차를 도입하려고 했던 적이 있다. 그런데 직원 가운데 한 사람이 격렬하게 반대하고 나섰다. 나보다도 그 회사에 더 오래 근무한 사람이었다. 처음에는 그가 텃세를 부리며 자기가 나보다 업무를 더 잘 수행할 수 있음을 과시하려고 내 제안에 제동을 건다고 생각했다. 하지만 나중에 깨달은 사실이지만, 그게 아니었다. 그가 제안을 거부하고 나선 이유는 보다 현실적인 것이었다.

"이사님 제안대로라면, 여러 가지로 내게 불리한 점이 많이 생길 게 뻔했거든요."

자기로서는 이미 충분히 만족한 상태이며 바뀌어봐야 자기에게 득이 될 게 하나도 없다고 생각했기 때문이다.

3. 냉소주의. 스콧 애덤스는 《딜버트 원칙》이란 저서에서 변화와 변화 관리에 대해 흥미로운 관점을 제시했다. 그는 이렇게 적었다.

변화 관리의 목표는 정신적으로 굼뜬 종업원의 모험심과 도전 정신을 자극해서 변화가 자기들에게 좋다고 생각하게 속이는 것이다. 이것은 송어를 설득해서 낚시꾼 앞에서 수면 위로 솟구쳐 오르게 함으로써 아슬아슬한 모험을 즐기도록 하는 것과 비슷하다.

딜버트가 터무니없게도 인기를 끌고 있는 주된 이유 가운데 하나는, 오늘날 기업 사회에 만연하는 고도의 냉소주의다. 미국 전역의 회사들에는 환멸을 느끼고, 감동할 줄 모르고, 이래도 그만이고 저래도 그만인 사람들로 가득 차 있다. 수많은 사람들이 변화를 거부한다. 고용주와 경영자를 신뢰하지 못하기 때문이다.

4. 내가 익숙하고 편한 게 최고다. 많은 사람들은 자기들이 현재 다루는 도구들(프로그램, 작업 공정, 제도)에 능숙하게 숙련되어 있다는 사실에 커다란 자부심을 가진다. 하지만 변화를 도입한다는 것은 이 도구들 대신 다른 도구들을 도입한다는 뜻이므로, 자기들이 구닥다리로 내몰릴까봐 두려워하며 변화에 저항한다. 예를 들면 이런 여자가 있었다. 이 여자는 새로 직장을 얻어서 출근했는데, 자기가 평소에 사용하던 컴퓨터 편집 프로그램을 새로운 직장에서도 그대로 사용했다. 그런데 새 직장의 담당 관리자는 그녀에게 다른 프로그램을 사용하라고 했다. 회사의 네트워크 망에서 가져다쓸 수 있는 프로그램이었다. 그녀는 이 변화에 저항했다. 평소 사용하던 프로그램이 편했고 그게 최고라고 생각했던 것이다. 이 일로 그녀와 관리자 사이에 갈등이 빚어졌고, 결국 여자는 직장을 떠나야 했다. 굳이 이기지 않아도 좋을 싸움도 있다는 사실을 기억하자.

5. 과거의 좋지 않은 경험. 많은 사람들은 변화와 관련해서 그다지 좋지 않은 경험을 가지고 있다. 이런 사람들에게 변화는 거부, 실망, 교체, 불확실함, 노후화 등의 부정적인 느낌으로 다가온다. 과거의 좋지 않은 경험 때문에 변화를 도입하려는 시도에 거부감을 느끼고 저항하는 것이다. 이런 부정적인 경험에 충분히 귀를 기울이고 또 그 경험을 존중

하지 않을 경우, 얻을 수 있는 최대치는 타협뿐이다.

6. 통제력 상실. 내 아내는 내가 구사하는 '포뮬러 원' 자동차 경주 기술들을 그다지 높이 평가하지 않는다. 나는 굽은 길로 들어설 때 기어를 내리고 자동차의 코너링 능력을 최대한으로 끌어올린다. 이렇게 할 때마다 아내는 차 밖으로 튀어나가는 줄 알았다면서 투덜거린다. 하지만 나는 이렇게 말한다.

"그 정도는 아니었던 것 같은데, 아닌가?"

"당신은 그렇겠죠. 손으로 핸들을 꽉 쥐고 있을 뿐 아니라, 당신이 무얼 하려는지 진작 알고 있었으니까요."

아내의 이 말을 듣는 순간, 사람들이 변화에 저항하는 기본적인 이유 가운데 하나가 번개처럼 뇌리를 스쳤다. 통제력을 잃게 된다는 것이었다('흰개미의 오류 34' 참조). 경영진은 흔히 변화가 몰고 오는 돌풍이 얼마나 강한지 느끼지 못한다. 경영진은 핸들을 꽉 쥐고 있을 뿐 아니라 돌풍을 진작부터 예상하고 있었기 때문이다. 하지만 갑작스럽게 변화를 맞아서 붙잡을 곳도 찾지 못한 사람들은 금방이라도 어디로든 날아가버릴 것처럼 어지러울 수밖에 없다.

직원들에게 도움의 손길을 내밀어라

직원들이 변화를 지지하고 받아들이게 만들려면, 사람들이 변화에 저항하는 수많은 이유를 모두 알아야 하고 또 그 저항을 처리할 수 있는 계획을 가지고 있어야 한다. 변화 관리를 잘하는 경영자는 부하 직원들이 불확실함 속에서도 편안한 마음을 가지도록 한다.

NO.15 흰개미 박멸 프로젝트

1 현재의 상태가 고착될 때 발생할 수 있는 회사와 개인 차원의 불이익이 무엇인지 직원들에게 가르쳐라. 직원들이 보다 유연한 자세로 문제에 접근하고 해결하도록 격려하라. 그리고 변화가 몰고 올 여러 가지 상황을 미리 가설적으로 경험하게 해서 철저한 계획과 계산 아래에서 문제를 해결할 수 있도록 격려하라.

2 한 사람이 하루에 행하는 판단의 거의 90퍼센트는 과거의 경험으로 이미 프로그램되어 있다. 직원들로 하여금 과거의 경험이 현실을 파악하는 데 얼마나 큰 영향을 미치는지 깨닫게 하라. 그리고 변화와 관련된 편견을 극복하도록 격려하라.

3 직원들을 격려해서 전체적인 전망을 만들어내도록 이끌어라. 직원이 스스로를 전체 조직의 유기적인 한 부분으로 파악하도록 해야지, 결코 나사못과 같은 존재로 만족하게 해서는 안 된다. 직원들에게 그들이 일상적으로 수행하는 업무 이외의 보다 폭넓은 과제를 제시함으로써 그들을 안전지대 바깥으로 끌어내라.

4 '지식 공유' 개념을 적용하라. 모든 정보를 가능하면 모든 사람들이 접할 수 있도록 하라. 직원들이 변화에 저항하는 가장 큰 이유 가운데 하나는, 자기도 모르는 순간에 변화를 맞아야 하는 현실 때문이다. 저항을 최소로

줄이기 위해서 직원들에게 관련 정보를 제공하라.

5 변화를 추진하는 기간에는 특히 직원들의 말에 귀를 기울이는 시간을 많이 가짐으로써 신뢰를 쌓아라. 변화와 관련해서 어떤 기여를 할 기회를 부여받은 직원일수록 기꺼이 변화를 지지하며 경영자에게 협조한다.

흰개미의 오류 16

변화의 역학을 이해하지 못한다

"어떤 것이 새롭다는 것은, 새로움 즉 변화의 규모와 변화의 영역이 과거와 달리 보다 우세하게 나타남을 뜻한다. 마찬가지로, 우리가 세상 안으로 뚜벅뚜벅 걸어 들어갈 때에만 세상은 바뀔 수 있다."
―J. 로버트 오펜하이머, 맨해튼 프로젝트(미국의 원자폭탄 제조 계획―옮긴이)의 책임자이자 물리학자

윈스턴 처칠은 개선하는 것은 변화하는 것이라면서 다음과 같이 말한 적이 있다.
"완벽해지기 위해서는 자주 변해야 한다."
변화라는 말이 특별하게 새로운 개념이 아님은 분명하다. 공자와 헤라클레이토스 그리고 플라톤은 예수 이전에 이미 변화에 대해서 수없

이 많은 말을 했다. 변화 그 자체는 분명 새로운 것이 아니지만, 변화의 속도와 빈도는 새로운 것임에 틀림없다. 최근에 언젠가, 우리가 사는 세상은 너무도 빠르게 변화하기 때문에 종이에 문자로 적는 정보는 바로 그 순간에 이미 낡은 것이 되고 만다는 말을 들은 적이 있다.

오늘날의 기업가들은 미래의 삶은 끊임없는 변화의 연속이 될 것이라는 사실을 인정해야 한다. 오늘날의 경영자는 과거 그 어느 때보다도 변화의 역학을 이해할 필요가 있으며, 또 자기 직원들을 데리고 불확실성이라는 지뢰밭을 통과하는 방법을 이해할 필요가 있다. 필연적으로 닥칠 변화를 직원들이 예상하고 이해하도록 돕는 일은 21세기를 사는 경영자가 짊어진 중책이다. 경영자가 이 책임을 다하려면, 변화를 예상하고 이해하고 또 그 변화의 방향을 지시해야 한다.

변화의 역학

변화를 성공적으로 수행하려면 업무를 변화시킬 줄 아는 경영자가 필요하다. 하지만 많은 경영자들이 그렇게 하지 못한다. 그들은 많은 시간을 변화로 인해 빚어진 문제들, 특히 직원 문제를 해결하는 데 쏟고 있다. 변화를 이해하려면, 일단 '뚜껑을 열고' 뭐가 어떻게 돌아가는지 보아야 한다. 우리가 지금 말하는 변화는, 내부 혹은 외부의 압력에 대해서 조직이나 개인이 보이는 (계획된 혹은 계획되지 않은) 반응이다. 비록 변화의 결과가 불확실하긴 하지만, 그래도 변화를 긍정적으로 자신 있게 말할 수 있는 근거는 많이 있다. 변화는 늘 계속되는 진행형이다. 변화는 보다 나은 상태로 개선되는 것이고 긍정적인 것이다. 변화는 의사결정을 추진하는 동력에 불을 댕기고 이렇게 내린 의사 결정은 좋은 결과를 낳는다, 등을 그런 예로 들 수 있다.

만일 당신이 변화를 좋아하지 않는다면 당신은 스스로를 꾸짖어야 한다. 기업에서 발생하는 변화는 대부분 최신과 최고를 요구하는 소비자에게서 촉발된다. 기업은 자기 회사의 제품과 서비스가 빠르고, 싸고, 양이 많고 또 품질이 좋기를 바란다. 또 다양한 선택 사양들을 갖추고자 한다. 속도, 편리함, 선택 사양, 가치, 애프터서비스, 품질 등이 변화를 추동하는 기본적인 힘이라는 사실은 그다지 놀라운 것도 아니다. 어떤 경영자가 변화의 잠재적인 요인을 찾아내고 싶다면, 이런 요소들에서 눈을 떼지 않고 관찰하면서 다음 질문을 곰곰이 되새기기만 하면 된다.

"우리 회사는 이 요소들을 어떻게 처리하고 있을까?"

제대로 처리하지 못하는 부분이 눈에 띈다면, 바로 그곳이 변화가 필요한 곳이다.

연구보고서에 따르면, 모든 변화는 제각기 독특한 유형을 가지고 있다. 변화의 유형을 결정하는 것은 변화의 방향, 변화의 크기, 변화의 빈도, 변화의 기간, 변화의 충격, 변화의 속도 등이다. 변화는 흔히 마치 복잡한 태피스트리(색색의 실로 수놓은 벽걸이―옮긴이)를 뒤집어놓고 바라볼 때와 같다. 도무지 정체를 파악할 수 없다는 말이다. 하지만 변화 유형의 여러 구성 요소들을 이해할 때, 그 태피스트리의 무늬가 어떤 구조에 의해 형성되었는지 알아낼 수 있다.

구조적인 변화와 주기적인 변화

구조적인 변화는 이전 상태가 근본적으로 바뀌는 것을 뜻한다. 구조적인 변화는 천천히 시작해서 급격하게 속도가 붙었다가 다시 안정 상태로 돌입하고 마지막에는 영구적인 상태로 고정된다. 경영 컨설턴트이자 저술가인 레온 마텔은, 구조적인 변화는 흔히 과거의 제도와 인간관계 그리고 업무 절차를 해체하고 완전히 새로운 것들로 대체한다고 했다. 그러면서 알기 쉬운 비유를 들어서 다음과 같이 말했다.

"과거의 케케묵은 생각을 그대로 가진 채 미래로 진입할 수 있다고 기대하지 마라."

주기적인 변화는 보통 일시적이고 잠정적인 변화이다. 따라서 조직의 구조가 영구적으로 바뀌는 일은 일어나지 않는다. 반복될 수 있다는 것, 기간이 제한되어 있다는 것, 그리고 언제든 다시 원상태로 돌아갈 수 있다는 것 등이 주기적인 변화의 특성이다. 하지만 주기적인 변화의 가장 핵심적인 특성은 일시적이라는 것이다. 그렇기 때문에 기업은 이런 주기적인 변화에 지나치게 많은 투자를 하지 않도록 조심할 필요가 있다. 또, 미래에 쉽게 원상태로 돌릴 수 있는 범위 안에서 변화를 꾀해야 한다.

흔히 빠지는 함정 세 가지

기업을 이끌고 변화의 위험한 파도를 끊임없이 헤쳐 나가야 하는 경영자들은 흔히 쉽게 빠지는 세 가지 함정을 피해야 한다. 첫 번째 함정은 과거의 해결책이 현재의 문제를 해결할 수 있다는 믿음이다. 창조적인 모습으로 끊임없이 변화되어야 하는 기업으로서는 당연히 새로운 아이디어와 새로운 방향을 필요로 한다. 두 번째 함정은 현재의 경향이 앞으로도 계속 될 것이라는 믿음이다. 현재 당면한 환경이 구조적인 변화를 요구하는지 아니면 주기적인 변화를 요구하는지 파악하는 게 중요하다. 그리고 마지막 함정은 변화가 몰고 오는 기회를 무시하는 것이다. 변화를 회피하는 기업은 머지않아서 경쟁 기업들이 자기를 추월해서 멀리 달아나는 모습을 손 놓고 지켜보는 처지가 되고 만다.

NO.16 흰개미 박멸 프로젝트

1 변화를 준비하는 가장 좋은 방법은 변화를 이해하는 것이다. 시간을 들여서 당신 앞에 닥친 변화를 분석하라. 구조적인 변화인지 아니면 주기적인 변화인지 분석하고, 변화의 유형을 분석하고, 이 변화가 당신 회사와 어떻게 관련이 되는지 연구하라.

2 변화를 효과적으로 관리하려면, 경영자가 다음 변화는 어디에서 시작될 것인지 알고 있어야 한다. 정보를 수집하고 분류하는 작업을 일상적인 업무로 설정하라. 내가 아는 어떤 경영자는 업계의 새로운 경향이 무엇인지 확인하려고 공항에 비치된 신문과 잡지의 머리기사를 검색한다.

3 직원들에게 변화의 가능성이 얼마나 유익한지 가르치고, 변화가 몰고 올

불확실성에 편안하게 대처할 수 있도록 가르쳐라. 당신이 꾀하는 변화 전략을 계획하고 추진하는 과정에 직원들을 동참시켜라.

4 직원들이 자기 책임 영역에서 어떤 변화가 가능한지 찾아낼 임무를 기꺼이 받아들이도록 격려하라. 직원이 장차 다가올 변화를 지지하게 만드는 가장 좋은 방법 가운데 하나는, 그 변화의 불을 스스로 댕길 수 있게 가르치는 것이다.

5 변화는 비록 때로 불안정하긴 하지만 번성의 씨앗을 가지고 온다는 사실을 깨달아라. 위기는 위험한 것이지만 동시에 기회이기도 하다는 중국 속담이 있다. 직원들에게 회사가 당면한 변화를 설명하면서 위험과 기회를 동시에 이야기하라.

흰개미의 오류 17

변화를 예상하지 못한다

"변화는 언제든 엄청나게 빠른 속도로 찾아올 수 있다. 그래서 회사는 수세에 몰리고, 또 억지로 그 속도에 맞추려 하다가 재정적인 문제 때문에 수렁에 빠지기도 한다." ―게리 골드스틱과 조지 슈라이버, 《소자본 기업의 성공을 위한 가이드》

미래학자이자 변화를 주제로 한 세 권의 저서 《미래의 충격》, 《제3의 물결》, 《권력의 이동》을 출간한 앨빈 토플러는, 미래가 현재에 스며들 때마다 변화가 일어난다고 말한다. 나의 경우, 1986년 11월 15일 새벽만큼이나 미래가 선명하게 현재에 스며들었던 경우는 없다. 그때 나는 타이완의 타이베이 아시아월드 호텔에 머물고 있었다. 잠을 자다가 흔들거리는 느낌에 잠이 깼다. 곧 이어서 창문이 덜커덩거리고 벽이 흔들거렸다. 비몽사몽간에 창문으로 다가갔고, 그제야 나는 지진이 일어난 것임을 알았다. 진도가 리히터 척도로 6.8이나 되는 대형 지진이었다.

창문가에 서 있던 그 순간에 머리에 든 생각은 하나뿐이었다. 지진이 났을 때는 어떻게 해야 하지? 나중에 깨달은 사실이지만, 지진 대피 요령을 적은 안내문은 현관문 안쪽에 붙어 있었다. 하지만 그때는 그게 눈에 띄지도 않았다. 도무지 어떻게 대처해야 할지 아무것도 아는 게 없었다. 미국 중서부 지역에서 성장했기 때문에 토네이도에 대처하는 방법은 잘 알고 있었다. 하지만 내가 알고 있는 '지하실로 달려가라'와 '새 건전지를 휴대하라'라는 두 개의 토네이도 대처 행동은 그 상황에 전혀 맞지 않았다. 나는 아무것도 준비가 되지 않은 상태에서 지진을 맞았던 것이다. 그렇게 불안할 수가 없었다. 모든 게 불확실했다. 다시 말해서, 어떤 상황이 어떻게 전개될지 전혀 알 수 없었다. 또, 어떻게 대응해야 할지 전혀 알지 못했다.

변화의 바람

변화를 주제로 글을 쓰거나 강연을 할 때마다 나는 늘 지진 경험을 이야기하곤 한다. 현대 사회에서 기업이 맞이하는 여러 도전들은 많은 점에서 지진이나 마찬가지다. 기업을 둘러싼 온갖 도전적인 환경이 빚어내는 변화들은 지진처럼 불확실하고 견디기 어렵고 까다롭다. 흘깃 눈을 들어서 풍경을 바라보면, 직전에 일어난 일련의 사건들이 모든 것을 완전히 바꾸어놓는다. 대지를 천천히 침식한 변화의 바람은 현재의 것이 아니라 옛날부터 있어왔던 것이다. 그리고 지진도 갑작스러운 것이 아니라 옛날부터 끊임없이 계속되고 반복되어왔던 것이다.

20년 전에 우리는 소련이 붕괴하고 인터넷이라는 존재가 나타나는 것을 보고 놀랐다. 빌 클린턴이 대통령 취임 선서를 할 당시만 해도 이메일을 쓰는 사람들은 주로 정부에서 일하는 공무원들이었다. 하지만 이런 변화들도 지난 5년 동안 기업이 겪은 변화와 비교하면 오히려 무색해진다. 상상할 수도 없는 테러 행위가 우리가 생각하는 사고방식과 우리가 소중하게 생각하는 가치를 바꾸어놓았다. 수도 없이 많은 탐욕적인 행위가 투자자를 뒷걸음치게 만들었고 근로자에게서 신뢰라는 감정을 빼앗아버렸다. 최첨단 기술로 무장을 한 PDA와 노트북 컴퓨터는 의사소통에 새로운 전기를 마련했다. 지난 한 해에만 우리는 7조 통이나 되는 이메일을 보냈다.

빠르게 변화하는 세상에서 사람과 사건을 다루는 데 필요한 도구를 손에 넣고 구사하려면 새로운 생각과 새로운 개념 그리고 새로운 기술이 있어야 한다. 변화에 대한 적절한 대응의 역학뿐만 아니라 변화 그 자체에 대한 역학을 이해하지 못하면 치명적인 결과를 맞이할 수밖에 없다. 변화 전문가, 다시 말해서 변화에 불을 댕기고 변화를 관리하고 정복하는 데 능통한 지도자가 되고자 하는 경영자는 새로운 기술 체계를 갖추어야 한다. 21세기를 사는 경영자가 변화를 위기가 아닌 기회로 바꾸려면, 먼저 변화의 예상, 변화의 내용 확인, 그리고 실천이라는 변화 관리의 기본 3단계를 잘 알고 있어야 한다.

미래를 예상하라

변화 관리의 첫 번째 단계이자 가장 중요한 단계는 예상하기 단계이다. 기회를 극대화하고 위험을 극소화하기 위해서 경영자는 반드시 시선은 멀리 미래를 바라보면서도 발은 현실에 굳게 디디는 능력을 키워야 한다. 이것을 나는 '스텔스 원칙'이라고 부른다. 음속을 돌파하는 비행기의 조종사들은 처음 훈련을 받을 때, 현재에 관해 너무 많이 생각하면 치명적인 결과를 맞이할 수 있다고 배운다. 속도가 시속 천 킬로미터 이상이 되면, 미래는 그야말로 눈 깜짝할 사이에 현재가 된다. 미래에 일어날 수 있는 일들을 예상하는 능력을 높이기 위해서 경영자들은 반드시 미래를 탐지하는 방법들을 개발해야 한다. 이 점과 관련해서 다음 네 가지 개념이 도움이 될 것이다.

1. 끊임없는 개선을 통한 준비. 첫 번째 요소는 일본인이 '카이젠(개선)'이라고 부르는 끊임없는 개선이다. 일본 문화에서 카이젠은 철학적인 개념이다. 인생은 하나의 여행이며, 여행을 하면 할수록 지식은 늘어날 수 있으며 또 그래야 한다는 믿음이다. 날마다 새롭게 배우지 못하면, 당신은 스스로 당신 미래의 일부를 포기하는 것임을 명심하라.

2. 장기 계획. 두 번째 요소는 미래 지향성이다. 눈으로는 미래를 바라보면서 손과 발로는 현재의 과제를 처리하는 것이다. 변화에 제대로 대비하려면 경영자는 자기 시간의 최소 25퍼센트를 미래 지향적인 문제들에 초점을 맞추어, 어느 날 갑자기 시장의 지형이 바뀔 때 회사가 졸지에 미아가 되어버리지 않도록 준비해야 한다. 변화를 제대로 예상하지 못했던 좋은 사례로 스위스의 시계 산업을 들 수 있다. 스위스 시계

산업은 1960년대 말에는 세계 주요 시계 시장의 90퍼센트를 차지했다. 하지만 디지털 시계의 위협을 인식하지 못함으로 해서, 그들의 시장 점유율은 1980년에는 20퍼센트 미만으로 떨어지고 말았다. 그런데 이 디지털 시계 기술은 그들이 먼저 발견했으면서도 쓸모없다고 내동댕이쳤던 것이다.

3. 네트워크 조직. 변화를 예상하는 단계에서 중요한 또 다른 요소는 핵심적인 사람들을 연결하는 것이다. 나는 '의사소통이 되게 한다'는 말보다 '연결한다'는 말을 더 좋아한다. 나는 연결한다는 말을 할 때마다, 두 량의 기차 객차를 하나로 연결하는 모습을 머리에 떠올린다. 두 객차가 하나로 연결되었다고 해서 객차 각각의 정체성이 바뀌지는 않지만, 한 대가 아닌 두 대의 힘을 가지고 있다. 핵심적인 사람들의 네트워크를 조직해서 이들을 계속 연계시킴으로써, 이들 사이에 정보의 통로를 형성할 수 있다. 이 통로를 흐르는 정보들이야말로 미래를 바라볼 수 있는 창문을 만들어낸다.

4. 정보 수집. 네 번째 요소는 정보를 수집하는 것이다. 많은 사람들이 인터넷을 비롯한 여러 쌍방향 미디어 덕분에 오늘날 우리는 과거 그 어느 때보다 많은 정보를 수집할 수 있고 또 그 혜택을 누린다고 느낀다. 하지만 연구조사 결과를 보면 꼭 그렇지만은 않다. 경영자들 가운데 엄청나게 많은 다수가, 사업의 미래를 결정짓는 사건들을 주의 깊게 관찰하고 아울러 필요한 관련 정보들을 지속적으로 업데이트하지 않는 것으로 드러났기 때문이다. 이와 관련해서 조엘 바커는 경영자의 대응 태도를 스스로 진단하기 위한 간단한 실험을 제안했다. 두 달 동안 당신이 읽고 보고 접하는 모든 정보를 기록하라. 그리고 스스로에게 이런

질문을 던져라.

"그 정보들이 과연 미래지향적인 정보들인가?"

만일 그렇지 않다는 대답이 나올 경우, 당신은 미래를 예상하고 있지 못하다.

 흰개미 박멸 프로젝트

1 변화를 예상하여 당신의 장기 계획과 단기 계획에 모두 포함시켜라. 어떤 '지진'이 일어나서 당신의 사업 지형을 뒤흔들어놓을지, 적어도 한 달에 한 번씩은 질문하라. 또, 당신은 그 '지진' 결과 어떤 이익을 누릴 수 있을 것인지 질문하라.

2 예상하지 못했던 변화가 일어났을 때 여기에 대처할 수 있는 업무 절차를 미리 준비하라. 그리고 이것을 직원들에게 충분히 주지시켜라. 예상하지 못한 일에 대처하는 방법을 알고 있으면, 실제로 그 일이 일어난다 하더라도 엄청난 자신감을 가지고 대처할 수 있다(나도 지진이 일어나기 전에 호텔 현관문 안쪽에 붙어 있던 지진 대피 요령을 미리 읽어두었더라면 그 정도로 놀라고 당황스러워하지는 않았을 것이다).

3 당신의 현재 업무와 활동보다 더 멀리 바라보아라. 예상하지 못했던 변화가 일어났을 때 직원들로서는 관리자나 경영자가 공황 상태에 빠져 비명을 지르며 우왕좌왕하는 모습보다 더 실망스러운 것은 없을 것이다.

4 변화는 피할 수 없으며 평생 동안 계속해서 우리 앞에 나타날 것이라는

사실을 인정하고 받아들여라. 현재 단계에서 알 수 없는 것은 변화의 속도와 빈도일 뿐이다. 불확실한 미래가 분명히 존재함을 믿는 사람이야말로 그 상황에서 수익을 낼 가능성이 가장 높은 사람이고 또 가장 많은 수익을 낼 사람이다.

5 변화에 불을 댕기는 사건들과 사람들에 대한 정보를 꾸준히 확보하라. 미래지향적인 경영자의 독서 습관과 자료 검색 습관을 몸에 익혀라. 주변의 인적 네트워크가 미래를 바라보는 사람들로 활기차게 북적거리도록 만들어라. 미래를 예상하면 변화의 지도자가 될 수 있다.

흰개미의 오류 18

당신 자신이 하나의 회사가 되지 못한다

"당신 자신이 첫 번째 상품이다. 그러므로 당신 자신을 시장에 하나의 상품으로 내놓는 것이야말로 이루 말할 수 없이 중요하다."
— 포티아 이삭슨, 드림잇의 설립자이자 대표

《세계는 평평하다: 21세기 세계 흐름에 대한 통찰》의 저자인 토머스 프리드먼은 최근에 흥미로운 관찰을 했다. 그는 기자와 만나서 최근에 중국이 어떻게 변화했느냐는 질문을 받고 이렇게 대답했다.

"1950년대에 살았던 미국인 부모는 자기 아이들에게 중국 어린이들은 굶고 있으니까 음식 남기지 말고 다 먹으라고 했지만, 오늘날의 부모는 중국 어린이들이 나중에 네 직장을 뺏을지도 모르니까 숙제 열심히 하라고 말한다."

오래된, 그러나 새로운 현실

사업의 성격이 바뀌고 있다. 이 변화의 충격은 세계의 모든 경영자들이 절감하고 있다. 미래학자 앨빈 토플러에 따르면, 미국에서 하루에 2천 개의 직업이 사라진다. 이들 가운데 상당수가 관리직이다. 새로운 직업이 계속 새로 생기지만, 어쨌거나 미국의 일자리가 빠르게 변하고 있는 것은 사실이다. 보다 많은 기업들이 규모를 줄이고 조직을 개편함에 따라서 관리직의 안정성도 그만큼 불안해지고 있다.

이처럼 빠르게 변화하는 불확실한 미래에 당신은 어떻게 살아남을 것인가? 이 질문에 대한 대답은, 당신이 회사 직원으로서 당신 자신을 바라보는 방식을 바꾸는 데 있다. 당신은 당신 자신을 수많은 직원 가운데 한 사람이 아니라 대가를 받고 용역을 제공하는 전문적인 독립 계약자로 여기고 싶을 것이다. 당신 자신을 '나'라는 하나의 회사로 바라보아라.

'나'라는 회사를 설립하라

당신 자신이 하나의 회사가 되기 위해서는 우선, 당신의 고용주와의 관계에 대한 생각을 바꾸어야 한다. 이 말은 당신을 고용한 사람에게 충성을 다할 필요가 없다거나 혹은 당신은 조직의 일원이 아니라는 말이 결코 아니다. 내가 하고 싶은 말은, 당신은 지금 당신 자신을 위한 사업을 하고 있으니까 당신이 맺고 있는 관계들을 바꾸어야 한다는 것이다. 당신은 일반적인 사업체가 하는 모든 활동을 해야 한다. 예컨대 자기 사명서를 작성하고, 이사진(충실한 협력자 그룹)을 구성하며, 예산을 짜고, 가치 있는 상품(바로 당신)을 만들어 시장에 내놓고, 당신의 고객(당신의 고용주)을 만족시켜야 한다.

하는 일이 뭡니까?

내가 컨설팅 사업을 시작한 지 몇 달 되지 않았을 때였다. 솔직히, 당시 나는 이 사업이 잘 될지 걱정을 많이 했다. 그 무렵의 어느 날, 나는 어떤 회사의 사장을 상대로 내 사업에 대한 격정적인 설명을 막 마쳤다(말하자면, 내 사업의 영업 활동을 했다). 그 사장은 내 명함을 손에 넣고 만지작거리고 있었고, 나는 그 사장 앞에 앉아 있었다. 나는 아주 짧은 시간 안에 그가 필요로 한 것보다 더 많은 정보, 그리고 그가 원하는 것보다 더 많은 정보를 쏟아낸 직후였다. 사장은 손에 쥐고 있던 내 명함을 내 쪽으로 밀면서 이렇게 말했다.

"이 명함에 당신이 하는 일을 적을 수 있으면, 그때 나에게 다시 오시오."

'나' 라는 회사를 궤도에 올려라

성공하는 모든 사업은 선명한 목표에서 출발한다. 당신 자신을 하나의 회사로 만들려면, 우선 당신은 '나는 이러저러한 제품 혹은 서비스를 제공하겠다'고 선언하는 '자기 사명서'를 작성해야 한다. 통상적인 사명 선언문(mission statement, 기업의 모든 부문에 살아 숨 쉬는 핵심 가치를 반영한 글―옮긴이)처럼 간결하고 당신만의 차별성을 갖춘 매력이 있어야 한다. 다음은 내가 진행한 훈련 프로그램에 참가한 어떤 고객 서비스 관리자가 작성한 자기 사명서이다.

자기 사명서

나는 보다 높은 수준의 고객 서비스를 제공하여 고객의 신뢰도를 높이는 동시에, 개인적인 성취감을 얻고자 한다. 그래서 나는 다음과 같은 자질을 확보할 것이다.

- 시간과 우선순위를 관리하는 능력
- 문제를 신속하게 해결하는 능력
- 어려운 문제들이 발생해도 전문가적인 태도를 유지하는 능력
- 건실한 직업윤리
- 보다 많이 배우고 또 크게 성장하고 싶은 욕구

당신도 이미 눈치를 챘겠지만, 이 사람은 자기가 어떤 분야에 있으며 또 고용주에게 어떤 '상품'을 팔려고 하는지 선명하게 파악하고 있다. 만일 당신의 직무 내용과 목표를 선명하게 알지 못할 경우, 당신은 고용주가 원하는 것을 제대로 만족시켜주지 못할 가능성이 많다.

자기 사명서를 작성한 다음에 당신이 해야 할 일은 운전 자본을 확보하는 것이다. 다른 말로 하면, 당신의 상품을 가치 있게 유지하게 위해서 얼마나 많은 금액을 지출할 것인가 하는 문제이다. 많은 기업이 훈련개발비를 삭감할 때라 하더라도 당신은 이 분야에 대한 지출을 아무

생각 없이 줄이거나 없애버리는 실수를 저질러서는 안 된다. 당신이 하나의 기업임을 생각한다면, 당신의 제품(당신 자신)을 당신의 고객(고용주)이 보기에 구매 가치가 충분하도록 유지해야 한다. 당신의 경쟁력을 개발할 수 있는 영역은 바로 당신이라는 회사이기 때문이다.

제품을 판다는 것은 구매자에게 당신이 제공하는 게 무엇인지 알리는 것을 뜻한다. 이때 초점은 현재(당신이 지금 제공해야 하는 것)에 맞춰질 수도 있고 미래(긴 시간에 걸쳐 당신이 제공할 것)에 맞춰질 수도 있다.

언젠가는 직원이 한 명도 없는 '1인 기업'의 시대가 올 것이다. 그날이 되면 수백만의 '1인 경영자'들이 각자 고객들에게 제품과 서비스를 팔게 될 것이다. 수많은 기업들이 직원의 성장과 발전에 대해서 가지고 있던 의무감을 털어내고 있는 현실이기 때문에, 당신의 미래는 이제 다른 누구도 아니고 온전히 당신 손에 달려 있다. 이런 점과 관련해서 내가 진행하던 워크숍에 참가했던 사람은 이런 말을 했다.

"우리는 모두 각자 혼자군요!"

만일 당신이 미래의 일터에서 그저 살아남는 게 아니라 번성하고 싶다면, 지금 당장 당신의 경력 관리를 주체적으로 해야 한다.

 **흰개미 박멸 프로젝트**

1 당신만의 독특한 구매 요소를 찾아라. 당신의 명함을 꺼내서 뒷면에 당신이 다른 사람과 구별되는 점을 간략하게 적어라. 그리고 읽고 또 읽어서

그 내용이 당신의 제2의 천성이 되도록 만들어라.

2 당신이라는 상표를 보호하라. 당신의 고용주는 당신의 성장에 그다지 책임감을 가지지 않을 수 있다는 사실을 인정하라. 다르게 생각할 것도 없이 이것은 사업 세계의 냉정한 현실이다. 학습과 훈련, 새로운 기술, 그리고 경험 등을 통해서 당신의 가치를 높임으로써 당신의 사업(즉, 당신의 경력)을 확대할 수 있는 여러 가지 길을 모색하라.

3 당신을 우선적으로 생각한다고 해서 당신의 고용주에게 충성을 다하지 않는 것은 아니다. 당신이 내리는 판단이 당신의 고용주에게 손해를 입히는 것이 아니기 때문이다. 오히려 반대이다. 당신이 하나의 기업으로 건실하게 성장하면, 그것은 곧 당신의 고객(고용주)을 위해 부가가치를 창출하고 그를 만족시키는 길이다. 누이 좋고 매부 좋은 일이다.

4 늘 새로운 고객(고용주)을 맞을 준비를 하고 있어라. 이것은 사업 세계에서 피할 수 없는 현실이다. 시장에서는 아무도 예상하지 않았던 일들이 일어날 수 있다. 그리고 이 일들로 해서 어떤 사업이 성공할 수 있는 것이다. 모든 것은 변한다. 당신도 변할 준비를 갖추어야 한다.

5 당신 스스로에게 이렇게 질문하라. "만일 내가 오늘 고용주에게 청구서를 보내면, 그가 기꺼이 지불을 해줄 것인가?" 사업을 계속할 수 있느냐 없느냐는 그 사업이 얼마나 수익을 내느냐에 달려 있다는 사실을 늘 염두에 두어라.

> 흰개미의 오류 19

'쓸모없는 조개껍데기'를 주기적으로 제거하지 않는다

"우리 세대의 가장 큰 혁명은 인간 혁명이다. 인간은 내적인 태도를 바꿈으로써 바깥으로 드러나는 삶을 바꿀 수 있게 되었기 때문이다." —마릴린 퍼거슨, 저술가

사업차 아일랜드에 갈 때마다 나는 더블린 교외에 있는 던레러라는 작은 포구 마을에 머문다. 그리고 아침 일찍 방파제를 따라 산책하는 일을 빼놓지 않는다. 어느 날 아침이었다. 제임스 조이스의 소설에 나오는 마르텔로 탑을 막 지나칠 때, 남자 여러 명이 배의 밑바닥을 긁어내는 광경이 눈에 들어왔다. 나는 걸음을 멈추고 그 사람들 가운데 한 명과 대화를 나누기 시작했다(아일랜드에서는 이렇게 대화를 나누는 게 그다지 어려운 일이 아니다). 그리고 그 사람들이 하는 일이 다름이 아니라

배 밑바닥에 달라붙어 딱딱하게 굳은 조개껍데기 덩어리를 떼어내는 작업임을 알았다. 이 조개껍데기 덩어리는, 조개가 이동을 하려고 배 밑바닥에 달라붙었다가 죽은 시체들이었다.

남자의 말로는, 그렇게 달라붙어 있는 조개껍데기들 때문에 배의 속도가 절반 가까이나 줄어든다는 것이었다. 당연히 낭비되는 연료가 그만큼 많을 수밖에 없다고 했다. 이런 연료 소모를 줄이기 위해서 1년에 몇 차례씩 배를 물 바깥으로 끌어내고 뒤집어서 조개껍데기 덩어리를 떼어내는 작업을 해줘야 한다고 했다. 그러면서 이런 말을 했다.

"이 귀찮은 것들은 한꺼번에 우르르 달라붙는 게 아니라, 아주 조금씩 달라붙어서 결국 이렇게까지 됩니다."

가랑비에 속옷 젖는다

아일랜드 어부와 나눈 대화는 내게 중요한 교훈을 주었다. 그것은 가랑비에 속옷 젖는다는 속담이다. 우리 경력에 해가 되는 것들은 대부분 서서히 형성되기 때문에 이런 것들이 생겼는지조차 모르고 지나치는 경우가 많다. 이것과 관련된 좋은 사례를 하나 소개하겠다. 한번은 파리에서 열리는 무역 박람회에 갔다. 가능하면 내게 필요한 정보를 많이 얻을 목적이었다. 한동안 파리에 머물면서 나는 날마다 박람회장에 나가서 카탈로그며 광고 인쇄물 등을 모았다. 날마다 조금씩 서류 가방으로 나를 때는 몰랐는데, 귀국하려고 짐을 챙길 때에야 비로소 내가 모은 자료들이 엄청나게 많다는 사실을 깨달았다. 가까스로 여행 가방에

쑤셔 넣고 오를리 공항에서 비행기를 타는데, 항공사 직원이 내가 들고 가는 짐의 무게가 기준보다 많게 나왔다면서 만만치 않은 추가 요금을 요구했다. 그 짐을 들고 비행기를 타려면 적지 않은 비용을 더 물어야 했다. 나는 잠시 생각을 해보겠다며 짐을 끌고 대기실 의자에 앉았다. 과연 그 비용을 물면서 자료들을 가지고 갈 것인가 말 것인가가 문제였다. 그리고 결정을 내렸다. 자료 가운데 많은 것들을 버리기로 했다. 그리고 추가 비용을 물지 않고 비행기를 탔다.

　인생도 이와 마찬가지다. 우리는 인생을 살면서, 죽은 조개껍데기 덩어리처럼 아무 짝에도 쓸모없고 무겁기만 한 버릇들을 우리도 모르는 사이에 몸에 붙이고 산다. 그 바람에 던레러 포구에 있던 수많은 배들처럼 얼마든지 빠른 속도로 항해할 수 있는데도 그렇게 하지 못한다. 하루가 다르게 빠른 속도로 변하는 무한 경쟁 환경에서 성공하려면, 우리의 전진 속도를 떨어뜨리는 쓸모없는 것들을 주기적으로 털어낼 필요가 있다.

당신의 '쓸모없는 조개껍데기 덩어리'는 무엇인가?

　무엇이 당신의 속도를 떨어뜨리는가? 어떤 관행, 어떤 습관 혹은 어떤 마음가짐이 경영이라는 경주에서 당신을 뒤처지게 만드는가? 내가 진행하는 워크숍에서 이런 질문을 참가자들에게 던졌다. 다음은 참가자들이 적은 자기들의 '쓸모없는 조개껍데기'이다.

_완벽주의

_무질서

_변화에 대한 두려움

_부정적인 태도

_당장 해야 할 일을 다음으로 미루는 버릇

_자기 자신에 대한 긍정적 이미지 형성의 부족

_시간 활용을 제대로 못하는 버릇

_혼자 하고 말겠다는 생각

_편견

_질투심

_교정되지 않은 편견

_희박한 목적의식

_원한, 분노, 죄의식

_완고함(새로운 생각을 받아들이지 못하는 거부감)

_작은 성과에 만족하는 태도

_자원들을 충분히 활용하지 못하는 모습

_얼굴이 너무 두껍다(무감각함)

_얼굴이 너무 얇다(지나치게 민감함)

_사소한 것에 주의를 기울이지 않는 태도

_사소한 것에 너무 집착하는 태도

_폭음과 폭식 등 무절제한 행동

_운동 부족

_남의 말에 귀를 기울이지 않는 버릇

_ 일을 할 때 우선순위를 정하지 않는 태도
_ 뭐든 가만 내버려두지 못하는 성격
_ 내가 먼저라는 생각

나에게 가장 많이 달라붙는 쓸모없는 조개껍데기 덩어리는, 언제가 어떤 사람이 했던 표현을 빌자면, '백미러를 바라보며 생각하기'이다. 그게 무슨 뜻이냐고 물었더니 그는 이렇게 말했다.

"운전을 해서 앞으로 나아가려면 앞을 바라보아야 하는데, 당신은 백미러를 바라보거든요."

그렇다. 이것이 바로 주기적으로 긁어내어야 할 나의 조개껍데기 덩어리다. 쓸모없는 조개껍데기 덩어리를 긁어내기 위해서 나는 나만의 공식을 하나 개발했다. 되돌아보고(review) 평가하고(critique) 새롭게 하는(renew), 이른바 RCR이다. 면담이나 강의, 워크숍 진행을 마친 뒤에 나는 이 RCR 테스트를 한다. 우선 나의 말과 행동, 참가자들의 반응, 그리고 거기에 대한 나의 대응 등을 머릿속으로 떠올리며 되돌아본다. 당신도 한꺼번에 많은 사람을 상대로 말을 해본 적이 있다면, 기대에 미치지 못한 것들을 어렵지 않게 떠올릴 수 있을 것이다. 되돌아봄으로써 나는 부족했던 점을 찾아낸다. 그리고 평가함으로써 그 부족한 점들이 나의 어떤 모습에서 비롯되었는지 파악한다. 예를 들면 이런 것이다. 개인적 편견 때문에 다른 가능성을 생각하지 못했던 것은 아닐까? 이렇게 해서 나의 조개껍데기 덩어리를 발견한 다음, 새롭게 하는 단계로 들어선다. 내 발목을 붙잡고 늘어져서 앞으로 빠르게 나아가지 못하게 하는 행동과 태도를 털어내는 과정이다.

내가 파리의 오를리 공항 쓰레기통에 카탈로그며 광고 인쇄물을 쏟아 넣은 것은, 그것들은 가지고 있어봐야 아무런 도움이 되지 않는 쓰레기일 뿐임을 인정하는 행위였다. 나는 그것을 가지고 갈 때 들 비용을 계산한 다음에 미련 없이 버렸던 것이다. 필요하지도 않은 것이라면 초과 비용을 물어가면서까지 미래로 가지고 갈 필요가 없다. 훌륭한 경영자가 되고 싶다면 자기를 새롭게 하기 위해서, 그리고 자기 경력을 보다 훌륭하게 쌓기 위해서, 이런 자기 분석과 평가 작업을 주기적으로 하여 빠른 속도로 전진할 수 있어야 한다.

NO.19 흰개미 박멸 프로젝트

1 적극적인 태도를 가져라! 만일 당신에게서 부정적인 어떤 조개껍데기 덩어리를 발견했다면, 그 실수의 아픔을 생산적인 경험으로 바꾸어라. 자신의 모자라는 부분을 보고 자기 자신을 패배자라고 학대하고 싶은 마음이 들겠지만, 이런 유혹을 뿌리쳐라. 당신이 저지른 실수뿐만 아니라 다른 사람이 저지른 과거의 실수에서 배우고, 그것을 통해서 성장하라.

2 당신이 추진하는 일이 궤도에서 벗어나지 않도록 '조개껍데기 일지'를 활용하라. 나는 자기 평가를 할 때마다, 공책에 날짜와 함께 그날 내가 개선해야겠다고 평가한 내용을 적어둔다. 이 일지는 내가 일을 제대로 수행할 수 있도록 도와준다. 이 일지는 아울러 내가 한 사람의 성공한 경영자로서 성장해가는 일지이기도 하다.

❸ 비록 내가 사람들에게 자기 평가 작업은 일상적으로 해야 한다고 권고하지만, 그럼에도 불구하고 1년에 몇 차례 보다 심층적으로 자기 자신을 돌아볼 필요가 있다. 예컨대 배를 완전히 물 바깥으로 끌어내서 뒤집어놓고 살펴볼 필요가 있다는 말이다. 다행히도 내가 사는 곳 인근에는 나 자신을 되돌아보기에 좋은 자연 환경이 있다. 나는 1년에 몇 차례씩 도시락을 싸들고 하루 종일 그곳으로 잠적하곤 한다. 이렇게 할 경우 자기 평가를 하는 과정이 즐겁기도 하고 또 생산적이기도 하다.

❹ 계획을 짜라. '조개껍데기 일지'를 활용해서 되돌아보기, 평가하기, 새롭게 하기 등 어떤 목표 영역 안에서 당신이 개선을 도모할 단계를 기록하라. 당신에게 필요한 자원들(사람, 책, 테이프 등)이 무엇인지 확인하라. 그리고 언제 시작할지 확인하라. 당신 자신을 되돌아보기 위해서 시간표를 짜고, 발전을 위한 책임을 전적으로 당신 자신에게 떠맡겨라. 당신이 아니면 누가 당신의 발전을 책임지겠는가?

❺ 이 방법을 직원들을 평가하는 과정에도 활용하라. 직원들이 자기에게 부족한 부분이 무엇인지 깨닫게 하고 자기의 단점을 더 나은 발전을 위한 기회로 활용할 수 있도록 하라는 말이다. 그러면 평가 과정이 한층 생산적이고 긍정적으로 바뀔 것이다.

흰개미의 오류 20

인맥을 쌓지 못한다

"백 명의 한 걸음은 한 명의 백 걸음보다 낫다."
— 고이치 스카모토, 일본 와콜 사 창립자

최근에 어떤 경영자에게서 재미있는 이야기 하나를 들었다. 그는 과거에 한 번도 겪어보지 않았던 직원 문제에 부닥쳐서 어떻게 해야 할지 몰랐다. 그래서 그는 경영 컨설턴트에게 의뢰했고, 이 사람은 경영자와 직원 모두 만족하는 방식으로 그 문제를 해결했다. 두세 달 뒤에 이 경영자는 지역의 경영자 모임이 주최한 교육 워크숍에 참가했다. 점심시간에 잡담을 나누던 끝에, 이 경영자는 모임에 새로 가입한 어느 회원이 자기가 겪었던 문제와 비슷한 문제로 고민하는 이야기를 들었다. 그리고는 자기 사례를 이야기해줬다.

"1,000달러씩이나 내고 배운 걸 공짜로 가르쳐줬지 뭡니까? 500달러라도 돈을 받았어야 했죠?"

하지만 그건 공짜가 아니었다. 이 사람은 자기가 '인맥'을 만들었으며 그것이 얼마나 큰 가치가 있는지 전혀 모르고 있었다.

인맥을 쌓는 것은 기름을 함께 쓰자는 것이다

인맥을 쌓는 것은 다른 사람의 경험을 최대한 자기 것으로 만드는 과정이다. 훌륭한 인맥을 쌓지 못한 경영자는 그만큼 불리하다는 뜻이다. 인맥을 갖추고 그 인맥 속의 사람들과 개별적으로 접촉함으로써, 비슷한 경험과 문제를 안고 있는 사람들이 모인 방으로 들어서는 것만으로도 당신의 문제 해결 능력은 한층 커진다. 당신이 부닥친 문제를 과거에 다 겪었던 사람들이 가지고 있는 지식과 경험을 활용하면, 그렇지 않을 경우에 필연적으로 빠지고 말 함정들을 얼마든지 피해서 최상의 선택을 할 수 있다. 위에서 든 사례에 등장하는 새 회원은 매우 중요한 교훈을 얻었다. 그 교훈은 바로 이것이다. 좋은 충고를 공짜로 얻을 수 있을 때, 놓치지 말고 잡아라! 이것은 바로 인맥이 있기 때문에 가능한 것이다.

많은 사람들은 인맥을 쌓고 유지하는 것을 힘들어한다. 다른 사람을 '귀찮게' 하는 것 같다고 느끼기 때문이다. 몇몇 사람들은 인맥을 쌓는 것을 다른 사람의 자동차에서 기름을 빼내는 행위와 비슷한 것쯤으로 여긴다. 그러나 사실 인맥을 쌓는 것은 '기름을 함께 쓴다'는 개념과 비숫하다. 다만 여기에는 전제가 있다. 어떤 문제들에 부닥쳤을 경우 우리는 모두 기름이 바닥난 차에 타고 있는 상태나 마찬가지라는 전제이다. 다른 사람을 귀찮게 하는 게 부담스러워서 그 소중한 자원을 아예 사용할 생각도 하지 않는다는 것은 있을 수 없는 자살 행위이다. 하지만 인맥을 활용하는 것에서 가장 중요한 것은, 남에게 도움만 받는 게 아니라 기꺼이 도움을 줄 수 있다는 마음가짐이다.

인맥 쌓기 기술

비슷한 사람들끼리 인맥을 쌓을 때 효율을 높이기 위해서는 다음에 소개하는 10단계 지침을 차례대로 밟을 필요가 있다. 사람들을 개인적으로나 집단적으로 만날 때, 다음 10단계 지침을 반드시 기억하고 활용하기 바란다.

1. **인맥을 쌓아라.** 그렇지 않으면 참담한 결과가 기다릴 것이다. 감상적으로 들릴지 모르겠지만, 동료나 친구 등 필요할 때 적절한 충고를 해줄 인맥을 쌓지 못하면, 당신이 추구하는 목표는 영영 달성하지 못하게 될 수도 있다.

2. **준비를 하고 있어라.** 당신이 원하는 정보가 무엇인지 그리고 그 정보를 누구에게서 얻을 것인지 미리 알고 있어라. 그 핵심 인물과 만날 약속을 정하고, 어떻게 할 것인지 계획을 세워라.

3. **언제든 만날 준비를 갖추어라.** 가능하면 모든 상황에서도 다른 사람을 만날 수 있도록 시간을 비우고 필요한 준비를 갖추어라.

4. 접근하라. 많은 사람들은 새로운 만남을 두렵게 생각한다. 그러나 정중함과 존경심과 열성을 가지고 접근하면, 언제나 원하는 대상을 찾을 수 있다.

5. 기회를 날려보내지 마라. 어쩌면 굳이 말할 필요가 없을지도 모르겠지만, 인맥을 쌓을 수 있는 모임에 처음 참석해서 담배를 피우고, 술을 마시고, 신성 모독 발언을 하고, 부주의한 농담을 남발하는 행위 등은 하지 말 것을 강력하게 권고한다.

6. 최대한 주의를 기울여라. 내 경우, 산만하거나 관심이 없는 사람에게 어떤 정보를 줄 때 가장 짜증이 난다. 어떤 사람이 하는 말에 주의를 기울인다는 것은, 그 사람에게 자기의 모든 감각의 초점을 맞춤으로써 그 사람이 소비하는 시간에 대해서 대가를 치른다는 뜻이다.

7. 메모를 최대한 활용하라(하지만 너무 많이 적지는 마라). 아무리 꼼꼼하게 기억한다 하더라도 건성으로 메모해놓는 것보다 못하다는 말이 있다. 어떤 모임에 참석하든 작은 수첩을 가지고 다니길 권한다. 메모를 할 때는 핵심적인 단어들 위주로 적어서 나중에 나머지를 자연스럽게 떠올릴 수 있도록 하면 된다.

8. 떠나야 할 순간과 방법을 알고 있어라. 인맥을 쌓아나가는 과정에서 자연스럽게 깨우치겠지만, 당신에게 필요하지 않은 정보들까지 포함해서 엄청난 양의 정보를 기꺼이 제공하려는 사람들이 있다. 언제 그리고 어떻게 이 사람들의 귀찮은 호의에서 벗어나야 할지 알려면 기술과 외교술이 필요하다.

9. 당신 자신부터 많은 것을 베풀어라. 내가 아는 어떤 사람이 일러준 충고는 단순하면서도 심오했다. 그는 이렇게 말했다. "당신이 다른 사람

들에게서 도움말을 얻고 싶으면, 먼저 당신부터 다른 사람에게 도움말을 줄 수 있어야 한다." 인맥에서 가장 좋은 인간관계는 서로 도움을 주고받는 관계이다.

10. 접촉을 유지하라. 대부분의 인간관계가 그렇지만, 서로 최대한의 것을 투자할 때 그 인간관계는 갈수록 튼튼해진다. 당신 주변에 인맥을 형성하고, 이들과 일상적으로 교류를 해야 한다.

NO.20 흰개미 박멸 프로젝트

1 당신만의 인맥 목록을 작성하라. 우선 당신이 높이 평가하는 생각과 아이디어를 가진 사람들부터 시작하라. 나아가 이 목록에 전문가 집단을 추가할 수도 있다. 일상적인 동선으로는 접촉하기 어렵지만 당신이 높이 평가하는 사람들을 선정하고, 그 사람들과 만나는 일을 목표로 설정하라.

2 당신이 만든 목록에 한 달에 최소 한 명씩 추가하는 것을 목표로 세워라. 그냥 간단하게 몇 마디 나누고 헤어지는 만남은 의미가 없다. 만남을 매우 의미 있게 만들어라. 인맥을 쌓기 위한 만남이므로, 아침 식사나 점심 식사를 함께 하는 것이 좋다(물론 식사비는 당신이 부담해야 한다).

3 인맥을 쌓는 작업은 기생 활동을 하기 위함이 아님을 명심하라. 받는 만큼 반드시 되돌려줄 수 있는 방법들을 찾아라. 나는 내가 접촉하는 사람들에게 내가 쓴 기사나 메모 등을 반드시 보내준다. 그런데 이런 사소한 도움을 주고서도 보답을 받지 않았던 적은 거의 없다.

4 계속 노력하라! 때로는 다른 사람에게 조금도 투자하지 않으려는 꽉 막힌 사람들을 만날 수도 있다. 하지만 그들의 이런 행동까지도 그들에 대한 정보이다. 계속 노력하라. 그러면 사람들은 대부분 남에게 도움말을 아끼지 않는다는 사실을 알 것이다.
5 당신이 원하는 행동을 모델로 삼아라. 당신 자신을 하나의 훌륭한 인맥으로 활용하라.

흰개미의 오류 21

당신의 평소 개인적 스타일이 지닌 힘을 알지 못한다

"성공의 외양만큼 성공적인 것은 없다."
—크리스토퍼 래쉬, 《나르시시즘의 문화》

언젠가 코펜하겐 공항에 도착했을 때 난 완전히 기진맥진해 있었다. 노르웨이의 오슬로에서 덴마크로 비행을 했는데, 그때처럼 대기 상태가 불안해서 비행기가 난류 속에서 심하게 덜커덩거리는 경험을 한 적은 없었다. 그 비행기를 타기 전에 기술자들이 비행기 긴급 점검을 하는 세 시간 동안 나는 오슬로의 공항에서 어슬렁거리며 시간을 보냈다. 9·11 사태 이후 해외여행은 힘들고 짜증스러워졌지만, 이 여행은 그보다 훨씬 오래 전이었음에도 불구하고 지금보다 훨씬 더 힘이 들었다. 그날 오후에 나를 초대한 사람을 만나면서 내가 원했던 것은 오로지 뜨거운 물로 샤워를 하고 커피를 마신 다음 일찍 잠자리에 드는 것이었다. 하지만 이런 소망은 이루어지지 않았다. 그 사람 말이, 코펜하겐에 상류층만 출입을 하는 음식점이 있는데, 거기에 다른 두 사람과 함께 만나기로 약속을 해놓았다는 것이었다.

"유럽에서 최고로 훌륭한 곳입니다."

그 사람을 굳이 섭섭하게 하고 싶지 않아서 웃는 얼굴로 그가 하자는 대로 했다.

보기 좋은 떡이 맛있다

그날 저녁, 샤워와 얼그레이 차 한 잔으로 재충전을 한 다음, 일행들과 합류해서 내 인생 최고의 경험으로 남을 저녁을 먹으러 갔다. 음식점은 신학교 아래 지하에 있었고, 옛날에는 포도주 저장실로 사용되던 곳이라고 했다. 우리 자리로 안내된 다음에 나는 벽이 특이하다는 사실을 깨달았다. 다양한 종류의 돌들이 특이한 각도와 길이로 삐죽삐죽 튀어나와 있었던 것이다. 이 튀어나온 돌 위에는 불을 밝힌 촛불이 타고 있었고, 그 느낌 때문인지 마치 수도원에 들어와 있는 것 같았다. 테이블마다 웨이터들이 여러 명 배정되어 있었는데, 이들은 턱시도를 입었고 팔에는 흰색 리넨을 걸치고 있었다. 조금 지나서 깨달은 사실이지만, 웨이터 한 사람 한 사람이 모두 메뉴 선택에 도움말을 줄 수 있는 전문가들이었다.

돌이켜보면, 음식은 최고였다. 하지만 내 기억에 깊이 남아 있는 것은 맛보다도 음식의 차림새였다. 디저트부터 마지막 과일과 치즈까지 모든 음식이 마치 예술가가 혼을 담아 완성한 작품처럼 만들어졌고 또 식탁에 진설되었다. 나는 주방장의 그 예술적인 솜씨에 찬사를 아끼지 않았다. 그러자 일행 가운데 한 사람이 이렇게 말했다.

"음식의 차림새가 식사할 때 누릴 수 있는 기쁨의 절반이지요."

비록 오랜 세월 세계 각지의 유명한 음식점에서 식사를 했지만, 음식을 고객에게 내놓는 방식이 돋보였다는 점에서 코펜하겐의 그 식당이 단연 최고였다. 15년이 지났음에도 불구하고 여전히 그때의 식사를 자세하게 묘사할 수 있는 것도 바로 그런 사연이 있기 때문이다.

경영자의 스타일

차림새에 따라서 음식의 격이 달라지듯이, 경영자도 스타일에 따라서 격이 달라진다. 이런 점에서 경영자의 스타일은 다른 사람에게 깊은 인상을 심어주는 모든 것이라고 말할 수 있다. 스타일에는 다음 내용이 포함된다.

_예절
_신체적인 외모
_필체
_원기
_언행의 일치

_사용하는 어휘

_인간관계 기술

어떤 사람에게 속한 모든 것은 그 사람에 관한 메시지를 다른 사람에게 전송한다. 이 인상들은 그 메시지의 내용에 따라서 우아하게 보일 수도 있고 싸구려로 보일 수도 있다.

사소한 것은 사소하지 않다

오랫동안 나는 사소한 것들이 사람들에게 얼마나 큰 영향을 미치는지 목격했고, 그때마다 늘 놀랐다. 한번은 새 차를 타고 집으로 돌아오던 길에 전면유리가 돌멩이에 맞아 금이 갔다. 내가 살던 신시내티에서는 이렇게 자동차의 전면유리에 금이 가는 것은 흔히 일어나는 일이었다. 나만 해도 2년 사이에 그게 네 번째였던 것이다. 그래서 그냥 내버려둔 채 계속 차를 타고 다녔다. 그런데 어느 날 퇴근을 하려고 차에 다가서는데, 내 차 옆에 우리 회사의 사장 차가 주차되어 있었다. 사장 차는 깨끗하게 세차가 되어 있었고 광까지 났다. 한눈에 봐도 멋있어 보였다. 그에 비해서 내 차는 전면유리에 금이 갔고 바퀴에는 진흙이 말라붙어 있었다. 폐차장에 가 있어야 할 차 같았다. 구입한 지 1년이 되지 않은 두 자동차를 바라보면서, 이 자동차들이 과연 주인에 관해서 어떤 메시지를 사람들에게 전달할지 생각해보았다. 그리고 곧바로 유리를 간 다음에 세차를 하고 광을 냈다.

비非언어적 의사소통

연구보고서에 의하면 사람이 인식하는 정보의 55퍼센트가 시각을 통해서 이루어진다고 한다. 어떤 관리자의 일상을 중심으로 나타날 수 있는 비非언어적 의사소통의 사례들을 예시하면 다음과 같다.

1. 어떤 관리자가 사장에게 제출한 친필 메모의 필체가 너무 악필이어서 읽을 수가 없다. 그래서 사장은 따로 설명을 들어야만 한다.

2. 관리자가 고객이나 부서 책임자에게 보낸 편지나 문건에 오타가 있고 문법이 틀린 문장이 있다.

3. 사장이 어떤 문건을 당장 가지고 오라는 지시를 내리자, 관리자는 자기 책상 위에 수북하게 쌓인 서류더미를 풀썩거리면서 뒤적인다.

4. 명함을 달라는 말을 듣고, 관리자가 지갑 속에 여러 달 동안 처박혀 있던 휘주근한, 개가 물어뜯은 듯한 명함을 꺼낸다. 이때 맨 먼저 드는 생각은 이렇다. "당신에게 명함을 달라는 사람이 없나 보죠?"

5. 평상복을 입고 출근하는 날, 관리자가 부하 직원들보다 더 '평상적'인 옷을 입고 사무실에 나타난다.

6. 점심을 먹으러 제법 먼 곳으로 여러 사람이 함께 가야 할 때, 관리자의 자동차에는 온갖 잡동사니가 좌석을 차지하고 있어서 그 차를 이용할 수 없는 적이 한두 번이 아니다.

7. 관리자가 컴퓨터의 이메일 프로그램을 업데이트하지 않아서 중요한 이메일을 읽지 못한다.

이런 상황이 발생할 경우, 그 관리자가 아무리 유능하다 해도 무능하게 보일 수밖에 없다.

 흰개미 박멸 프로젝트

❶ 모든 문서는 반드시 두 번 이상 확인하라. 특히 이메일일 경우는 더욱 조심하라. 단지 빠르다는 이유로 정체불명의 인터넷 어휘를 구사하지 마라. 철자(맞춤법) 확인 프로그램 기능을 활용하기 바란다.

❷ 당신이 전달하는 모든 것, 예를 들면 메모나 보고서, 편지 등이 모두 중요한 사업에서 명함이 될 수 있다는 점을 항상 생각하라. 그렇기 때문에 손으로 직접 글씨를 써야 할 때가 있으면, 쉽게 알아볼 수 있고 호감을 느낄 수 있도록 노력하라.

❸ 예절을 지키는 게 중요하다는 사실을 잊지 마라. 필요하다면 이 방면에 대해서 특별 교습을 받도록 하라.

❹ 당신 자신이 제품임을 명심하라. 아무리 좋은 자동차라 하더라도 겉보기가 그렇지 않으면 팔기 어렵다. 중고차 매매상들은 이 점을 완벽하게 이해하고, 매물을 늘 반짝반짝하게 닦아서 내놓는다. 당신의 모습이 손질이 잘 되어 있으면 당신이라는 제품의 점수는 더욱 올라간다.

❺ 당신 자신에게 이런 질문을 던져라. "만일 내가 다른 사람의 관점으로 나를 평가한다면, 어떻게 평가할까?" 이보다 더 좋은 방법은, 당신이 신뢰하는 사람에게 당신의 외모와 평소 행동이 전달하는 메시지가 무엇인지 도움이 될 만한 충고를 솔직하게 해달라고 부탁하는 것이다.

흰개미의 오류 22

자기 자신을 돌보지 않는다

"잠을 자지 않는 것은 개인적으로나 사회적으로 위험한 짓이다. 그것은 마치 아침에 술 취한 상태로 일하러 나가는 것과 마찬가지이다." ─스탠리 코렌, 《잠도둑: 잠의 과학과 신비를 탐구하다》

내가 모신 적이 있는 한 최고경영자는 회의에 늦게 나타나곤 했다. 한번은 재정 담당 부사장이 월간 동향 보고를 하던 중에 그가 나타나자, 그가 자리에 앉는 동안 잠시 보고를 끊었다가 다시 계속했다. 그의 보고가 끝나자 다른 부서 책임자들도 한 명씩 차례대로 업무 진행 상황을 회의 참석자들에게 보고했다. 그런데 나는 회의실에 모인 사람들 얼굴 표정을 보고는 깜짝 놀랐다. 그들의 얼굴에서 활력이라고는 찾아볼 수가 없었기 때문이다. 몇몇 사람들은 메모장에 낙서만 하고 있었고,

또 몇몇 사람들은 불안한 듯 안절부절못했고, 나머지 사람들은 멍하게 창문 밖이나 엉뚱한 곳을 바라보았다. 회의장에 모인 사람들의 얼굴을 바라보면서 나는 이런 사실을 깨달을 수 있었다.

"이 양반들이 모두 녹초가 되어 있구나……."

회의가 계속되자 사람들이 피곤에 절어 있다는 표시가 점점 더 많이 드러났다. 원자재 구매 책임자는 보고 도중에 원자재 재고 현황에 대한 질문을 받고 답변을 한 뒤에는, 자기가 아까 어디까지 보고를 했는지 잊어버리고 허둥댔다. 내 맞은편에 앉아 있던 생산 책임자는 몰려오는 잠과 싸우면서 눈꺼풀을 들어 올리느라 안간힘을 썼다. 그러다가 비몽사몽간에 부르르 떨기도 했다. 그의 이런 행동을 보고 사람들이 킬킬거리며 소리를 죽여 웃었다. 나중에 한 간부는 나에게 이렇게 말했다.

"그 회의에 참석해서 졸지 않는 게 이상하죠. 잠을 퍼붓는 회의입니다."

하지만 그 회의 때문에 그런 문제가 생긴 게 아니었다. 국립수면재단의 발표에 따르면, 단조롭고 지루한 회의를 하는 동안 긴장한 상태를 유지하지 못한다면, 문제는 회의가 아니라 바로 지루함을 참지 못하고 주의가 산만해지거나 조는 당사자에게 있다고 한다.

어머니가 옳았다

잠을 충분히 자라는 말은 길을 건널 때 좌우를 잘 살펴라, 편식하지 말고 채소를 많이 먹어라, 밥을 먹은 뒤에는 곧바로 수영을 하지 마라 같은 어머니의 애정 어린 잔소리라고 할 수도 있다. 하지만 이것을 경영과 상관없는 하찮은 잔소리로 치부하기 전에 CNN이 보도한 소식에 귀를 기울이는 게 좋을 것 같다. CNN은 최근에, 수면 부족으로 인한 스트레스와 생산성 하락으로 1년에 1,500억 달러의 비용이 발생한다고 보도했다.

앞에서 예를 든 그 회사에서 여러 달을 함께 일한 뒤에야 나는 사람들이 왜 그렇게 녹초가 되어 있는지 알 수 있었다. 1주일에 90시간에서 100시간씩 일을 하는 것은 보통이었다. 잠을 자는 한밤중에도 휴대폰이나 PDA 그리고 노트북을 통해서 근무가 연장되곤 했다. 그런데 사실 이런 현상은 이 회사에만 나타나는 게 아니다. 우리는 모두 우리 할아버지 세대보다 잠을 20퍼센트 이상 덜 자면서 일은 더 많이 한다. 《파워 슬립 Power Sleep》의 저자인 제임스 마스 박사는 이렇게 말한다.

"사람에게 잠이 많이 부족할 경우, 언어 전달력과 문제 해결 능력이 떨어지며, 집중하지 못하고, 조울증에서 나타나는 증상처럼 기분이 급격하게 좋아졌다가 나빠졌다 한다."

혹시 당신도 최근에 곤하게 잠을 자는 누군가를, '개처럼 큰 소리로 짖어대면서' 깨운 적이 있지는 않은가?

출장이 휴식이다?

최근에 출장을 가는 경영자들에게 흥미로운 경향이 새로 생겼다. 〈월스트리트 저널〉에 따르면, 경영자가 여행을 할 때 요즘에는 이른 시각에 잠자리에 들고 식사도 가능하면 객실에서 해결하려는 경향을 보인다는 것이다. 나도 과거에는 식당에서 맛있는 음식을 먹고 밤늦게까지 잠을 자지 않았다. 하지만 지금은 그저 샐러드 하나면 족하고 될 수 있으면 빨리 잠옷을 입고 침대에 눕고 싶다. 내가 아는 경영자 한 사람은 이렇게 말했다.

"여행을 하는 시간이 나로서는 유일하게 휴식을 취하는 시간입니다. 높은 분 심기를 불편하게 하지 않으려면, 차라리 가능하면 출장을 많이 다니는 게 최고입니다."

사람들이 여행을 하는 목적 가운데 휴식이 가장 큰 이유로 꼽히고, 여행업에 종사하는 사람들은 이런 욕구에 '누에고치 되기'라는 용어까지 만든 것을 보면, 오늘날 기업의 경영자들에게 휴식이 얼마나 중요한지 알 수 있다.

잠을 줄이면 비용이 발생한다

잠이 부족한 경영자는 비효율성에서부터 만성 피로에 이르는 온갖 문제들을 안고 있다(연구 결과에 따르면, 수면 부족으로 인해 창조적인 능력이 30퍼센트나 감소된다고 한다). 휴식을 충분히 취하지 못한 상태에서는, 신체 기능이 점차 약해지면서 기진맥진 상태로까지 떨어진다. 이런 기진맥진 상태에 빠진 다음에는 수면이 비록 도움이 된다 해도, 신체가 완전히 정상적인 수준으로 회복되지는 않는다. 이런 악순환이 반복되면 우리의 몸 상태는 점점 나빠진다. '연료 탱크'를 가득 채우고 새로운 하루를 시작할 수가 없다는 말이다. 그리고는 마침내 수면 자원이 완전히 고갈되어 만성 피로가 나타난다. 나도 이런 상태를 경험했다.

수많은 사람들과 마찬가지로 나 역시, 내가 원하는 만큼 많은 일을 열심히 할 수 있다는 사실에 자부심을 가졌다. 항상 가장 먼저 출근하고 가장 나중에 퇴근하는 데서 즐거움을 찾는 모자란 인간이었다. 일도 매우 집중적으로 했다. 1분을 아껴가면서 최대의 효과를 내려고 했고, 내 모든 역량과 신체를 인정사정 보지 않고 몰아붙였다. 주말에는 또 집안일을 하는 데 모든 것을 쏟았다. 하지만 그때는 혹독한 대가가 뒤따르리라는 사실을 알지 못했다. 결국 만성 피로라는 판정을 받았고, 나는 정상적인 신체 상태에 도달하기 위해서 5년 동아이나 만성 피로와 싸워야 했다.

하루에 여덟 시간

핵심은 이것이다. 당신이 업무 능력에 대해서 아무리 자신한다 하더라도, 날마다 충분히 쉬지 않는다면 결코 최상의 컨디션을 유지할 수 없다. 그렇다면 얼마나 쉬어야 충분히 쉬는 것일까? 연구자들은 이것은 사람마다 모두 다르다고들 했지만, 최근에는 다시, 밤에 여덟 시간을 자면 된다는 옛날 사람들의 지혜가 옳다는 쪽으로 의견이 모아지는 것 같다. 충분히 많은 잠을 잠으로써 보다 높은 수준의 업무 능력을 발휘할 수 있다. 이것은 잠에 투자한 시간이라는 비용을 훨씬 상회하는 효과이다. 잠을 충분히 자라. 이것이 바로 능력 있는 지도자이자 경영자로서의 조건을 갖출 수 있도록 당신의 무기를 날카롭게 하는 길이다.

 **흰개미 박멸 프로젝트**

1 수면도 운전 자본처럼 적정량을 꾸준히 유지해야 하는 자산임을 인식하라. 기업이라면 응당 금융 자산을 최상의 방식으로 활용해야 하듯이, 신체적 능력이라는 자산도 부주의하게 낭비해서는 안 된다. 잠을 덜 자는 것은 '수면 부채'가 생기는 것이다. 이 '수면 부채'가 발생하지 않도록 조심하라.

2 취침 시각을 일정하게 하라. 연구 결과에 따르면, 일정한 시각에 잠자리에 들고 일어나는 습관을 가질 때, 사람의 신체는 최대의 복원력을 발휘한다고 한다. 취침 습관과 관련해서 더 많은 정보를 수집하고 활용하라.

3 잠자리에 들기 전에는 뉴스 방송을 시청하지 마라. 뉴스 방송을 시청하면 뇌 활동이 자극을 받아서 신체가 긴장을 풀기 어려워지기 때문이다. 뉴스 방송을 시청한 다음에는 잠자리에 들기 전에 잠시 진정하는 시간을 가지는 것이 좋다.

4 신체 기능을 만회할 수 있는 날을 따로 정해두어라. 전문가들은 대부분 정기적으로 휴식을 취할 수 있는 날을 정해두는 게 최고라고 하지만, 그렇게 하기 힘든 상황이라면 따로 '회복일'을 정해두는 게 좋다. 일주일에 하루를 정해서 이날만큼은 일찍 퇴근해서 일찍 잠자리에 들도록 하라. 이런 습관이 당신의 건강에 얼마나 많은 도움이 되는지 확인하고 깜짝 놀랄 것이다.

5 낮잠을 자라! 로널드 레이건이 대통령으로 재직할 때, 오후에 낮잠을 자는 그의 습관을 두고 많은 사람들이 입방아를 찧었다. 하지만 레이건에게 낮잠을 자는 것은 자기가 가지고 있던 자원을 최대로 유지하기 위한 행동일 뿐이었다. 이런 행동은 훌륭한 경영자라면 당연히 해야 하는 선택이었다. 낮잠은 자원을 최대로 유지하기 위한 탁월한 선택일 수 있다.

흰개미의 오류 23

미래를 맞을 준비를 철저하게 하지 않는다

"변화의 시기를 맞을 때, 초심자는 아무런 준비가 되어 있지 않지만, 많이 배운 사람은 새로운 세상에 대처할 준비가 완벽하게 되어 있다." —에릭 호퍼, 《변화의 시련》

큰딸이 단상에서 학사 수료증을 받고 자기 자리로 돌아올 때 나는 딸의 모습을 찍으려고 카메라를 들이댔다. 그때 딸은 행복한 미소를 지으면서 이렇게 외쳤다.

"이제 다시는 책을 펴보지도 않을 거야!"

깜짝 놀랐지만, 그 말이 농담이었다는 사실에 나는 지금도 매우 안도하고 있다. 딸은 지금 제1회 연례 켄터키 서적 페스티발을 준비하는 핵심 요원으로 일하고 있다. 딸은 책을 매우 좋아하고, 끊임없이 책을 읽으며 자기 일에 도움이 될 소재를 찾는다. 그러나 불행한 현실이지만, 통계적으로 볼 때 딸과 같은 사람은 이 사회에서 소수 집단이다.

연구 결과에 따르면, 학교를 졸업한 뒤에도 여전히 독서 습관을 유지하는 사람은 소수이다. 70퍼센트 이상이 자기 전문 분야에 관한 책을 읽지 않는다고 한다. 과거에는 책을 읽지 않아도 사업에 성공할 수 있었던 시대가 있었을지 모른다. 하지만 오늘날과 같이 빠르게 변화하는 시대에는 책을 읽지 않는다는 것은 실패로 가는 지름길이다.

지속 가능한 이점

로열 더치 셀 사社의 이사였던 아리 드게우스는 이렇게 말했다.

"경쟁자보다 빠르게 학습할 수 있는 능력을 가지고 있다는 사실은, 경쟁자에 비해서 경쟁력이 있는 유일하게 지속 가능한 강점일지 모른다."

이유는 간단하다. 어떤 경영자의 성공 가능성은 그의 문제 해결 능력이 얼마나 되느냐에 달려 있기 때문이다. 이런 능력은 거의 전적으로 미래에 대해서 얼마나 철저하게 준비하느냐에 따라 달라진다. 이런 사실을 하버드 대학교의 존 코터 교수가 제안한 개념을 들어서 설명하겠다.

어떤 회사에 세 명이 같은 날 입사했다고 치자. 이 세 사람이 가지고 있는 기술과 지식이 동일하다는 설정 하에 이들에게 모두 PSC(문제 해결 능력도, Problem Solving Capacity) 100점을 부과할 수 있다. 첫 번째 인물(이 사람을 데이비드라고 부르자)은 열심히 일을 하는 유형이다. 대부분의 사람들이 그렇듯이, 데이비드는 더 이상 학습에는 거의 자기 시간을 투여하지 않고 오로지 일을 하는 데만 시간을 투여한다. 그는 자기의 경력을 높이는 데는 자기의 노력(다시 말해서, 일에 투여하는 시간)이 중요하다고 생각한다.

두 번째 인물(이 사람은 엘리자베스라고 부르자)은 일을 열심히 할뿐더러, 자기 분야에서뿐만 아니라 기업 사회 전반에서 일어나는 일들을 파악하기 위해서 꾸준하게 독서를 한다. 그녀는 시간만 허락한다면 세미나나 워크숍에도 참가한다. 해마다 그녀는 책 25권을 읽는다는 목표를 세우고, 목표를 달성하기 위해서 노력한다. 비록 번번이 그 목표를 달성하지는 못하지만……. 학습 습관 덕분에 엘리자베스는 해마다 4퍼센트라는 성장률을 유지하며 대부분의 동기들보다 앞서간다.

세 번째 인물(이 사람은 롤프라고 부르자)은 공격적이라고 할 만큼 열심히 학습을 하는 사람이다. 그는 만족할 줄 모르고 독서를 하며, 늘 활동적으로 학습 기회를 찾고, 수많은 질문을 하며, 자기 주변 세상에 대해서 늘 호기심을 가지고 있다. 그는 자기가 저지른 실수를 곰곰이 곱씹어서 교훈을 얻고, 성공을 거두었을 때도 교훈을 얻으려고 그 성공을 꼼꼼하게 분석한다. 그리고 학습 계획도 문서로 꼼꼼하게 작성해서 실천한다. 그 결과 롤프는 해마다 9퍼센트라는 성장률을 유지한다.

이렇게 해서 25년이라는 세월이 흘렀다고 치자. 100점으로 출발한 데이비드는, 자기가 가지고 있는 지식이 낡은 지식이 되면서 오히려 PSC 점수가 100점 미만으로 떨어졌다. 엘리자베스는 해마다 4퍼센트의 성장률을 유지하면서 그녀의 PSC는 256점으로 성장했다. 이 점수는 데이비드보다 문제 해결 능력이 두 배 반이나 높다는 것을 의미한다. 그런데 롤프는 해마다 9퍼센트의 성장률을 유지했고 그의 PSC 점수는

862점이 되었다. 엘리자베스보다 세 배 반이나 높은 점수이다.

누구나 정보를 얻을 수 있고 기존의 지식이 빠르게 낡은 것으로 바뀌는 세상에서 롤프는 평생 동안 학습을 게을리 하지 않음으로써 다른 경쟁자들보다 훨씬 앞서갈 수 있었다. 롤프는 미래에 대해서 철저하게 준비함으로써 문제 해결 능력을 키울 수 있다고 확신했기 때문이다.

'나'라는 제품의 수명을 늘려라

짐 콜린스는 《좋은 기업에서 위대한 기업으로》라는 저서에서, 변변찮은 종이 회사이던 킴벌리 클라크를 세계적인 회사로 바꾼 다윈 스미스와 나눈 대화를 실었다. 콜린스는 스미스에게 리더십의 비밀이 무엇이냐고 물었고, 스미스는 잠시 생각한 뒤에 이렇게 대답했다.

"나는 여태까지 단 한 번도, 내가 하는 일에 필요한 자질을 갖추려고 노력하지 않은 적이 없었습니다."

21세기의 무한 경쟁이 빚어내는 수많은 문제들에 대한 해결책을 마련할 수 있는 경영자는 끊임없이 학습을 하는 사람들이다. 이 사람들은 새로운 정보와 생각을 끊임없이 획득하지 않고는 미래에 살아남을 수 없음을 잘 알고 있다. 이는, 의사가 1년이 다르게 발전하는 최신 의학 기술을 배우고 익혀야 하는 것과 마찬가지이다. 충분하게 앞서 있지 않으면 파국은 금방 다가온다.

정직한 에이브러햄 링컨 이야기의 교훈

내가 좋아하는 이야기 가운데 하나가, 에이브러햄 링컨과 장작 패기 시합을 벌인 어떤 남자 이야기이다. 대회가 진행되는데 이 남자는 링컨이 쉬는 것을 보았다. 승기를 잡았다고 생각한 이 남자는 점심을 먹을 때까지 쉬지 않고 장작을 팼다. 그런데 점심을 먹으려고 도끼를 내려놓은 이 남자는, 링컨이 팬 장작이 자기가 팬 것보다 많은 것을 보고 깜짝 놀랐다. 도대체 어떻게 해서 이런 결과가 나왔는지 이해할 수 없었던 이 남자는, 링컨을 따라잡으려고 점심도 거른 채 계속 장작을 팼다. 그는 시합이 끝나는 순간까지 있는 힘을 다했다. 그런데 결과는 링컨이 훨씬 더 많은 장작을 팬 것으로 나타났다. 이 남자는 가쁜 숨을 몰아쉬면서 링컨에게 이렇게 물었다.

"당신은 내가 볼 때마다 쉬고 있었는데, 어떻게 나보다 장작을 많이 팰 수 있었소?"

그러자 링컨은 빙그레 웃으면서 이렇게 대답했다.

"나는 쉴 때마다 도끼를 날카롭게 갈았다오."

 **흰개미 박멸 프로젝트**

1 학습을 평생 과제로 삼아라. 80세 때 미켈란젤로가 가졌던 삶의 태도는 '나는 쉬지 않고 배운다'였다. 신의 솜씨를 가졌던 미켈란젤로였음에도 불

구하고 쉬지 않고 배우고 익히며 성장하는 것이 가장 중요하다고 여겼던 것이다.

❷ 인터넷은 경이롭다. 그러나 시간을 내어서 도서관을 찾아라. 대부분의 도서관은 책이나 정기간행물뿐만 아니라 DVD와 CD를 빌려준다. 그래서 나는 여행을 갈 때마다 늘 이런 것들을 가방에 가득 챙긴다. 도서관 직원에게 신간 도서 목록을 물어보고, 서적 관련 세미나가 다음번에 언제 개최되는지 물어보고 꼭 참석하라.

❸ 학습 지침을 완성된 문장으로 만들어라. 예를 들면 이런 것이다. "나는 평생 학습을 게을리 하지 않음으로써, 새로운 것을 창조하고, 낡은 것을 혁신하며, 문제를 해결하는 능력을 끊임없이 향상시킬 것이다." 그리고 학습 계획을 세울 때는 시한을 정하고 구체적인 목표를 잡아라.

❹ 함께 학습을 할 동반자를 찾아라. 학습 대상과 목표를 이 동반자들과 함께 설정하고, 그들에게 당신을 격려하고 독려해달라고 당부하라. 당신이 또한 그들을 격려하고 독려한다면 최상의 효과를 낳을 것이다.

❺ 다양한 모든 것들에서 배움을 구하라. 당신의 전문 분야를 학습 대상에 포함시키되, 거기에 갇히지 마라. 지식 기반은 넓으면 넓을수록 좋다.

6부
문제 해결

흰개미의 오류 24

개혁하지 못한다

"우리는 우리의 사고방식에서 벗어나지 못함으로 해서 이 암흑시대에 옴짝달싹하지 못하고 갇혀 있다." —R. 버크민스터, 발명가

당신이 어떤 직종의 어떤 직책에 지원을 했는데, 그 직업에 필요한 자격 요건이 1년에 새로운 아이디어를 200개씩 낼 수 있는 능력을 갖추는 것이라고 하자. 과연 당신은 이 직책을 받아들일 수 있을 것인지 생각해보라.

이 질문을 나는 워크숍을 진행할 때 참가자들에게 흔히 던진다. 그런데 놀랍게도, '예'라고 대답하는 사람은 극히 소수이다. 보다 많은 사람들이 '예'라는 대답을 할 수 있도록 유도하려고, 그 200개의 아이디어가 모두 다 좋을 필요는 없다는 말을 덧붙인다. 그리고는 또, 200개라

고 해봐야 1주일에 서너 개밖에 되지 않는다고 한다. 하지만 그래도 사람들의 마음은 별로 움직이지 않는다. 스스로 창조적이라고 생각하는 사람은 손을 들어보라고 하면, 손을 드는 사람들의 수는 적다. 그런데 지능이 평균보다 높다고 생각하는 사람은 손을 들어보라고 하면 모든 사람들이 손을 든다.

낮게 평가되는 창조성

과거 그 어느 때보다도 수많은 변화가 빠르게 일어나고 이 변화에 대한 회사의 대응이 절실한 시기에, 대부분의 회사가 창조적인 것을 가르치지도 않고 심지어 원하지도 않는다는 사실은 정말 의아하다. 회사는 직원이 생산성을 높일 수 있는 어떤 의견을 가지고 있는가 하는 문제보다, 정시에 출근하는 것에 더 많은 관심을 기울인다. 한번은 회사 발전을 위한 직원 제안 프로그램의 일환으로, 한 직원에게 만일 당신이 작업 환경을 혁신적으로 개선할 능력을 키우면 회사에 훨씬 더 많은 기여를 하게 될 것이라고 말했다. 그런데 다음날 그 직원이 내 사무실을 찾아왔다. 화가 나서 얼굴이 벌겋게 상기되어 있었다.

"무슨 일이오?"

그 직원은 눈물을 흘리면서 이렇게 대답했다.

"사표를 내야 할까 봐요. 나는 진짜 창조성이 없는 사람이거든요."

그 직원은 결국 울음까지 터트렸다.

강조할 것이 바뀌었다

경영자들은 너무도 오랫동안 직원들이 창조적인 문제에서 멀어지는 것을 방기해왔다. 그런데 사실은 모든 사람들이 창조적이다. 몇몇 사람들이 창조적인 능력을 특히 더 많이 가지고 있는데, 이것은 그 사람들이 그 능력을 발휘할 수 있도록 스스로 훈련을 했기 때문이다. 내가 아는 한 젊은 기술자는, 닭이 길을 건너는 이유에서부터 고양이를 쫓는 방법에 이르기까지 다양한 주제에 관해서 날마다 상위 10개의 목록을 만든다. 그저 웃자고 하는 이 창조성 훈련에서 그 기술자는 뜻하지 않았던 놀라운 부산물을 챙긴다. 이 훈련을 통해서 그 직원은 날마다 새로운 생각을 하는 훈련을 하게 되는 것이다. 당연히 이 기술자는 회사에서 가장 창조적인 사람으로 꼽히고, 그 역시 이런 사실에 자부심을 느낀다. 어떤 회사가 직원들에게서 창조적인 결과를 꾸준하게 요구하고 있다면, 이 회사는 시장의 압력이 거세질 때 개혁을 통해서 그 압력을 돌파할 수 있는 능력을 확보하고 있다고 봐도 된다. GE의 회장인 제프 이멜트는 이런 말을 했다.

"지금은 미친 과학자들이 자기들 마음대로 연구를 할 수 있도록 자유롭게 풀어놓을 때다."

바닷가 모래밭에서 사용하기에 가장 완벽한 커피잔

최근에 변화 관리를 주제로 한 워크숍을 진행하면서 참석자들에게 이런 질문을 던졌다.

"스스로 생각하기에, 놀랄 만한 결과를 낼 수 있는 아이디어를 얼마든지 만들어낼 능력이 자기에게 있다고 생각하시는 분 계십니까?"

그러자 사람들은 나와 눈이 마주치는 것을 피했다. 나와 눈이 마주치면 내가 자기에게 질문을 할 것이라 생각한 것이다. 나는 참가자들을 다섯 개의 소집단으로 나누고, 《창의적 사고를 가로막는 방해 요소의 제거 A Kick in the Seat of the Pants》의 저자인 로저 본 외흐가 소개한 과제를 함께 소집단 별로 풀라고 했다. 문제는 바닷가 모래밭에서 사용하기에 가장 완벽한 커피잔을 설계하는 것이었다. 처음에 참가자들은 그저 장난일 줄로만 알았다가 그게 아니란 것을 알고 진지하게 임했다.

30분 시간을 준 뒤에, 설계한 커피잔을 전체 참가자들에게 설명할 '기술자'를 각 소집단에서 한 명씩 선정하라고 했다. 그리고 그 커피잔의 특성을 수익으로 이끌어낼 마케팅 담당자도 한 명 선정하라고 했다. 그 다음부터는 웃음소리가 끊이지 않았다(사실 웃음은 창조적인 과정에서 핵심적인 요소이다). 그리고 엄청난 열정도 봇물처럼 터져 나오고, 상상을 초월하는 기발한 커피잔들이 나타났다. 원가 개념이 없기 때문에 mp3 플레이어가 내장된 커피잔도 나오고, GPS가 내장된 커피잔도 나왔다. 자외선 차단막이 달린 커피잔도 나오고, HDTV가 장착된 커피잔도 나왔다. 그러고 보면 커피를 마시기에 적합한 커피잔은 거의 없다. 하지만 이런 훈련을 하고 나면, 참가자들은 대부분 자기에게 새로운 아이디어를 만들어내는 능력이 놀라울 만큼 많이 있다는 사실을 깨닫는다.

창조적인 과정이란

사람들은 대부분 창조적인 과정이란 허공에서 어떤 새롭고 혁신적인 생각을 순간적으로 낚아채는 것이라고 생각한다. 어느 하늘에서 번쩍거릴지 모르는 번개 같은 것이라고 생각한다. 많은 사람들이 창조성을 정의했지만, 가장 마음에 드는 것은 디즈니 대학교의 학장을 역임한 적이 있는 마이클 밴스가 내린 정의이다. 그는 창조성을, 새로운 것을 만들고 기존의 것을 새로운 방식으로 재배열하는 것이라고 정의한다. 전자도 물론 중요하지만, 미래의 성장을 좌우하는 것은 후자이다.

핑계가 창조적이더라

창조적인 아이디어를 내놓으라는 요구를 받으면 많은 사람들은 자기가 어째서 그런 아이디어를 내놓을 수 없는지 그 이유를 생각하는 데 뛰어난 창조성을 발휘한다. 다음은 사람들이 스스로 창조성이 없다면서 내놓는 보편적인 변명들이다.

"나는 원래 창조성이 없습니다." 사람들이 이런 말을 할 때마다 나는 "성이 창씨고 이름이 조성인 사람이 없겠죠"라고 말한다. 그렇다. 창조성이 원래 없는 사람이 있을 수도 있다. 하지만 살아서 숨을 쉬는 사람이라면 누구나 창조성을 가지고 있다. 다만 겉으로 드러나지 않았을 뿐이고, 스스로 자각하지 않을 뿐이다. 어떤 과학자는, 누군가 던진 농담에 웃을 줄 아는 사람이라면 창조성을 가지고 있는 사람이라고 말했다. 농담을 해석하고 웃게 만드는 뇌의 바로 그 부분이 창조적인 생각을 하는 곳이다. 그러므로 만일 당신이 웃을 줄 안다면, 이런 핑계를 대서는 안 된다.

"**내 아이디어가 도움이 되지 않을까 두렵습니다.**" 단언하지만 발명왕 토머스 에디슨은 이런 생각을 하지 않았다. 에디슨도 단 한 번의 시도로 발명품을 완성한 경우는 거의 없다. 그가 발명한 전구도 수천 번의 실패 끝에 비로소 성공했다. 알칼리 건전지를 완성하는 데는 10년이라는 긴 세월이 걸렸고, 5만 번이 넘는 실험을 해야 했다. 그런데 에디슨은 실패를 거듭하던 실험들을 실패라고 보지 않았다. 그는 이렇게 말했던 것이다.

"나는 알칼리 건전지를 발명할 수 없는 5만 가지 방법을 찾아내는 데 성공했다."

멋진 아이디어를 생각해내는 핵심적인 요소는 판단을 미루는 능력이다. 어떤 아이디어를 내는 것과 그 아이디어의 진가를 평가하는 것은 결코 동시에 일어나지 않는다. 우선 온갖 아이디어들을 내놓고, 가치와 유용성을 평가하는 것은 나중에 하도록 하라. 말도 안 되는 엉터리 같은 아이디어를 내놓게 될까봐 두렵다면, 당신보다 훨씬 똑똑한 사람들도 마찬가지라는 생각을 하면서 위안을 가져라.

"**나는 시간이 없어서 도무지······**" 아무것도 하고 싶지 않을 때 사람들이 대부분 쓰는 핑계가 바로 이것이다. 하지만 자기가 하고 싶은 것이나 중요하다고 여기는 일을 할 시간은 늘 비어 있게 마련이다. 그러므로 스스로 창조성을 발휘하고 싶거나 그런 노력이 중요하다고 여기는 순간, 시간이 충분이 남아돈다.

"그건 내가 하는 일과 거리가 멀어요." 누가 이런 말을 하는 것을 처음 들었을 때 나는 숨이 턱 막히는 느낌을 받았다. 그래서 그 여자에게 그 말이 무슨 뜻이냐고 물었다. 그러자 그녀는 이렇게 대답했다.

"회사에서는 내가 일상적인 업무만 하면 된다고 보고, 그런 일까지 하리라고는 기대를 하지 않는다는 말이죠."

'일상적인 업무'가 무엇을 뜻하는지 아직까지도 나는 알 수 없다. 그러나 자신 있게 말하는데, 창조적인 사람은 일상적인 업무까지도 보다 생산적으로 처리하며, 그 결과 자기 자신뿐만 아니라 회사 전체에 보다 크게 기여한다.

사람들이 창조적인 발상으로 회사를 위해 더 많은 기여를 하지 않으면서 대는 핑계들은 널려 있다. 그러나 지금은 창조적인 발상이 과거 그 어느 때보다도 필요한 시점이다. 창조적인 발상은 보다 새롭고 보다 나은 제품을 요구하는 소비자의 요구에 부응하는 길이다. 오늘날 기업들은 변화 관리를 하기 위해서, 불확실하게 요동치는 시장에 대응하기 위해서, 그리고 회사의 모든 부문에서 보다 높은 생산성을 이루어야 할 과제에 대응하기 위해서 창조성을 필요로 한다. 이런 요구와 과제에 유연하게 대응할 수 있는 신선한 아이디어들이 샘물처럼 솟아나오지 않는 기업이라면 이미 경쟁력을 잃은 기업이다.

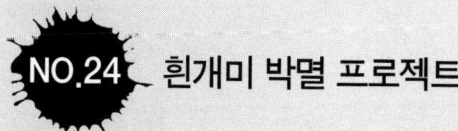
NO.24 흰개미 박멸 프로젝트

1 결과가 아니라 창조적인 노력을 높이 평가함으로써 창조적인 분위기를 만들어라. 문제를 해결하고 아이디어를 내는 노력을 공개적으로 높이 평가하는 긍정적이고 적극적인 환경을 만들어라. 창조성을 높이 평가하고 창조성이 자기 업무의 일상적인 한 부분임을 인식하는 순간 사람들은 창조성이라는 개념을 보다 쉽게 받아들일 것이다.

2 나쁜 아이디어는 없다는 사실을 사람들에게 가르쳐라. 서로의 아이디어를 토대로 또 다른 아이디어를 낼 수 있다는 발명—확장의 개념을 강조하라. 비록 맨 처음 아이디어가 그다지 좋아 보이지 않을지라도, 이 아이디어를 놓고 토론하다보면 정말 멋진 아이디어가 나올 수도 있다. 대부분의 돌파구들은 이렇게 해서 탄생한다.

3 직원들이 창조적인 훈련을 하도록 자극하고 격려하라. 당신이 관할하는 집단에게 주기적으로 형이상학적인 문제를 제시하고 풀게 하라. 현실적인 해결책에 초점을 맞추지 말고, 논리적인 생각이라는 상자 바깥으로 나오도록 유도해서 (비록 황당할지라도) 엉뚱한 선택을 할 수 있도록 만들어라.

4 당신이 책임지고 있는 집단 내에 창조성을 지향하는 분위기가 나타날 수 있도록 제도적인 장치를 마련하라. 부서 내, 나아가 전체 조직 속에서 더 나은 성과를 낼 수 있는 아이디어를 얼마나 많이 가지고 있는가 하는 것이 업무 평가 항목 가운데 하나임을 부하 직원들이 분명히 깨닫도록 만들어라. 모든 사람들이 창조적인 발상을 견지할 수 있도록 격려해야 한다.

5 사람들에게 유머를 즐길 수 있는 여유를 주어라. 하지만 혁신의 실용적인 측면을 잊지 않도록 하라. 토머스 에디슨은 팔리지 않은 물건을 만들 생각은 조금도 없다고 했다. 드러커도 이렇게 말했다. "기괴함은 재미있기만 할 뿐이다."

흰개미의 오류 25

'라이트 형제의 원칙'을 간과한다

"보다 적절한 방법을 동원했더라면 수많은 문제를 피할 수 있었고 또 수많은 문제를 해결할 수 있었다는 사실을 생각하지 않을 수 없었다." ―윌버 라이트, 비행기 발명가

라이트 형제를 바라보며 20년 동안 느꼈던 황홀감은 내가 쓴 두 번째 책 《라이트 형제의 방법: 사업에 날개를 달 수 있는 일곱 가지 문제 해결 원칙》에 집중적으로 소개했다. 이 책에서는 〈뉴욕 타임스〉를 비롯한 대부분의 언론 매체와 사람들이 해결 불가능하다고 여겼던 문제, 즉 공기보다 무거운 사람이 하늘을 날 수 있게 하는 데 라이트 형제가 사용했던 기법들을 자세하게 분석했다. 사실, 수많은 사람들이 그 과제에 관심을 가지고 있으면서도, 고용주가 자기를 미친 사람이라고 생각하

고 해고할까봐 두려워서 그냥 그런 생각을 마음속으로만 품었고, 그 바람에 사람이 하늘을 나는 일은 불가능하다는 믿음이 사람들 사이에서 굳어져 있었던 것이다.

라이트 형제의 원칙

나는 수많은 사람들이 실패했는데 어째서 라이트 형제는 성공할 수 있었을까 하는 의문을 자주 품었다. 최고 수준의 후원금을 받던 기술자와 당대 최고의 과학자가 할 수 없었던 일을 오하이오 주 데이턴의 자전거 설계 제작자이던 두 사람이 어떻게 해낼 수 있었을까? 마침내 나는 그 대답을 찾았다. 그 대답은, 그들의 개성적인 여러 특징, 가족의 믿음, 그리고 문제를 해결할 수 있는 방식(나는 이것을 '라이트 형제의 원칙'이라고 부른다) 등이 한데 뒤섞인 가운데 놓여 있었다. '라이트 형제의 원칙' 중 몇 개를 간략하게 소개하면 다음과 같다.

원칙 1. 목적에 대한 열성적인 믿음. 너무도 강한 믿음을 가지고 있기에 그것을 손에 넣기 위해서 어떤 대가도 기꺼이 치를 수 있다는 생각을 해본 적이 있는가? 연구 결과에 따르면, 목숨까지 거는 이런 종류의 열정을 가지고 있는 사람은 드물다고 한다. 하지만 어떤 문제를 해결해야 할 경우, 장애물을 헤치고 전진하려면 이런 열정이 반드시 필요하다. 라이트 형제의 열정은 윌버 라이트가 1900년 5월에 당시 유명하던 비행사 옥타브 샤누트에게 보낸 편지에 잘 드러나 있다.

사람은 하늘을 날 수 없다는 사람들의 믿음이 나를 괴롭힙니다. 하늘을 날고 싶은 나의 병은 참을 수 없을 정도로 심해졌습니다. 이 병 때문에 아마 나는 엄청난 대가를 치러야 할 것 같습니다. 설령 목숨까지는 아니라 하더라도 엄청나게 많은 돈을 들여야 할 것 같습니다.

목적을 이루기 위한 놀라운 힘인 그 믿음이 있었기 때문에 라이트 형제는 숱한 실패에도 굴하지 않았던 것이다.

원칙 2. 여러 가지 생각, 하나의 목적. 톰 크라우치는 라이트 형제를 탁월하게 묘사한 《비숍의 아이들》이라는 책에서(비숍은 라이트 형제의 아버지이다—옮긴이) 오빌과 윌버 형제는 논쟁을 통해서 해결책을 모색하는 기술이 탁월했다고 지적했다. 그런데 하물며 현대의 기업 사회에서, 우호적인 의도를 가지고 있는 사람들 사이에서 유익한 싸움을 이끌어내지 못하는 것은 부끄러운 일이다. 의견이 같지 않다고 해서 반드시 갈등이 생기는 것은 아니다. 라이트 형제는 의견을 달리하고 또 동일한 목적을 가지고서 논쟁을 하는 방법을 알고 즐겼다. 윌버는 이렇게 말한 적이 있다.

"나는 동생 오빌과 싸우는 것을 무척 좋아합니다. 싸우다 보면 사물을 바라보는 새로운 방법을 깨닫거든요. 그러면 돈과 노력과 시간을 절약하게 되죠."

두 사람은 싸움을 통해서 성공의 씨앗들을 찾았다. 싸움을 통해서 하늘을 날 수 있는 동력을 얻었던 셈이다. 두 사람이 서로의 아이디어를 비판하는 과정에서 제3 혹은 제4의 대안이 나타났던 것이다.

원칙 3. 문제 해결은 하나의 과정이다. 라이트 형제가 부딪친 문제는 수도 없이 많았다. 두 사람은 공기보다 무거운 비행 물체를 발명하고 있을 뿐만 아니라 비행학도 발명하던 중이었다. 양력揚力, 피치(앞뒤로 흔들리는 현상—옮긴이), 롤(좌우로 흔들리는 현상—옮긴이) 등을 포함해서 모든 것을 발견하고 또 그것을 완벽하게 이해해야 했다. 어떤 부품을 고안하기 위해서 다른 부품을 먼저 고안해야 하는 경우도 종종 있었다. 하지만 두 사람은 이 일을 해낼 수 있었다. 톰 크라우치는 윌버에 대해서 다음과 같이 썼다.

그는 수많은 복잡한 문제들 가운데서 근본적인 문제를 따로 떼어내어서 정확하게 규명했다. 그런 다음에 그 문제를 해결하는 데 필요한 수많은 정보와 지식을 찾아냈다. 그는 완벽한 기술자였다.

다른 사람들이 쓸모없는 세부적인 것들에 묻혀서 허우적거릴 때 라이트 형제는 모든 문제들을 명쾌하게 바라보았다. 문제를 가장 선명하게 단순화한 다음에, 추가적으로 필요한 선택 사항들을 갖추기 위해 영감을 떠올렸다. 그리고 가능한 모든 대안들을 철저하게 확인하는 과정을 통해서 걸러냈다. 이렇게 해서 마지막까지 남은 가능성을 수도 없이 시험한 다음에, 그 방식을 적용하거나 혹은 더 나은 방식을 위해 포기했다.

원칙 4. 엄격한 유연성. 초기의 비행사들은 다른 사람들이 연구하고 계산한 내용에 주로 의존했기 때문에 비행체를 타고 하늘로 날아오르는 데 번번이 실패했다. 하지만 라이트 형제는 모든 것을 자기들 스스로 했다. 양력 계산을 잘못해서 원하던 결과를 얻지 못하면, 그때까지의 모든 자료를 버리고 처음부터 다시 시작했다. 두 사람은 풍동(風洞, 기류의 속도를 인공적으로 조절하면서 항공기의 모형, 부품을 시험하는 통 모양의 장치―옮긴이)을 고안해서 자기들만의 실험을 했다. 그들은 고정된 생각의 틀 안에 갇히지 않고 모든 방향에서 가능성을 타진했다. 그들은 아무리 많은 시간과 노력을 들인 것이라 하더라도 잘못된 것은 기꺼이 버릴 준비가 늘 되어 있었다. 목표를 추구하는 방향성은 엄격하게 지키면서도 그 목표를 달성하기 위한 방법 면에서는 유연했던 것이다.

원칙 5. 끈기. 라이트 형제는 비행을 시도하다가 수도 없이 많이 지면에 곤두박질쳤다. 오빌과 윌버는 번갈아가면서 무동력 글라이더에 올라타고 거대한 모래 언덕 위를 날았다. 하지만 착륙할 때는 모래에 처박히는 경우가 더 많았다. 그때마다 입에서 모래를 뱉어내어야 했다. 심지어 목숨이 위험할 때도 있었다. 그래도 두 사람은 글라이더를 다시 모래 언덕의 등성이로 끌고 올라가서 다시 비행을 시도했다. 두 사람이 시도한 비행이 몇 번이나 될까? 수천 번이었고, 그때마다 두 사람은 세심하게 결과를 기록하고 연구했다.

원칙 6. '우리'라는 팀워크. 라이트 형제의 아버지 비숍 라이트는 이렇게 말했다. "함께 발명한 것에 대해서 두 아이 가운데 누구도 자기가 더 많이 기여했다고 주장하지 않았습니다."

두 사람이 수행한 내용은 하나의 팀으로 수행한 것이었다. 윌버는 공학자이자 과학자였고, 오빌은 선반공이자 공작자였다. 두 사람은 세계 최초의 비행기를 함께 설계하고 제작했다. 그리고 시험 비행을 할 때 조종을 할 사람은 동전을 던져서 정했다. 1903년 12월의 추운 어느 날, 오빌이 비행기에 조종석에 앉았을 때 윌버는 비행기 날개가 흔들리지 않게 잡아주며 나란히 달리면서 오빌을 격려했다. 두 사람이 함께 했기에 그들은 비행기를 만들 수 있었다.

원칙 7. 사리에 맞는 위험이라면 기꺼이 감수한다. 오빌과 윌버는 조심성이 많았다. 정보가 완전하지 않을 때는 그 다음 행동 혹은 단계로 넘어가지 않았다. 특히 윌버가 그랬다. 윌버는 동생 오빌이 필요한 사전 점검을 하나라도 빠트리면 매섭게 질책했다. 그들이 이렇게 주의를 기울였지만 위험은 늘 두 사람을 따라다녔다. 1908년 가을, 오빌은 미 육군을 대상으로 '라이트 플라이어' 시범 비행을 하다가 추락해서 중상을 입었다. 함께 탑승했던 토머스 셀프리지 중위는 사망했다. 세계 최초의 비행기 추락 사망 사고가 발생한 것이다. 오빌은 이때 입은 부상을 죽을 때까지 치료하지 못했지만, 그래도 그는 여러 해 동안 고통을 참으며 비행을 계속했다. 라이트 형제는 자기들이 만드는 비행기가 얼마나 엄청난 결과를 몰고 올지 잘 알고 있었기 때문에, 자기들이 세운 목표를 달성하게 위해 어떤 대가라도 기꺼이 치를 준비가 되어 있었던 것이다. 그들은 위험을 무릅쓴 사람들이 아니라 기회를 잡기 위해 노력한 사람들이었다.

원칙 8. 끊임없는 학습. 오빌과 윌버 둘 다 고등학교를 졸업하지 못했지만, 두 사람은 어린 시절부터 비판적으로 책을 읽는 법을 배웠다. 그들은 일을 하면서도 절대로 공부를 멈추지 않았다. 비행학만 공부한 게 아니라 여러 과목을 두루 공부했다. 다른 사람이 실패한 사례를 특히 눈여겨보고 익혔으며, 또 여러 다양한 분야에 있는 사람들이 이룩한 성취도 세밀하게 연구했다. 두 사람이 난관을 돌파할 수 있었던 아이디어는 온갖 곳에서 비롯되었다. 심지어 어린이의 장난감을 보고 영감을 얻기도 했다. 라이트 형제는 아이디어는 주변에 널려 있다고 믿었고 또 학습의 기회가 있으면 절대로 놓치지 않았다.

 **흰개미 박멸 프로젝트**

❶ 어떤 문제가 나타나면 처리할 수 있는 작은 단위들로 그 문제를 분해하라. 라이트 형제도 비행기 제작에 관한 모든 문제를 단칼에 해결할 수는 없다는 사실을 일찌감치 깨달았다.

❷ 당면한 문제가 무엇인지 정확하게 규정하라. 라이트 형제는 늘 이 비판적인 첫걸음부터 시작했다. 당시의 다른 비행사들은 잘못된 문제를 붙잡고 매달렸다는 사실을 참고하라.

❸ 문제 해결 역량에 족쇄를 채울 수도 있는 제한 요소들이 무엇인지 파악하라. 자전거 사업에서 나오는 수익으로만 실험을 해야 했던 라이트 형제는 자기들이 사용할 수 있는 자원이 한정되어 있다는 사실을 잘 알았기 때문에, 항상 이를 염두에 두고 계획을 짰다.

❹ 가능한 대안의 목록을 작성하라. 처음 찾아낸 정답에 만족하지 마라. 라이트 형제는 목숨과 돈 등 많은 것들이 달려 있다는 사실을 잘 알았기 때문에, 모든 문제에 대해서 여러 개의 대안을 마련하려고 노력했다.

❺ 여러 대안 가운데 하나를 신중하게 선택하라. 라이트 형제에게 이 선택은 생사를 가르는 것이었다. 그렇게 때문에 그들은 어떤 결정을 내리기 전에 늘 심사숙고했다.

흰개미의 오류 26

직원들이 침 튀기며 논쟁하는 분위기를 만들지 못한다

"배우고자 하는 열의가 넘치는 곳에서는 반드시 다툼이 있게 마련이다." ─존 밀턴, 영국 시인

회의실로 들어가는 캐롤은 조금 긴장이 되었다. 처음 참석하는 중역 회의였기 때문이다. 새로 마케팅 책임자가 된 캐롤은 자기에게 주어진 기회를 붙잡겠다는 각오를 다지고 있던 터라서, 동료 간부들에게 보고할 보고서 내용을 두툼하게 정리했다. 그녀는 첫인상이 중요하다는 사실을 잘 알고 있었기 때문에 보고서의 상세한 부분까지 철저하게 준비했다. 캐롤이 자리를 잡고 깨끗하게 출력한 두툼한 보고서를 탁자 위에 올려놓자, 옆자리에 앉아 있던 간부가 이렇게 말했다.

"당신이 기대 이상으로 좋은 성적을 올리는 수많은 사람 가운데 한

사람이 안 되었으면 합니다."

"그러세요? 사실 전 제 생각을 중역 회의장에서 발표한다는 사실이 굉장히 흥분되는데요. 잘하고 싶습니다."

"행운을 빌어드리죠. 아마 행운이 필요할 겁니다."

사장이 오길 기다리는 동안 그 간부가 캐롤 쪽으로 고개를 돌리고는 손으로 입을 가리고 이렇게 말했다.

"우리 사장님에 대해서 충고 하나 해도 될까요?"

캐롤은 잠자코 듣기만 했다.

"회의를 하는 동안 사장님 이마를 주시하는 게 좋을 겁니다."

이마를 주시하라고? 캐롤은 그게 무슨 뜻이냐고 물었다.

"이마에 정맥이 있습니다. 이 정맥이 부풀어 오르면, 폭발하기 직전이라는 신호입니다. 당신이 말을 하는 동안 정맥이 점점 부풀어 오르면, 얼른 화제를 바꾸는 게 좋다 이 말입니다."

캐롤은 고맙다고 말을 하면서도 어쩐지 마음은 찜찜했다.

사장이 회의실로 들어와 자리에 앉으며 한 무더기의 서류더미를 탁자에 탕 소리가 나게 올려놓으며 말했다.

"자, 이걸 다 해치워보자구."

그리고는 재정 담당 부사장을 손으로 가리키며 말했다.

"숫자 놀음부터 해봅시다. 나머지야 뭐 그게 그거니까."

회의가 진행되는 것을 지켜보면서, 캐롤은 다른 중역들이 구태여 문제를 제기해서 상황을 어렵게 만드는 것을 최대한 피하려 한다는 사실을 깨달았다. 보고는 짧았고, 새로운 발상의 제안이라고는 거의 없었다. 중역들이 차례로 무미건조한 보고를 하는 것을 보고 캐롤은 자기 앞에 놓인 보고서를 살그머니 끌어내려서 가방 안에 집어넣었다. 이것을 본 옆자리의 간부가 속삭였다.

"훌륭한 선택입니다."

정반대의 사례

캐롤에게서 이 이야기를 듣자, 몇 달 전에 참석했던 다른 회사의 회의장 모습이 떠올랐다. 내게 자문을 의뢰한 고객은 자기 회사의 문화-분위기를 먼저 파악하는 게 좋지 않겠느냐면서 한 중역이 주재하는 회의에 참관하도록 권했고, 나는 이 제안을 받아들였다. 그 회의는, 한 마디로 말해서 눈을 똑바로 뜨고 있어야만 하는 회의였다. 형식적인 의제 따위는 아예 없었다. 화이트보드에 휘갈겨 쓴 문제를 놓고 해결 방안을 모색하는 회의가 시작되자, 참가자들은 서슴없이 자기 의견을 내고 또 다른 사람이 낸 의견을 공격했다. 논의는 열띤 공방으로 진행되었다. 하지만 회의가 끝날 즈음에는 제시된 문제에 대응할 수 있는 여러 개의 대안들이 마련되어 있었다. 회의가 끝나자, 서로 잡아먹을 듯이 으르렁거리던 사람들이 언제 그랬느냐는 듯이 며칠 뒤에 있을 회사 야유회를 주제로 웃으며 대화를 나누며 회의실을 빠져나갔다. 놀라웠다.

두 회사의 차이는 바로 문화의 차이였다. 한 회사에서는 사람들이 자기 의견과 아이디어를 자유롭게 내고 주장할 수 있는, 아니 그보다, 그렇게 하도록 권장하는 환경이 만들어져 있었다. 그랬기 때문에 직원들은 자기 생각을 마음껏 이야기해도 불안함을 전혀 느끼지 않았다. 비록 자기가 낸 의견이나 아이디어는 비난을 받을지언정, 자기의 자존심은 전혀 상처를 받지 않는다는 사실을 잘 알고 있었던 것이다. 하지만 캐롤이 다니던 회사의 문화는 정반대였다. 캐롤과 다른 중역들은 자기가 다칠 수도 있다고 느끼며 몸을 사렸던 것이다.

좋은 게 좋다는 생각

오늘날 기업에서 우리는 각자 자기 의견을 제출하고 논쟁하는 능력을 잃어버린 것 같다. 정치적인 판단이야말로 유일하게 올바른 기준이라는 명목 하에, 우리는 새로운 발상을 하는 것보다 좋은 게 좋다는 생각을 하게 되었다. 우리는 생각의 다양성을 제외하고는 모든 다양성을 너그럽게 받아들인다. 좋은 게 좋다는 생각이 고객들에게 다양한 선택 사양을 제공하는 것보다 더 중요하게 된 것이다. 사람들은 때로 신뢰를 잃을까봐 어떤 과정에 적극적으로 개입하기를 꺼린다. 사람들은 지도자들의 진짜 동기를 의심한다. 또 어떤 사람들은 갈등을 승자와 패자가 확연하게 갈리는 것으로 생각하며, 만일 이기지 못할 경우 원하지 않는 변화가 자기에게 일어날지도 모른다고 두려워한다.

당신의 부서나 회사에서 활발한 논의, 다시 말해서 건설적인 갈등이 유용한 도구로 사용되고 있는지 어떤지 알고 싶다면, 다음 몇 가지 질문을 통해서 현재 당신의 부서나 회사의 문화를 진단해보기 바란다.

_의제가 개방적이고 공적인가, 아니면 닫혀 있고 사적인가?

_ 토론이나 논쟁의 목표가 어떤 문제를 해결하는 것인가, 아니면 단순히 싸우는 것인가?

_ 회의 참가자들이 무슨 발언을 하든 안전하다고 느끼는가, 아니면 발언 내용에 따라서 다칠 수도 있다고 느끼는가?

_ 회의 참가자들이 다른 사람의 말에 귀를 기울이는가, 아니면 반박할 생각만 하는가?

_ 정보가 공유되는가, 아니면 '한 건'을 위해서 제각기 혼자 간직하고 있는가?

이 질문에 대답을 하면서 당신은 아마도 당신 회사의 갈등이 건설적인지 아니면 파괴적인지 충분하게 깨달았을 것이다. 만일 건설적이라면, 그대로 계속 밀고나가라. 그러나 그렇지 않다면, 당신이 우선적으로 처리해야 할 보다 긴급한 사항들이 아마 많이 있을 것이다.

직원들에게 자기 생각을 마음껏 내고 주장할 수 있도록 할 때 얻을 수 있는 이득은 엄청나게 많다. 새로운 아이디어나 선택 사양들을 효과적으로 떠올릴 수 있을 뿐만 아니라, 그것들이 가져올 효과까지도 함께 탐구할 수 있다. 여러 아이디어를 놓고 활발한 토론을 벌일 때, 이 아이디어들은 보다 발전적인 아이디어로 진화할 수 있다. 나아가 직원들도 보다 깊이 독창적으로 생각할 수 있게 된다.

최고의 회사는 의견 갈등을 피하지 않고 포용한다. 의견 갈등은 신제품 아이디어에서부터 마케팅 전략에 이르기까지 모든 것의 원천이 되는 힘이기 때문이다.

NO.26 흰개미 박멸 프로젝트

❶ 당신 부서나 회사에 건설적인 갈등이 생기도록 하려면, 우선 당신 직원들의 감정 상태가 어떤지 그리고 그들의 성숙도가 어느 정도인지 생각하라. 직원들 사이에 감정의 골이 깊거나 해결되지 않은 갈등이 있다면, 먼저 그 문제부터 해결하라.

❷ 건설적인 갈등에 대해서 직원들에게 충분히 인식시켜라. 어떤 의견이 공격을 받는다 하더라도, 공격을 받는 것은 의견이지 사람이 아니라는 사실을 분명히 깨닫게 하라.

❸ 감정이 개입할 여지가 적은 주제를 제시하는 것부터 시작해서 직원들이 자유롭게 자기 의견을 낼 수 있도록 격려하라. 신뢰와 자신감이 커지면, 보다 도전적인 문제들을 주제로 제시하라.

❹ 직원들에게 서로 직위나 직책 그리고 각자 낸 의견에 대한 감정에 얽매이지 않고 다른 사람이 하는 말에 귀를 잘 기울이도록 격려하라. 목표는 논쟁에서 이기는 것이 아니라 보다 나은 대안을 떠올리는 것임을 명심하고 또 가르쳐라.

❺ 논쟁이 끝난 뒤에는 참가자들이 다시 하나로 뭉칠 수 있도록 하라. 이렇게 되려면, 각자 자기 의견을 주장하다가도 어떤 결론이 내려지면 그 결론을 전체의 결론으로 받아들일 수 있는 능력이 필수다.

흰개미의 오류 27

문제 해결 도구를 채택하지 않는다

"아무리 어려운 문제라도 끊임없이 생각하고 또 생각하면, 마침내 그 문제는 항복하게 마련이다." ―볼테르, 프랑스의 철학자

나는 워크숍을 진행할 때 흔히 골프를 치는 사람들이 있느냐고 묻는다. 물론 당연히 그런 사람들이 있다. 그러면 나는 그 사람들에게 다시 이렇게 묻는다.

"공이 똑바로 날아가도록 치는 방법을 알고 있습니까?"

한번은 정말 다들 골프를 좋아하는 사람들이 모인 집단에게 이런 질문을 던졌다가 거의 30분 동안 다른 이야기는 꺼내지도 못하고 골프 이야기만 한 적이 있었다. 하지만 대부분의 경우, 충고는 다음과 같은 내용으로 요약되었다. '오버래핑 그립으로 채를 잡고, 무릎을 구부리고,

팔을 똑바로 뻗고, 머리를 아래로 향하고, 스윙을 끝까지 하라.' 기본적인 사항을 확인한 것에 만족하고 나는 다시 다른 질문을 던진다.

"의사 결정을 할 때 구체적인 형식을 갖춘 매뉴얼에 입각하는 분은 이 가운데 몇 명이나 되는지 볼까요?"

사람들이 골프 스윙에 대해서는 그렇게 깊은 관심과 높은 수준의 방법론을 이야기하다가도, 기업 경영의 의사 결정으로 화제가 바뀌는 순간 마구잡이 수준으로 떨어지는 것을 보면 정말 놀랍다(경영에서 의사 결정이 얼마나 중요한 요소인지는 여기에서 새삼스럽게 다시 강조하지 않아도 잘 알 것이다). 뉴욕시티의 시장을 역임한 적이 있는 루돌프 줄리아니는 문제 해결에 관해서 매우 중요한 사실을 알고 있는 사람인데, 그는 사람들에게 해결책을 쉬지 말고 추구하라고 말한다. 그의 말이 옳다면, 우리는 문제를 추적해서 해결하는 기업은 성장할 것이며, 문제를 가장 잘 해결하는 기업은 가장 빠르고 크게 성장할 것이라고 볼 수 있다. 이 훈련의 중요성을 인정하기만 한다면, 누구에게나 성공은 보장된 결과가 아닐까?

전문가적인 접근

평상시에 어떤 경영자가 내리는 의사 결정은 대부분 '자동적인 의사 결정'이다. 거의 생각을 하지 않고 자동적으로 결정을 내린다는 말이다. 뇌에는 이런 결정과 관련된 자료들이 엄청나게 저장되어 있기 때문에 따로 의식적인 노력이 필요하지 않다. 예를 들어서 지출 보고서를 보

자. 이 보고서는 매주마다 작성해서 제출해야 한다. 이런 유형의 의사 결정을 하는 데는 그다지 많은 노력이 들지 않는다. 비록 자동적인 의사 결정이 전체 의사 결정 가운데 대다수를 차지하고 있지만, 경영자가 높은 보수를 받고 해야 하는 것은 이런 결정이 아니다.

경영자가 처리해야 하는 문제를 두 가지로 나눌 수 있다. 하나는 선형적인(지시를 받은) 문제이고, 다른 하나는 비선형적인(지시를 받지 않은) 문제이다. 비선형적인 문제는, 문제 해결의 지침이 마련되어 있지 않은 그런 문제이다. 이런 문제를 해결하는 것은 오로지, 혁신과 직관 그리고 상상력을 도구로 삼아서 해결책을 모색하는 경영자의 능력에 달려 있다. 이때 경영자의 모험적인 성향과 유연성이 핵심적인 요소이다.

선형적인 문제는 문제 해결을 위한 과정이 이미 존재하는 문제이다. 경영자가 직면하는 대부분의 문제가 여기에 속한다. 직원의 업무 수행과 관련된 문제를 예로 들어보자. 경영자가 이 문제를 해결하는 데는 구두 경고, 서면 경고, 정직 등의 단계별 지침들이 마련되어 있다. 이런 것들은 비선형적인 문제를 해결하는 데도 도움이 되지만, 그럼에도 불구하고 경영자가 선형적인 문제를 해결하는 데 가장 좋은 도구는 '문제 해결 모델'이다.

문제 해결 모델은 올바른 해결책을 위한 의사 결정에 필요한 일련의 과정이라고 할 수 있다. 경영자들이 사용할 수 있는 이 모범적인 방식은 수도 없이 많이 있다. 몇 가지만 예로 들면 PDA와 휴대폰을 활용하는 현장 업무 자동화, SWOT 분석(기업의 환경을 분석해서 강점과 약점, 기회와 위협 요인을 규정하고 이를 토대로 마케팅 전략을 수립하는 기법—옮긴이), 비용-수익 분석, 의사 결정 매트릭스 등을 꼽을 수 있다. 식스시그마나 '군살 없는 생산' 역시 부분적으로는 문제 해결 모델이라고 할 수 있다. 하지만 가장 많이 사용하는 모델은 고전적인 '7단계 방법'이다. 이 방법에 대해서 간략하게 설명하면 다음과 같다.

1단계—진짜 문제를 확인하고 선택한다. 가장 중요한 단계이다. 해결해야 하는 문제가 어떻게 형성되어 있는지 파악하는 것이 그 뒤에 이어지는 모든 과정에 영향을 미치기 때문이다. 이 단계에서 일어나는 가장 큰 경향은 증상을 문제로 파악하거나, 문제 자체를 바람직한 방향으로 규정하는 것이다. 해결의 기준을 마련하는 것이 여기에서는 유용하다. 예를 들어서 어떤 회사가 하루에 제품 800개를 생산하는데 이 생산량을 1,000개로 늘일 필요가 있다고 치자. '해결의 기준'은 현재 상황이 아닌 원하는 바람직한 상황이다. 그러므로 진짜 문제는 하루에 1,000개의 제품을 생산하는 것이 아니라 200개의 제품을 더 생산하는 것이다.

2단계—그 문제에 관한 정보를 수집한다. 이 단계는 전체 과정에서 가장 불평이 많이 나오는 단계이다. 정보에 기초해서 의사 결정을 내리려면 먼저 정보를 확보해야 한다. 따라서 문제와 연관을 지을 수 있는 모든 정보를 수집하라. 이 정보에는 보고서, 데이터, 아이디어, 가설 등이 모두 포함된다. 이 단계의 핵심 사항은 개인적인 편견을 경계하는 것이다. 다른 말로 하면, 해답이 어디에 있을 것이라는 당신의 예측을 뒷받침하는 자료라고 해서 특별히 중요하게 다루어서는 안 된다는 뜻이다. 그리고 정보에 들인 시간과 돈과 기회라는 비용이, 그 정보가 가져다주는 이익보다 클 경우는 절대로 없다는 사실을 명심하라.

3단계—문제를 분석해서 근본적인 이유를 찾아낸다. 문제를 해결할 때 발생하는 가장 공통적인 오류는, 문제를 해결책과 연관지어서 규정하는 것이다. 사람들은 흔히, 문제 해결의 한 방법을 말하면서도 자기들이 문제 자체를 설명하고 있다고 생각한다.

4단계—가능한 해결책을 뽑아낸다. 4단계는 1단계에서 확인한 문제에 대한 여러 해결책을 탐색하는 단계이다. 해결책으로 채택할 수 있는 여러 대안들이 나타나면, 스스로에게 이렇게 질문하라. "이 해결책이 과연 효과가 있을까?" 각각의 해결책을 비용 대비 효과와 잠재적인 위험 요소라는 측면에서 평가하고, 또 현재의 조건에 적합한지 따져보아라.

5단계—최선의 해결책을 선택한다. 4단계에서 뽑아낸 해결책을 각기 평가한 뒤에, 어떤 해결책이 나머지 다른 해결책에 비해서 가장 큰 장점을 가지고 있는지 혹은 가장 약점이 적은지 스스로에게 질문하라. 이 과정을 통해서 하나의 해결책이 최종 후보로 부상하면, 이것이 다음 기준들을 충족하는지 확인하라. 정치적인 색깔을 띠고 있는가? 누구를 위험하게 하거나 여러 사람의 안전을 위협하지는 않는가? 그 해결책을 재정적으로 뒷받침할 수 있는가? 현재 상황이나 조건을 볼 때 가능한가? 윤리적인 문제는 없는가? 이 가운데 어느 하나라도 문제가 되면, 고려 대상에서 제외시켜라.

6단계—그 해결책을 실행에 옮긴다. 최상의 대안을 선택한 다음 선택한 대안을 실천에 옮겨야 한다. 목표와 그 목표를 이루기 위한 최상의 방법을 결정한 뒤에, 어떤 자원들이 필요한지 확인하라. 그런 다음에 '언제, 어디서, 누가, 무엇을, 왜'라는 질문에 대답을 할 수 있는 행동 계획을 세워라. 계획을 완성한 다음에는, 이 계획에 입각해서 해결책을 실행에 옮겨라.

7단계—결과를 평가한다. 마지막 단계에서는 선택한 해결책이 최상의 해결책인지 평가한다. 우선, 이 해결책이 해결하기를 원하는 그 특정한 문제에 적합한지 결과를 확인하라. 여전히 이 해결책이 최상의 해결책인가? 바람직하지 않은 부작용이 나타나지는 않았나? 만일 이 해결책이 그 문제를 해결하지 못했다면, 상황은 이전과 달라졌는가 아니면 이전과 동일한가? 자원을 추가로 배치해야 할 필요가 있는가? 이상의 모든 질문에서 긍정적인 답을 얻었다면, 다음 번 문제로 넘어가도 된다.

연구자들이 조사한 결과에 따르면, 문제를 해결하거나 핵심적인 의사 결정을 내릴 때 사용해야 하는 이런 모델이 이루 말할 수 없을 정도로 중요함에도 불구하고, 실제 경영 현장에서는 경영자가 이런 모델을 거의 사용하지 않는다. 그렇게 하려면 시간이 걸리기도 하고 또 각 단계를 수행할 수 있을 만큼 충분히 훈련이 되어 있지 않기 때문이라고 추측할 수 있다. 올바른 판단이 그 어느 때보다 필요한 지금, 이 도구를 사용하는 데 필요한 노력은 그 노력보다 더 많은 것을 보상해준다. 이 도구를 채택하라. 그러면 올바른 선택을 보다 많이 할 수 있을 것이다. 아울러 당신은 전문가가 될 수 있다.

 # NO.27 흰개미 박멸 프로젝트

1 먼저, 그 문제에 대해서 생각하라. 다른 관점들을 찾기 전에 충분히 시간을 들여서 그 문제를 혼자 생각해보아라. 판단은 잠시 미루어둔 채 모든 가능성을 염두에 두고 깊이 생각하는 것은 어떤 문제에 대해서 선명하게 파악하는 기술이다. 성급하게 결론을 내리려는 충동이 들어도 거부하라. 대신, 독창적이고 때 묻지 않은 당신만의 시각을 만들어라.

2 기초를 튼튼하게 다져야 한다. 첫 단추를 잘 끼워야 하는 법이다. 문제를 올바르게 파악하는 것이야말로 승패를 좌우할 만큼 중요한 첫 번째 단계이니만큼, 충분히 많은 시간과 주의를 들여라. 찰스 케터링은 이렇게 말했다. "문제만 제대로 파악하면 반은 해결한 셈이다."

3 다른 대안을 마련하라. 다른 대안! 다른 대안! 단 한 가지 생각밖에 가지고 있지 않은 사람보다 더 위험한 것은 없다는 말이 있다. 성공의 가능성을 최대한 높이려면, 대안이 될 해결책들을 될 수 있으면 많이 마련하라. 맨 처음 찾아낸 '올바른 해결책'에 만족하지 마라.

4 장애 요소를 파악하라. 해결책을 실행하기 전에, 장차 어떤 장애 요소가 나타날 것이며 그 장애 요소를 제거하거나 극복할 방법은 무엇인지 스스로에게 질문을 던져라. 이 장애 요소는 외부적인 것(시장 상황)일 수도 있고, 내부적인 것(회사 내부 문제)일 수도 있고, 개인적인 것(개인이 가지고 있는 편견)일 수도 있다. 장애 요소는 대체로 시간과 돈과 인력 등의 한정된 자원이다.

5 전문가가 되어라. 의사 결정과 문제 해결은 경영자가 져야 하는 책임 가운데 핵심적인 요소이다. 올바른 판단을 내리면 당신네 회사가 번창한다. 하지만 잘못된 판단을 내리면 당신의 경력에 오점이 찍힌다. 이런데도 중요한 의사 결정을 할 때 동전을 던질 수 있겠는가?

흰개미의 오류 28

'사리에 맞는' 위험을 무릅쓰지 않는다

"몇몇 기업이 다른 기업보다 나은 것은 직원의 잠재적인 창조성을 개발하기 때문이다. 그런데 어떤 기업은 직원이 창조성을 발휘하는 순간 곧바로 짓밟아버린다."
― 로자베스 모스 캔터, 《변화를 정복하라》

최근에 어느 대기업의 구매 담당자와 만난 적이 있다. 그때 나는 납품업체를 선택하는 가장 중요한 기준이 무엇이냐고 물었다. 그랬더니 그녀는 미소를 지으면서 이렇게 대답했다.

"어떻게 하든 간에 쫓겨나진 말아야죠."

나는 그녀의 말을 얼른 알아듣지 못했다. 그러자 그녀는 다시 이렇게 말했다.

"간단합니다. 만일 내가 어떤 회사에 주문을 했다고 치죠. 그런데 이 회사에서 납기일을 맞추지 못하거나 납품한 물건의 품질에 문제가 있을 경우, 그건 내 책임이 되죠. 만에 하나 납품업체 때문에 생산 라인이 멈추기라도 한다면, 장담하건대, 그 책임자는 납품업체가 아니라 나에게 비난의 화살을 쏘아댈 것입니다."

"그러니까 그 말은, 가장 중요한 기준은 내가 다치지 않아야 한다는 것이다, 이런 뜻인가요?"

"그렇죠, 바로 그겁니다."

그래서 나는 이렇게 물었다.

"뒤통수를 맞는 일 없이 원가를 절감할 새로운 납품업체를 찾는 길을 모색할 수도 있지 않나요?"

"사실 원가를 절감할 수 있는 방법이 없지는 않습니다. 현재 가격보다 10퍼센트나 20퍼센트 할인된 가격으로 납품하겠다는 제안은 늘 들어옵니다. 하지만 그런 제안을 나는 무시해버리죠."

"그게 당신의 경쟁력에 방해가 되지는 않나요?"

"크게 보면 그럴 수도 있겠죠."

그녀는 이렇게 말하고는 말을 새로운 화제로 돌렸다.

"하지만 간단한 사실은, 이 회사는 위험을 무릅쓸 수 있는 아무런 동기부여도 제공하지 않는다는 것입니다. 그리고 자신 있게 말씀드리지만, 실수를 할 경우 밀려날 가능성도 얼마든지 많이 있습니다. 나로서는 나를 위험과 비판에 가장 적게 노출시킬 납품업자가 최고니까요. 나는 그런 업체를 선택합니다."

위험을 무릅써라

불확실성의 시대이자 도전의 시대에 사업을 성공으로 이끌려면 어떤 핵심 요소들이 필요할까? 나는 이 질문을 중견 간부 100명이 모인 자리에서 던지며, 각자 여섯 가지씩 적으라고 했다. 비록 여러 가지 다른 견해가 있긴 했지만 대부분 다음의 여섯 가지 주요한 특성들을 지적했다. 시장의 요구에 빠른 대응, 사고의 신속한 전환, 학습 능력, 고객 서비스에 대한 열정, 스스로 혁신할 수 있는 능력, 그리고 직원에게 활기를 불어넣는 태도.

나중에 이 특성들에 대해서 다시 한 번 생각하면서, 이 여섯 가지에 공통적인 성향이 있다는 사실을 깨달았다. 그것은 바로 위험을 무릅쓴다는 것이었다. 아무렇지도 않게 위험을 무릅쓸 수 있는 경영진이 없이는, 무엇이든 가장 좋고 가장 최신의 것만 소중하게 치는 기업 세계에서 효과적으로 경쟁하는 데 필요한 속도와 민감한 반응성 그리고 유연성을 개발할 수 없다. 잘 조직된 정보로 무장한 경영자가 내리는 최상의 판단에 일사불란하게 움직이지 않는 기업이라면, 오늘날과 같은 무한 경쟁 사회에서 절대로 살아남을 수 없다.

위험을 무릅쓰는 기업 성향은 그 기업의 문화와 간부 사원을 포함한 경영진의 스타일에 의해 형성된다. 조건이 모두 동일하다면, 기업 조직의 문화가 가장 큰 영향력을 행사한다. 혁신과 위험을 신통치 않게 생각하는 문화 속에서는 위험을 무릅쓰는 행위가 나오기 어렵다. 직원들이 수동적으로 각자 정해진 일만 하도록 하는 문화가 팽배해 있는 기업은 흔히, 반드시 극복해야 할 문제나 필요성이 제기될 때도 적당하게 타협하는 길을 찾는다.

위험을 회피할 때 발생하는 비용

여러 해 전에 어떤 회사로부터 컨설팅 의뢰를 받은 적이 있다. 그래서 공장장의 안내를 받으면서 공장을 둘러보았다. 공장이 무척 깨끗한 게 인상적이었다. 그 말을 했더니 생산 담당 책임자는 이렇게 말했다.

"우리는 우리 공장에 대해서 굉장한 자부심을 가지고 있습니다."

커피를 마시러 휴게실로 걸어가면서 이 사람은 나를 돌아보며 이렇게 말했다.

"얘기를 들으셨는지 모르겠지만, 우리는 주문 물량의 99퍼센트 이상을 약속된 시간 안에 납품합니다."

나는 그 정도 수치는 놀라운 것이라면서 표창을 받을 만하다고 했다. 그러자 그가 다시 말했다.

"그게 우리의 자랑이고, 앞으로도 계속되길 바라는 바입니다. 고객을 우선적으로 생각하는 것이 무엇보다 중요한 원칙이라고 우리는 생각합니다."

그날 저녁에 그 회사의 영업 담당 부사장을 만나서 공장을 둘러본 소감을 말했다.

"공장을 둘러보고 또 공장장을 만나면서 무척 감명을 받았습니다. 주문 물량의 99퍼센트 이상을 약속된 시간 안에 인도한다는 것은 정말 놀라운 일이 아닐 수 없습니다."

그런데 영업 담당 부사장은 의외로 시큰둥한 반응을 보이며, 그 기록이 너무 좋아서 문제라고 했다. 나는 깜짝 놀랐다.

"이해가 잘 되지 않습니다. 납품 날짜를 어겨야지 매출이 오르는데 그렇지 않아서 문제라, 그런 뜻입니까?"

그가 이렇게 대답했다.

"우리 업종에서는 리드 타임(제품 발주에서 배달까지 걸리는 시간—옮긴이)을 짧게 해줄 수 있는 회사면 어느 회사든지 주문을 많이 받을 수 있습니다. 하지만 늘 안전만 추구하면, 보다 많은 일거리가 다른 회사로 가버리고 맙니다."

나는 좀 자세히 설명해 달라고 했다.

또 다른 전망

그가 설명을 하기 시작했다.

"당신이 높이뛰기 선수라고 칩시다. 첫 번째 뛰기에서 성공했다면, 그 다음에는 무엇을 하시겠습니까?"

"가로막대의 높이를 조금 더 올리고 두 번째 뛰기를 하겠죠."

"그렇습니다. 하지만 목표에 따라서 가로막대의 높이를 얼마나 더 올리느냐 하는 판단이 달라집니다. 위험을 최소화하는 게 목표라면, 가로막대를 그대로 둔 채 동일한 높이에서 하겠죠. 만일, 정말 확실하게 가로막대를 건드리지 않고 싶다면 심지어 높이를 낮출 수도 있고요."

이 말에 나는 이렇게 대응했다.

"그런 경우라면 도전적인 태도가 많이 부족하지 않습니까?"

"그렇죠. 하지만 그것도 목표는 목표니까요. 하지만 당신이 얼마나 더 높이 뛸 수 있는지 알고 싶다면, 즉 당신의 능력이 어느 정도인지 확인하고 싶다면 가로막대를 더 높이 올리겠죠."

그래서 내가 이렇게 물었다.

"어떤 기업이든 마찬가지겠지만, 계속 발전하는 게 이 회사에서도 절대적으로 필요한 과제 아닙니까?"

"그렇습니다. 하지만 개선을 시도하는 노력 속에는 위험이라는 요소가 숨어 있습니다. 위험을 좋아하지 않는 사람들이 있거든요."

그는 이어서 이렇게 말했다.

"주문량의 99퍼센트 이상을 기한 내에 납품한다는 것은 가로막대이 높이를 더 이상 올리지 않는다는 것을 의미합니다. 우리 공장장은 위험을 회피하는 사람이죠. 물량이 적으면 당연히 납품일자를 맞추기가 수월하지 않겠습니까? 이러한 안전주의 때문에 우리는 많은 물량을 놓치고 있습니다. 우리 상황을 보다 전체적인 관점에서 바라보셔야 합니다. 우리가 보다 공격적인 태도를 취한다면, 매출을 20퍼센트 이상 늘릴 수 있습니다. 비록 정시 납품률은 떨어지겠지만, 이로 인한 불리한 측면은 매출액 증가분이 충분히 상쇄할 수 있을 것입니다."

그가 무슨 말을 하는지 알 수 있었다. 하지만 나는, 납기를 굳이 철저하게 지킬 필요가 있겠느냐는 그의 생각에는 꺼림칙한 부분이 있다고 말했다. 다시 그가 말했다.

"기업 활동이라는 것은 거래 행위 아닙니까. 이 말 속에는, 당연히 위험을 무릅써야 한다는 뜻이 내포되어 있습니다. 기업의 목표는 그냥 단순히 성장하는 게 아닙니다. 보다 빠르게 혹은 가장 빠르게 성장하는 것입니다. 나는 공장장에게 납기를 신경 쓸 필요가 없다고 말하는 게 아닙니다. 사리에 맞는 위험은 얼마든지 무릅쓰자는 것이죠."

사리에 맞는 위험은 얼마든지 무릅쓰자

기업과 경영자는 위험을 무릅써야 한다고 주장할 때마다 나는 늘 '위험'이라는 단어 앞에 '사리에 맞는'이라는 말을 붙인다. 혹시 사람들이 나의 이런 표현을 보고는, 특별한 근거도 없이 무모한 행위를 하도록 부추기는 게 아니냐는 생각을 할까봐, 보다 딱 들어맞는 다른 단어를 붙이고 싶다. 하지만 '미리 계산을 마친'이라는 말은 쓰고 싶지 않다. 직관이 들어설 자리가 없어 보이기 때문이다. 사리에 맞는 위험이라는 표현은, 정보를 수집하는 행위뿐만 아니라 심사숙고의 노력과 건전한 판단까지도 내포하는 의미로 들린다.

신제품 개발, 고객 서비스 향상, 창조적인 문제 해결 방식의 도입, 의사소통의 개선 등과 관련해서, 위험을 무릅쓰는 회사의 성향과 문화가 얼마나 많은 것들을 좌우하는지 조금이라도 깊이 생각한다면 이 표현에 담긴 의미를 쉽게 알 수 있다. 오늘날의 기업 환경에서 볼 때 사리에 맞는 위험을 무릅쓰려고 하지 않는 경영자는 낙하산만큼이나 유용하다. 하지만 이 낙하산은 지면에 두 번이나 튕기고 나서야 펴지는 낙하산이다. 위험을 회피하는 경영자는 흔히 직원에게 좌절을 안겨주는 불씨가 된다. 그리고 급변하는 환경 속에서 기업이 번성하기 위해 (혹은 살아남기 위해)

필요한 발 빠른 적응력을 약화시키는 근본적인 이유가 되기도 한다.

NO.28 흰개미 박멸 프로젝트

1 끊임없이 정보를 조달받아라. 업무와 관련된 정보를 계속 얻음으로써 직관적인 결정을 최소한으로 줄일 수 있다.

2 우선 보다 덜 중요한 사안을 대상으로 연습을 함으로써 위험을 무릅쓰는 성향을 키워라. 사람들이 보통 생각하는 것과 달리, 위험을 무릅쓰는 경영자의 성향은 타고난 개인적 특성이 아니라 훈련을 통해 습득한 기술이다.

3 실패를 현실 그대로 받아들여라. 실패는 소중한 교훈을 얻을 수 있는 경험이다. 결정적인 마지막 승리라는 것이 거의 없듯이, 치명적인 실수라는 것도 거의 없다. 실패를 높이 평가하는 태도를 배우고 익혀라. 실패가 당신의 목표가 아니었던 이상, 실패에서 소중한 교훈을 얻을 것이다.

4 적절한 순간이 오면 위험을 무릅써라. 그렇게 하지 않을 경우 적절하지 않은 순간에 위험을 무릅써야 할지도 모른다.

5 당신이 기대하는 행동을 설계하라. 그리고 당신 주변에 재능과 능력을 갖춘 사람들이 포진하길 바란다면, 당신이 사리에 맞는 위험을 높이 평가하고 지지한다는 사실을 그들에게 알려라.

7부
고객 서비스

흰개미의 오류 29

무한 고객 서비스의 중요성을 간과한다

"오늘날과 같은 서비스 중심의 기업 세계에서는, 뛰어난 고객 서비스는 경쟁력 있는 무기 이상의 의미를 가진다. 그것은 생존을 위한 기술이다." —마이클 르뵈프

딸이 어릴 때였다. 어느 주말에 딸을 데리고 전국적으로 유명한 전자 상가로 전화 자동응답기를 사러 나갔다. 그런데 주차장으로 들어가는 순간 딸이 다른 데로 가면 안 되느냐고 물었다. 왜 그러느냐고 물었다. 딸의 대답은 이랬다.

"거기 갈 때마다, 직원들이 나를 별로 반겨주지 않거든요."

딸의 말을 듣고 깜짝 놀랐다. 이 회사는 나이가 어린 고객층에게 상품을 많이 파는 것으로 알려져 있었기 때문이다. 딸이 좋다고 하는 다

른 전자제품 매장으로 가면서, 그 회사가 왜 싫은지 자세히 말해보라고 했다.

"거기 직원들은 내가 눈에 보이지도 않나 봐요. 내가 먼저 줄을 섰는데도 어른이 오면 항상 어른부터 먼저 상대했거든요. 나는 거기 가면 손님 대접도 못 받아요. 물건을 사도 나한테 고맙다고 생각하는 것 같지도 않더라구요."

딸은 그 회사를 생각만 해도 화가 나는 모양이었다. 크든 작든 미국의 수많은 기업들이 놓치고 있는 중요한 교훈이 있는데, 그것은 바로 모범적인 고객 서비스가 이제 더는 선택의 문제가 아니라는 사실이다. 모범적인 고객 서비스는 성장을 꿈꾸는 기업이라면 결코 간과해서는 안 되는 조건이 되었다. 내가 '모범적인'이라는 표현을 썼음을 눈여겨 보기 바란다. 당신 회사의 고객 서비스가 그에 미치지 못한다면, 당신 회사는 성공할 가능성이 없다. 많은 회사들이 처음에는 고객 서비스가 훌륭하다. 하지만 조금씩 질이 떨어진다. 이런 현상을 보면 윌리엄 포크너(미국의 소설가—옮긴이)의 소설 한 장면이 떠오른다. 한 무리의 플레이보이가 술집에서 대화를 나누는데, 이 가운데 한 명이 빈털터리가 된다는 개념을 잘 알지 못해서 파산이 어떻게 일어나는지 물었다. 그러자 한 사람이 이렇게 대답했다.

"한 번에 조금씩, 그러다가 결국 왕창 다 날아가고 말지."

모범적인 고객 서비스에 대해서는 칼 알브레히트, 론 젬케, 마이클 르뵈프, 그리고 톰 피터스를 통해서 많을 것을 깨우칠 수 있다. 이 네 사람은 이 분야에 관한 한 미국에서 최고 전문가들이다. 하지만 정말 의욕적으로 아주 충실한 내용을 찾고자 하는 사람이라면 벤저민 프랭클린이 한 말에 귀 기울이면 된다. 프랭클린은 서비스 개념에 관한 전문가로서는 미국 최초로 전국적인 유명인사가 된 인물이었다. 1749년에 벤저민 프랭클린이 고객에게 무슨 말을 어떻게 해야 한다고 생각했는지는 다음 글을 통해서 확인할 수 있다.

기본적으로 갖추어야 할 중요한 원칙들이 있다. 의도적으로 이웃을 속이지 않도록 하라. 다른 사람이 당신에게 해주길 바라는 행동을 다른 사람에게 행하라는 황금법칙을 늘 가슴에 새겨라. 가능하면 당신의 사업장에, 혹은 당신의 사업이 진행되는 현장에 자리를 지키고 있어라. 당신이 있음으로 해서 훌륭한 소비자가 빠져나가는 것을 막을 수 있다. 가장 위대한 사람뿐만 아니라 가장 천한 사람에게도 공손하라. 비싼 돈을 내는 사람뿐만 아니라 아주 적은 돈을 내는 사람에게도 공손하고 친절한 태도를 보여야 한다.

말을 너무 많이 하지 말고, 당신의 상품을 추천하는 데 꼭 필요한 말만 하라. 만일 고객이 당신의 상품을 무시하고 낮게 평가하면, 모든 노력을 기울여서 그 고객의 생각을 바로잡아주어라. 하지만 이때 절대로 고객을 모욕하거나 화나게 해서는 안 된다. 건방진 말대꾸를 하지 말고 끈기를 가지고 고객의 말에 귀를 기울인 다음에 온순하게 대답하라. 만일 당신이 사소한 문제로 고객을 화나게 만들면, 이로 인해 나중에 찾아올 보다 훌륭한 고객의 발길을 돌려세우는 결과를 초래할 것이기 때문이다. 고객이 당신의 상품을 사고 싶지만 비싸다 생각하고 다른 데로 가더라도, 결국 그렇지 않다는 사실을 깨닫고 다시 돌아올 것이다. 그러나 당신이 무례하게 행동할 경우 고객이 다시 당신의 상품을 사러 돌아올 가망은 없다.

사람들에게 좋은 평판을 얻으려고 노력하라. 신용을 쌓고, 거래 실적을 올리며, 당신의 미래를 활짝 여는 데 이보다 좋은 방법은 없다. 비굴한 행동을 하지 마라. 대신 기품 있게 행동함으로써 당신의 사업에 영광의 빛이 드리우게 하라.

―밀턴 멜처, 《새로운 미국인, 벤저민 프랭클린 Benjamin Franklin: The New American》

프랭클린은 자신의 믿음을 열정적으로 실천했다. 창조성과 혁신, 그리고 실천적인 지혜와 결합된 그의 믿음 덕분에 영국 왕실 및 그 주변 사람들은 프랭클린을 미국에서 가장 위험한 인물이라고 보았다. 그의 신념과 결단력을 대한 사람들은 모두 놀라워했다. 만일 프랭클린이 오늘날에 되살아나서 그 신념과 상식으로 고객의 요구에 대응한다면, 그는 아마 미국에서 가장 위험한 인물로 알려질 것이다. 그리고 그를 위험한 인물로 바라보는 층은 아마 고객을 가장 먼저 생각하지 않으면서 그와 경쟁하려 드는 사람들일 것이다.

NO.29 흰개미 박멸 프로젝트

프랭클린이 고객 서비스에 대해서 했던 말은 250년이 지난 지금도 여전히 감동을 준다. 만일 프랭클린이 지금까지 살아 있다면, 사람들은 그가 쓴 책이나 CD를 가방 가득 사갈 것이다. 미국에서 모범적인 고객 서비스의 아버지라고 할 수 있는 벤저민 프랭클린이 강조한 공손함이야말로, 고객 서비스를 잘못해서 초래한 실패를 만회할 수 있는 핵심적인 요소이다.

1 회사의 튼튼한 기초는 고객을 만족시키면서 한 장씩 쌓아올린 벽돌이다. 모범적인 고객 서비스를 실행하려면 원칙과 목적이라는 튼튼한 기초가 필요하다.

2 고객에게 최대한 해줄 수 있는 서비스의 범위를 가능하면 솔직하게 말하라. 모범적인 고객 서비스는 지킬 수 없는 약속을 하지 않는 것이며, 지킬 수 있는 최대한의 약속을 하는 것이다.

3 거래를 할 때는 거래 액수나 고객의 외모와 상관없이 모든 고객을 평등하게 대하라. 거래액이 많고 적음에 따라서 고객을 평가해서는 안 된다. 적은 금액을 거래하는 고객은 흔히 나중에 보다 큰 금액을 거래하게 되고, 또 더 충실한 고객이 되는 경우가 많다.

4 늘 고객과 그 주변 사람들 가까이에 있어라. 고객이 원할 때 당신이 없을 경우 당신은 필연적으로 고객의 요구에 무관심하게 된다.

5 당신이 제공하는 고객 서비스가 눈에 띄게 두드러지도록 하라. 당신이 상대하는 모든 고객의 눈에 당신의 광채가 빛나 보이도록 하라. 고객이 귀찮아할 정도로 매달리지 말고, 또 가격을 놓고 길게 옥신각신 싸우지 마라.

6 고객에게 끈기와 공손함, 친절함, 성실함, 공정함을 보이고 또 고객에게 실질적인 도움을 줌으로써, 당신이 제공하는 서비스를 경쟁사의 서비스와 분명히 차별시켜라.

흰개미의 오류 30

규정은 일반적인 지침이지 구체적인 행동 지침이 아님을 직원들에게 가르치지 않는다

"규칙이나 통제 사항이 있을 때, 현명한 사람은 이것을 길잡이가 되는 지침으로 받아들이고 바보는 무조건 지켜야 하는 의무 사항으로 받아들인다." —익명인

나는 오래 전에 〈유에스에이 투데이〉에 실린 기사를 오려서 파일에 보관하고 있다. 이 기사는 태평양 연안에 사는 한 남자에 관한 이야기인데, 이 남자는 자기가 거래하던 은행의 한 지점에 가서 수표를 100달러 지폐로 바꾸었다. 그리고 은행을 나가면서 직원에게 주차권에 주차 확인 도장을 찍어달라고 했다. 직원은 남자에게 은행 거래를 했느냐고 물었다.

"그렇소. 수표를 현금으로 바꿨소."

그러자 그 여자 직원은 이렇게 말했다.

"죄송합니다, 손님. 수표를 현금으로 바꾸는 것은 거래 행위로 인정되지 않습니다."

그러자 남자는 놀라서 이렇게 말했다.

"그건 말도 안 되는군. 내가 돈을 맡기는 건 거래가 되고, 돈을 찾는 건 거래가 아니란 말이오?"

"그렇습니다."

"그런 게 어디 있소!"

남자가 따졌지만 직원은 심드렁한 얼굴로 이렇게 말했다.

"죄송합니다. 우리 은행에서 정한……."

내가 진행하던 워크숍에서 여기까지만 이야기하고 참가자들을 바라보자, 그들이 내 말을 이어받았다.

"규정입니다!"

주차 확인 도장을 요구한 남자 고객의 이야기는 아직 끝나지 않았다. 그는 화가 나서 지점장을 찾았다. 지점장은 남자의 이야기를 들은 뒤에, 자기 은행에서는 거래를 한 고객에게만 주차 확인 도장을 찍어주는데 남자가 수표를 현금으로 바꾼 행위는 거래 행위로 볼 수 없다고, 아까의 직원이 했던 것과 똑같은 말을 반복했다. 화가 난 남자는 그 은행에 개설한 구좌에 들어 있던 돈을 모두 인출하고, 주거래은행을 다른 은행으로 바꾸었다. 그런데 왜 이 이야기가 〈유에스에이 투데이〉 1면에 실렸을까? 이 남자의 구좌에는 200만 달러가 넘는 돈이 들어 있었기 때문이다.

소탐대실의 어리석음

믿을 수 없는 일이라고 생각하는 사람도 있을 것이다. 하지만 은행뿐만 아니라 다른 기업에서도 정책이나 규정을 맹목적으로 따르는 바람에, 이처럼 하루에 수백만 달러가 허무하게 날아가는 경우가 실제로 허다하다. 다른 게 있다면 금액이 다소 적고, 그 때문에 사람들 눈에 잘 띄지 않는다는 것이다.

여러 해 전에 딸을 데리고 쇼핑몰에 있는 극장에 간 적이 있다. 전국적으로 유명한 서점 앞을 지나가면서, 서점 입구 바깥에 놓인 탁자에 책들이 쌓여 있고 제각기 15센트라는 할인 가격표가 붙어 있는 것을 보았다. 마침 내가 읽고 싶던 책이 있었다. 처칠에 관한 책이었다. 하지만 영화를 보고 난 뒤에 사기로 마음먹고 그냥 지나쳤다. 두 시간 뒤에 와보니 책은 그대로 있었지만 15센트라는 할인 가격표는 그 사이 떨어지고 없었다. 하지만 여전히 그 가격에 살 수 있으려니 생각하고 책을 들고 서점 안으로 들어갔다. 서점에 간 김에 다른 책들도 살펴보고 싶었다.

얼마 뒤, 경영 서적 여러 권을 들고 계산대에 늘어선 줄 맨 뒤에 섰다. 내 차례가 되자 판매 직원에게, 처칠 관련 서적은 비록 할인 가격표가 떨어지긴 했지만 할인 코너에서 가지고 왔다고 말했다. 그러자 직원은 나를 바라보지도 않고 이렇게 말했다.

"죄송해요, 할인 시간이 끝났거든요."

직원은 할인되지 않은 가격을 입력하고 다른 책들까지 계산하려고 했다.

"장난치는 거요? 4시 23분에 할인 시간이 끝난다는 게 말이 됩니까?"

내가 따졌지만 직원은 아무렇지도 않은 듯이 내뱉었다.

"여기서는 말이 되거든요."

그리고는 농담이랍시고 이렇게 덧붙였다.

"토끼처럼 낮잠 자다가 놓쳐버리셨네요?"

그래서 나는 이렇게 말했다.

"천만에, 놓친 건 당신 회사요."

나는 사려고 골랐던 책을 내버려두고 그냥 나왔다. 그런데 곰곰이 생각하면 할수록 화가 났다. 다음날 나는 그 서점의 책임자에게 전화를 걸어서 자초지종을 이야기했다. 그러자 지점장은 내 이야기를 끝까지 들은 뒤에 이렇게 말했다.

"정말 죄송합니다. 우리가 잘못했습니다."

나쁘지 않다는 생각이 들었다. 사과를 받는 것은 늘 기분이 좋은 일이다. 지점장은 계속해서 이렇게 말했다.

"진심으로 사과를 드리겠습니다."

괜찮았다. 하지만 지점장은 거기까지만 말했어야 했다. 그 다음에 이어지는 지점장의 말을 듣자 다시 개운하지 않은 느낌이 들었다.

"그 직원이 저에게 보고만 했어도, 당장 할인된 가격으로 모셔드렸을 텐데 말입니다."

규정은 방패막이가 아니다

어떻게 은행이 60센트짜리 주차권 때문에 200만 달러나 되는 예치금을 놓치는 일이 일어날 수 있을까? 어떻게 서점이 1달러 27센트 할인 금액 때문에 100달러나 되는 매출을 놓치는 일이 일어날 수 있을까? 대답은 하나다. 경영진이 직원에게, 규정이라는 것은 올바른 행동을 하기 위한 지침이지, 고객의 요구에 응하고 편의를 봐주지 못할 때 안전하게 숨을 수 있는 방패막이 아니라는 사실을 가르치지 못했기 때문이다. 위에서 언급한 두 건의 사례에서 규정을 엄격하게 적용함으로 해서 바람직한 판단이 설 자리를 잃어버렸다. 그런데 이 문제는 금전적인 손실보다 더 훨씬 심각한 문제를 일으킨다.

기업 환경이 빠르게 변하는 현대 사회에서 핵심적인 성공 요소 가운데 하나는 유연성이다. 고객의 요구에 빠르고 효율적으로 대처할 수 있으려면, 직원은 고객의 요구에 즉각적으로 대응할 수 있도록 잘 훈련이 되어 있어야 하고, 또 그럴 수 있도록 적절한 권한을 가져야 한다. 2달러가 걸린 일에 일일이 지점장을 찾아가 결정을 지시받아야 한다면 그 직원은 자기 업무에 결코 만족하지 못할 것이다. 고객(그리고 회사)의 이익을 최대한 보장하기 위해서 직원이 2달러가 걸린 전결권을 행사하려 하는데, 고용주라는 사람이 그 직원을 신뢰하지 않는다면, 그 직원이 받을 자존심의 상처는 이루 말할 수 없을 것이다.

기업은 모든 고정된 정책을 내팽개치고 직원에게 모든 판단을 맡겨야 한다는 말이 아니다. 내가 강조하는 것은, 어떤 규정이나 규칙의 목적은 가능하면 기업과 소비자가 모두 이익을 얻을 수 있는 의사 결정을 하는 데 길잡이가 되는 지침임을 명심해야 한다는 점이다. 규정이나 규칙을 맹목적으로 고집하는 회사가 있다면, 그 회사는 경쟁력의 중요한 한 요소, 즉 확실히 동기가 부여된 창조적인 직원을 잃고 말 것이다. 고객의 요구에 빠르게 대응할 수 있으려면, 바람직한 판단을 내리면서 자기 업무를 창조적으로 실행할 줄 아는 직원이 필요하다.

 흰개미 박멸 프로젝트

1 직원들에게 말로만이 아니라 실질적으로 권한을 부여하라. 고객이 기대하는 서비스 수준을 충족하기 위해서 직원에게 일정 수준의 전결권을 부여하라. 빠르게 변하는 오늘날의 시장에서 앞서가는 기업들은, 일선에서 고객과 대면하는 직원의 권한을 강화했다.

2 교육과 훈련이 권한과 나란히 가도록 하라. 당신의 회사가 고객의 요구를 어떻게 만족시키고자 하는지 세밀하게 규정하라. 당신의 회사가 소중하게 생각하는 기업 가치, 영업 활동, 목적 등을 세밀하게 규정하라. 직원들은 이런 것들에 입각해서 판단을 할 수 있을 것이다.

3 고객 만족과 관련한 자신의 판단이 어떤 영향을 미칠지 각자 이해하고 또 바람직한 판단이라는 관점에서 여러 규정과 정책을 나름대로 해석할 수 있는 심리적인 공간을 직원에게 부여하라. 그리고 당신이 그들을 신뢰한다는 사실을 그들이 알도록 하라. 그러나 그들은 자신이 내린 결정의 결과가 좋든 나쁘든 책임을 져야 한다는 사실도 알게 하라.

4 좋은 인재를 고용하고 잘 훈련시킨 다음, 그들의 판단에 의지하는 방법을 배워라. 미래에 번성을 구가할 기업은, 고객의 요구나 이 요구에 대응할 직원의 능력을 말살하는 규정이나 규칙이 없는 기업이 될 것이다.

5 고객과 대면하는 직원을 화나게 만드는 규정이나 절차는 반드시 재검토하라. 고객과 얼굴을 맞대고 접촉하는 직원들과 관련된 규정을 만들 때는 이들의 의견이 직접 반영될 수 있도록 하라. 직원들의 업무를 다스리는 규정에 대해서 직원들이 주인의식을 가지게 하라.

흰개미의 오류 31

고객을 만나지 않는다

"일본 사람들이 우리(할리 데이비슨)를 몰아내고 있다. 이렇게 된 까닭은, 그들이 우리보다 고객의 말에 귀를 더 잘 기울이기 때문이다." ―본 빌스, 할리 데이비슨 사의 전 CEO

최근에 나는 기차를 운전하는 기관사를 만났다. 나는 그에게, 어린 소년 시절에 호루라기를 손에 들고 창문 밖으로 고개를 내밀어 전방의 철로를 주시하던 기관사를 존경심이 가득한 눈으로 바라보았던 추억을 말했다. 그러자 그 사람은 이렇게 말했다.

"사실 그 기관사는 철로를 주시하던 게 아니었을 겁니다."

그 사람 말로는, 기관사가 창문 밖으로 고개를 내민 것은 기관차의 엔진 소리를 듣기 위한 행동이라고 했다.

"기관사는 엔진에 가까이 있기 때문에 소리만 들어도 엔진에 어떤 문제가 생겼는지 쉽게 알아냅니다."

기업이 내부와 외부의 고객 목소리를 제대로 들으려면 바로 이렇게 해야 한다.

할리 데이비슨 사의 교훈

오늘날 고객을 새로 발견함으로써 사업을 완전히 바꾼 기업은 수두룩하다. 톰 피터스가 이런 고객 서비스 원칙을 책과 강연을 통해서 설파하자, 전국의 경영자들이 그를 비롯해서 갑자기 중요한 존재로 떠오른 경영 컨설턴트들에게 도움말을 얻으려고 줄을 섰다. 돌이켜보면, 기업을 상대로 고객의 요구에 대한 도움말을 준다는 것은 마치 사람에게 숨을 쉬는 방법을 가르치는 것이나 마찬가지다. 둘 다 건강한 상태를 유지하고 최상의 결과를 얻기 위해서 반드시 필요한 것이기도 하다.

떨어져나간 고객을 다시 붙잡는 이야기 가운데 내가 가장 즐겨 하는 이야기가 있다. 할리 데이비슨 사社 이야기다. 1980년대에 혼다에 엄청난 규모로 시장을 잠식당한 이 회사의 경영진은 근본적인 지점에서 문제를 해결하기로 결정하고, 고객이 원하는 것은 무엇이든 다 파악하기로 했다. 최고경영자는 관련 정보를 얻으려고 고객이 모이는 곳이면 어디든 경영진을 보내서 회사가 무엇을 잘못하고 있는지 알아오게 했다. 이렇게 파견된 경영진의 눈에는 모든 것이 문화적인 충격으로 다가왔다(할리 데이비슨 오토바이를 타는 사람들은 보통 별 네 개짜리 호텔 커피숍에서 모이지 않는다는 사실만 상기하면 된다). 이 회사의 모든 경영자들은 고객들에게 진심을 보인 뒤에야(사실 이들은 과거 오랫동안 고객들을 무시해왔다), 수많은 도움말을 얻을 수 있었다. 그리고 이 도움말을 기초로 해서 할리 데이비슨은 1990년대에 다시 부활했다.

시장의 요구를 파악하라

고객 서비스에 열정적이며 시장의 요구를 만들어내고 또 대응하는 데 상당한 지식을 가지고 있었다고 자부하는 나 역시 고객을 무시하는 함정에 빠진 적이 있다. 오래 전 일이다. 나는 고향 마을에서 작지 않은 철물점을 운영한 적이 있었다. 그런데 어느 날 아는 판매원이 들러서 거절하기 힘든 거래를 제안하는 바람에, 그가 가지고 온 물건을 받았다. '퍼트-오-매틱'이라는 이름의 제품이었다. 이 제품의 뛰어난 장점은(물론 내 생각이지만) 정원이나 마당에 물을 뿌리면서 동시에 비료도 함께 뿌릴 수 있다는 것이었다. 장비 위에 달린 뚜껑을 열고 비료를 넣고 흡입관 스위치를 올리기만 하면 그걸로 끝이었다. 퍼트-오-매틱이 물을 뿌리고 비료를 주는 동안 시원한 레모네이드나 마시고 있으면 되었다. 퍼트-오-매틱 24개를 구입한 뒤에 네 가지 색깔의 진열대도 따로 만들었다. 하지만 내가 조금만 더 똑똑했더라면 제품 하나만 사서 매장에 앉아서 소비자에게 이렇게 물었을 것이다.

"선생님은 이 제품에 대해서 어떻게 생각하십니까?"

하지만 나는 이 제품이 무조건 불티나게 팔려나갈 것으로 확신하고 네 가지 색깔의 진열대를 매장 입구에 설치했다(그리고 머리 부분이 바깥을 향하도록 했다. 금방이라도 매장 바깥으로 달려나갈 수 있도록 한 세심한 배려였다). 하지만 결과는 최악이었다. 그 제품은 하나도 팔리지 않았던 것이다. 뿐만 아니라 그 제품들은 조롱거리가 되었다. 사람들은 망치를 살 때도 내게 이렇게 말했다.

"이봐 마크, 망치-오-매틱 있나?"

전시되어 있던 퍼트-오-매틱을 치운 지 아홉 달이 지났지만, 24개 가운데 22개가 여전히 남아 있었다. 사실 두 개도 판 게 아니었다. 하나는 딸에게 16번째 생일 선물로 주었고, 또 하나는 부모님 결혼 60주년 기념일 선물로 드린 것이었다.

외부 고객과의 연결

앞에서도 언급했지만 나는 '연결'이라는 단어를 즐겨 사용한다. 두 개의 독립된 단위로 기능하던 것이 지금은 한몸이 된다는 뜻이다. 대부분의 기업이 피해 가지 못하는 무한 경쟁이 펼쳐지는 시장에서, 고객과 함께 가는 것이 얼마나 중요한지는 아무리 강조해도 지나치지 않다. 제품의 주기가 몇 년이 아니라 몇 달 혹은 몇 주로 짧아진 상황에서, 고객과의 의사소통은 늘 진행형이라는 과정 속에서 파악하고 대처해야 한다.

회사가 고객과 계속 접촉을 유지하는 방법은 많이 있다. 여러 가지 형태의 시장 조사도 전통적인 방법으로 여전히 유효하다. 그러나 최상의 접근법은 고객을 직접 만나는 것이다. 여러 해 전에 나는 어떤 전자 회사의 영업 이사로 있으면서, 어떤 사원보다 판촉 전화를 많이 했다. 그리고 결과를 확인하려고 고객들을 직접 만났다. 그리고 그때마다 늘 고객에게 '마법의 지팡이' 질문을 했다. 예를 들어 상대방이 기술자일 때 내가 하는 질문의 내용은 이랬다.

"당신이 마법의 지팡이를 가지고 있어서 그것을 휘둘러 어떤 신제품이든 만들 수 있다면, 그 지팡이로 어떤 제품을 만들고 싶습니까?"

이런 질문을 통해서 나는 미래의 제품과 서비스가 어떠해야 할지 아이디어를 끊임없이 얻을 수 있었다(그리고 이 질문을 통해서 얻은 아이디어는 당시 내가 속해 있던 회사에 수백만 달러어치의 기여를 했다. 이 이야기는 '흰개미의 오류 32'에서 소개하겠다). 이것과 관련해서 린든 존슨(미국의 대통령—옮긴이)이 했던 다음 말은 핵심을 찌른 것이라 생각한다.

"귀를 기울이지 않는다면 절대로 알지 못할 것이다."

특히 고객의 요구와 관련해서는 더욱 그렇다.

내부 고객과의 연결

여러 해 전에, 고용주는 직원을 소비자처럼 대해야 한다는 개념이 처음으로 제기되면서 경영자들의 관심을 사로잡았다. 이런 개념이 처음 나타날 때는, 직원의 가치를 충분히 인식하고 인정해야 한다는 의미였다. 그러다가 어느 때부터인가, 직원도 회사 바깥의 소비자만큼이나 중요한 조언자로서의 가치를 지니고 있다는 발상이 나타났다. 하지만 컨설턴트이자 전문 교육자인 나도, 자기 직원을 고객이라는 관점에서 바라보지 못하는 기업들이 아직도 수없이 많다는 사실을 확인할 때마다 놀라울 뿐이다. 영업직 사원, 기술 교육 사원, 설비 유지 및 보수 사원, 전화 상담원 등의 직원들이 그 회사의 제품이나 서비스를 구매한 사람들과 늘 접촉하고 있는데, 이들 고용주가 자기 직원이 날마다 고객을 만난다는 사실을 깨닫는 게 그렇게 어려울까?

언젠가 한번은 어떤 회사의 회의실에 앉아 있었다. 많은 간부진들이 주문 우선순위를 정해서 보고서를 작성하는 성가신 문제를 놓고 토론을 하고 있었다. 그 보고서 내용과 관련된 부서는 생산, 판매, 구매, 회계 등의 네 부서였다. 하지만 한 시간 동안이나 떠들어도 소득이 없었다. 그러자 누군가 한 사람이 이렇게 제안했다. 네 개 부서에서 각자 실무 직원을 불러서 그들의 의견을 물어보자는 것이었다. 이렇게 해서 호출된 직원들은 처음에는 의견을 말하라고 하자 당황해서 몸을 사리는 기색이 역력했다. 이들은 각자 자기 상사와 보고서를 놓고 잠시 토론한 뒤에, 자기들끼리 따로 모여서 해결책을 모색했다. 그리고 15분도 되지 않아서 다시 회의장으로 들어왔다.

"해결 방안을 찾았습니다."

그리고 그들이 제안한 방안대로 진행되었다.

예상하지 못했던 결과

기업 내부 및 외부의 고객을 사업 계획에 포함시킨다는 발상은 여러 가지 점에서 합리적이다. 첫째, 이것은 가장 중요한 이유이기도 한데, 적절한 시기에 때를 놓치지 않고 정보를 얻을 수 있는 최적의 방법이 되기 때문이다. 철학자 프랜시스 베이컨은 아는 것이 힘이라고 했다. 시의적절한 지식은 핵폭탄과 같은 위력을 가지고 있다. 둘째, 직원이나 고객 모두 자기 의견이 반영된다는 사실에 크게 동기부여가 되기 때문이다. 나는 예전에 사업의 전망을 넓히고 아이디어를 얻을 생각으로 사람들에게 질문을 하곤 했다. 당시만 하더라도 미처 깨닫지 못한 사실인데, 고객의 소리에 귀를 기울이는 행위만으로도 그들에게 엄청난 설득력을 행사하게 된다(여기에 대해서는 '흰개미의 오류 5'에서 설명했다). 당신이 질문을 하고 귀를 기울일 때, 진심으로 귀를 기울일 때, 당신은 그 사람에게 존경심을 나타내는 것이다. 그리고 이것은 모두에게 득이 되는 윈윈 게임이다.

 흰개미 박멸 프로젝트

1 외부 고객의 목소리에 일상적으로 귀를 기울여라. 이 일은 당신이 납품한 물품 청구서를 작성하는 것만큼이나 중요한 일상적인 업무가 되어야 한다. 구두 보고서든 서면 보고서든 보고서에만 의존하지 마라. 당신이 고객과 직접 대면할 수 없는 위치에 있다면, 영업 부서와 협의를 해서 고객들과 전화 통화라도 할 수 있는 장치를 마련하라.

2 최소 일주일에 한 번씩 당신이 지휘하는 직원들과 형식에 얽매이지 않고

짧게 회의를 해서, 그들이 각자 자기 일을 잘하려면 무엇이 필요한지 파악하라. 그것은 장비일 수도 있고, 정보일 수도 있고, 교육과 훈련일 수도 있다. 하지만 그게 무엇이든 간에, 그 필요를 충족시키는 게 당신의 의무임을 깨달아라.

❸ 직원들과 일 대 일로 만날 약속을 잡아라. 이때 중요한 것은 번잡스러운 업무에서 잠시나마 해방된 공간을 선택하는 것이다. 회사 구내라 하더라도 한적하고 오붓한 곳에서 함께 커피를 마시며 대화를 하는 것도 하나의 방법이 될 수 있다. 이럴 때 당신은 다른 일로 방해를 받지 않고 그 직원에게 100퍼센트 집중할 수 있다.

❹ 고객의 목소리에 귀를 기울이는 것을 당신 일정에 포함시키고, 반드시 메모를 해두어라. 이 약속은 절대 깰 수 없는 약속임을 명심하라. 연구에 따르면, 고객과 접촉하는 데 가장 큰 방해 요인은 시간 부족이라고 한다. 고객 입장에서 보면, 회사에게 어떤 이야기를 꼭 하고 싶은데 회사가 바빠서 이야기를 들어줄 여유가 없다고 할 때보다 더 화나는 경우는 없다.

❺ 고객을 대상으로 어떤 조사를 했을 때는 반드시 조사 결과를 그 고객에게도 알려라. 외부 및 내부의 고객에게 시간과 정보를 달라고 요구하고서는, 원하는 것을 얻은 뒤에는 언제 봤느냐는 식으로 외면한다면 커다란 실수를 저지르는 셈이다. 그 고객에게 조사 결과(혹은 조사 결과를 요약한 것)의 사본을 고맙다는 말과 함께 보내라.

흰개미의 오류 32

'있는 힘을 다하는 것'은 생존 전략임을 알지 못한다

"아프리카에서는 가젤이 아침에 잠에서 깰 때마다, 가장 빠른 사자보다 더 빨리 달리지 못하면 잡아먹힌다는 사실을 머리에 새긴다. 한편 사자는 아침에 잠에서 깰 때마다, 가장 느린 가젤을 따라잡지 못하면 굶어죽는다는 사실을 머리에 새긴다. 너는 사자일 수도 있고 가젤일 수도 있다. 어느 쪽이든 상관없다. 아침 해가 솟아오를 때, 너는 이미 달리고 있어야 한다."―아프리카 우화

'있는 힘을 다한다'('hustle'을 번역한 말―옮긴이)는 말은 여러 가지로 해석될 수 있다. 긍정적인 의미로 보자면, 다른 사람보다 더 열심히 일을 해서 원하는 것을 얻는다는 것을 뜻한다. 부정적인 의미로 보자면, 교활하게 거짓말을 하고 속여서 원하는 것을 얻는다는 것을 뜻한다. 신

시내티에서 이 단어를 말하면 사람들은 곧바로 명예의 전당에 이름을 올리게 될 야구 선수 피트 로즈를 떠올린다. 그가 보여주는 행동은 긍정적인 의미와 부정적인 의미 양쪽의 해석을 모두 충족시킨다. 하지만 나는 긍정적인 의미로 해석한다. 팬들이 그에게 '찰리 허슬'(수단과 방법을 가리지 않는 찰리)이라는 별명을 붙인 것도 그 때문이다.

내가 피트 로즈가 하는 경기를 처음 본 것은 신시내티의 크로슬리 구장에서였다. 새내기 우익수였던 그는 팬들에게 깊은 인상을 심어주고 싶었다. 처음 타석에 들어선 그는 볼넷을 골라서 1루로 갔다. 대부분의 선수들은 볼넷을 고른 다름에는 여유 있게 천천히 1루로 걸어간다. 하지만 로즈는 그렇지 않았다. 심판이 볼넷 선언을 하자마자 그는, 마치 자기가 1루까지 얼마나 빨리 달리느냐에 따라 그날 경기의 승패가 달린 것처럼, 있는 힘을 다해서 1루로 달렸다. 그 회 공격이 끝나고 수비를 하러 나갈 때도 그는 있는 힘을 다해서 외야의 자기 위치로 달려갔다. 그리고 경기 막판에는 있는 힘을 다한 덕분에 1루타로 그칠 타구를 때리고도 2루까지 달려갔다. 그리고 뒤이어 평범한 중견수 앞 안타가 터졌을 때 홈까지 있는 힘을 다해 달림으로써 점수까지 냈다. 이날 로즈가 속한 팀이 이겼다. 기술이나 힘이 아니라 고전적인 전술인 '있는 힘을 다한' 주루 플레이가 승리의 원동력이었다.

피터 로즈가 야구 경기에서 보여준 접근법은 기업 세계에도 완벽하게 적용될 수 있다고 확신한다. 신속하게 가장 먼저 목표 지점에 도달하는 것은 전통적인 마케팅 전략이다. 실제로 이런 전략이 있고, 나는 이 전략으로 성공을 거두기도 했다. 여러 해 전에 있었던 일이다. 나는 판촉 활동의 일환으로 산호세에서 어떤 기술자를 만나던 중이었다. 그 기술자의 사무실에 앉아서, 어떻게 하면 우리 회사가 다른 회사와 뚜렷하게 구별되는 차별성을 가질 수 있을 것인지 그에게 질문을 던졌다. 사실 우리 회사 제품과 같은 종류의 제품을 만드는 회사는 전 세계에 600개가 넘는다. 그러자 그 기술자는 조금도 망설이지 않고 이렇게 말했다.

"샘플을 다른 회사보다 빨리 만들어서 보여주시죠."

대개의 전자 산업에서는 샘플이 나오기 전에는 아무것도 움직일 수 없다. 샘플은 설계 과정의 첫 단계이자 가장 결정적인 단계이다. 설계가 끝난 다음에 그 제품을 구성하는 부품을 주문하고 생산 단계에 들어간다. 하지만 그 전에, 기술자가 먼저 샘플을 손에 넣은 다음에 샘플의 모양과 기능 등을 보고 자기들이 생산할 제품에 적합한지 판단해야 한다. 그 기술자는 이런 상황을 설명하면서, 설계에 필요한 부품의 샘플을 받을 때까지 한 달 이상 기다리는 것은 예사라는 것이었다.

"정말 짜증납니다. 우리에게 주어진 기회가 너무 한정되어 있으니까 말입니다. 샘플을 다른 회사보다 빨리 만들어서 보여주십시오. 그러면 우리가 당신 회사를 기억할 겁니다."

그리고 내가 사무실을 떠나기 전에 그는 부품 두 개의 샘플을 달라고 요청했다. 나는 그 회사에서 나오자마자 우리 회사로 전화를 걸었다.

"내일까지, 아니 가능하면 더 빨리 도착할 수 있도록 페덱스로 부칩시다."

다음날 아침에 부품은 그 기술자의 책상에 놓여 있었다. 그가 나에게 전화를 했다.

"정말 감동적이군요."

"그렇습니까?"

"정말입니다. 샘플을 이렇게 빨리 보내주는 회사는 본 적이 없습니다."

그리고 자기네 제품에 우리 회사의 부품을 사용하도록 이미 설계 작업에 들어갔다고 했다. 몇 달 뒤에 우리는 그 회사로부터 20만 달러가 넘는 양의 주문을 받았다.

당시 우리 회사가 했던 일, 즉 샘플 요청이 접수된 뒤 24시간 안에 샘플을 보내주는 사례는 그때까지만 해도 업계에서는 전례가 없었다. 그렇지 않았더라면 점수를 낼 수 없는 상황이었지만 피터 로즈가 있는 힘을 다해 달린 덕분에 점수를 낼 수 있었던 것과 같은 이치였다. 시장에서 두각을 드러낼 수 있는 강력한 전략임에도 불구하고 너무도 단순한 이치라서 우리는 무감각하게 그냥 지나치고 말았던 것이다. 우리 회사는 곧바로 샘플 제작 및 배송 체계를 바꾸어서, 주문자가 24시간 안에 모든 샘플을 받을 수 있는 체제를 만들었다. 그리고 이 마케팅 전략을 무기로 삼아서 전 세계로 홍보를 했고, 덕분에 매출액은 놀라운 수준으로 뛰어올랐다. 오늘날 전자 업계에서는 샘플을 24시간 안에 주문자의 책상에 올려놓는 것은 선택 사항이 아니라 필수 사항이다.

허슬 지수(hustle index)

회사가 시장 상황에 얼마나 신속하게 대응하느냐 하는 것은 오늘날 경영에서 가장 기본적인 과제이다. 당신 회사가 얼마나 신속히 대응하는지 혹은 얼마나 있는 힘을 다하고 있는지 확인하고 싶다면, 다음에 제시하는 질문을 곰곰이 씹어보기 바란다.

1. 당신 회사는 시간 활용에 엄격한 기준을 가지고 있는가? 시장의 요구에 빠르게 대응함으로써 당신이 추진하는 사업의 어떤 측면이 개선되는지(혹은 나빠지는지) 정기적으로 점검을 하는가? 시간을 잡아먹는 업무 과정이나 업무 방식은 어쩔 수 없다며 인정하지 말고, 얼마든지 제거할 수 있다고 생각해야 한다.

2. 당신 회사의 직원들은 속도가 중요하고 또 필요하다는 사실을 절실하게 이해하는가? 당신의 참모진들은 경쟁 회사보다 빠르게 대응할 때 어떤 이득을 얻는지 알고 있는가? 직원들에게 시장의 역동성을 늘 인식하게 하고, 또 회사가 잘 되려면 있는 힘을 다해서 부지런히 움직여야 한다는 사실을 인식하게 해야 한다.

3. 당신 회사는 업무 속도를 떨어뜨리는 장애물을 제거하는 데 필요한 아이디어를 얻기 위해서 직원들을 끊임없이 격려하고 자극하는가? 경영 정책까지 포함해서 업무에 방해가 되는 요소들을 직원들이 자유롭고 공개적으로 말할 수 있는 분위기가 마련되어 있는가? 정기적으로 직원들과 회의를 해서, 직원들이 고객의 요구에 신속히 대응하는 데 필요한 것이 무엇인지 파악하는 것이야말로 속도라는 관점에서 시장에 접근하는 방법론의 핵심이다.

4. 직원들이 고객의 요구에 직접 대응할 수 있을 만큼 충분한 권한을 가지고 있는가? 성가신 의사 결정 과정이 직원들의 손발을 묶고 있지 않는가? 고객과 가장 가까이 있는 직원이 의사 결정을 할 수 없다면, 고객 서비스라는 측면에서 당신 회사가 차별성을 보일 수 있는 길은 없다.

5. 굼뜬 행동과 느린 업무 과정이 어떤 결과를 낳는지 직원들이 이해하고 있는가? 게으름이 생존을 위협하는 결정적인 요소임을 직원들이 이해하고 있는가? 경영자는 굼뜬 행동과 느린 업무 과정이 어떤 부정적인 결과를 낳는지 직원들에게 선명하게 보여줘야 한다.

오늘날의 기업 환경에서 성공에 영향을 미치는 요소 가운데 시장에 신속하게 대처하는 것보다 중요한 것은 없다. 시장 상황에 빠르고 민감하게 대응하는 것이 얼마나 중요한지 알고 있는 회사는 성공한다. 이런 회사들은 또 '있는 힘을 다하는 것'을 마케팅 전략 차원으로 인식하고 실천한다. 정글에서는 게으르고 느리면 살아남지 못한다. 시장에서도 마찬가지다. 있는 힘을 다하지 않는 순간 누군가의 먹이가 되고 만다.

NO.32 흰개미 박멸 프로젝트

❶ 업무 속도를 높이는 일은 다른 사람이 아닌 자기들이 각자 해야 하는 일임을 직원들에게 인식시켜라. 그리고 보다 빠르고 유연하게, 효율적으로 업무에 열정을 쏟고자 하는 직원에게는 필요한 정보를 제공해서 주변 환경과 상황을 선명하게 파악할 수 있도록 하라.

❷ 속도를 중시한다고 해서 제품의 품질이나 정확도와 같은 다른 기준을 희생해도 된다는 뜻은 아니다. 직원들이 이런 오해를 하지 않도록 조심하라.

❸ 직원들이 빠르고 정확하게 반응하는 데 도움이 되는 방향으로 업무 체계

를 설계하고, 속도를 떨어뜨리는 규정이나 업무 과정을 고쳐라. 경영자로서의 당신 역할은 속도를 떨어뜨리는 모든 요소를 제거하는 것이다.

④ 시간을 단축하고 속도를 높일 수 있는 모든 방법을 다하라. 고객의 요구에 대응하고 제품을 시장에 내놓는 데 걸리는 시간은 아무리 줄인다고 해도 한계가 있을 수밖에 없다는 발상을 버려라. 시간을 잡아먹는 현재의 여러 조건들은 얼마든지 극복할 수 있는 장애물이다.

⑤ 당신이 기대하는 행동을 설계하라. 오늘날처럼 빠르게 돌아가는 기업 환경에서 경영자가 있는 힘을 다해서 달리지 않으면, 휘하의 직원들을 유능하고 경쟁력이 있는 인력으로 만들지 못한다.

8부
성과 관리

흰개미의 오류 33

비난이 비생산적인 활동임을 알지 못한다

"일을 잘하는 사람은 어려운 문제를 탓하기보다는 그 문제를 해결하는 데 온힘을 다한다." — 찰스 가필드, 기업가

"이 일을 누가 책임질 거요?"

최고경영자가 성난 얼굴로 물었다. 이 싸늘한 질문은, 미국 남서부에 있는 한 화학 회사의 중역회의에 참석한 이사진들을 향했다. 그 최고경영자가 한때 몸담은 적이 있는 경쟁사에 엄청난 금액의 수주를 빼앗긴 직후였다. 최고경영자는 그런 사실을 도저히 인정할 수 없었던 것이다. 이사들이 목을 움츠리자 그는 다시 이렇게 말했다.

"도대체 누가 잘못해서 일이 이 지경으로 되었는지 반드시 밝혀낼 겁니다. 그런 다음에, 어떤 일이 벌어지는지 여러분 모두가 똑똑히 알도

록 해주겠습니다."

얼마 뒤 이사들이 회의실을 빠져나갈 때, 한 사람이 다른 사람에게 이렇게 말했다.

"다들 오늘밤에 이력서를 써야 할 것 같죠?"

비난으로 얻을 수 있는 것

위에서 예를 든 최고경영자는 경쟁 회사에 밀려 수주를 놓친 사람을 찾아내서 그 사람에게 비난의 화살을 퍼부어야겠다는 생각에 사로잡혀 있었다. 그는 회사 직원들의 역량을 추슬러 손실을 만회할 생각을 하지 않고 비난할 생각만 함으로써, 사람들로 하여금 모두 '자기 앞가림부터 하기'라는 위기관리 체제로 들어가게 만들었다. 그런데 문제는 이 위기관리 체제가 회사 입장에서는 아무런 도움이 되지 않는다는 점이다. 만일 그 최고경영자가 실패는 무언가를 배울 수 있는 기회라는 관점을 가지고 접근해서 개선점을 찾아내는 기회로 삼았더라면, 막대한 금액의 수주를 놓친 것이 오히려 전화위복의 계기가 될 수도 있었다.

"됐어, 그 일은 끝났네"

오래 전에 나는 어떤 소규모 제조 회사에서 영업 책임자로 일을 한 적이 있다. 그때 한 고객 회사가 대금을 지불하지 않고 버티는 일이 있었다. 나는 이 회사가 곧 파산할 것이라는 소문을 들었다. 나는 다른 간부들과 이 문제를 논의한 끝에, 그 회사가 파산하기 전에 가능하다면 그 회사에 납품한 제품을 돌려받아야겠다고 결정했다. 이런 뜻을 전달하자, 그 회사의 창고 책임자는 대금을 지불하지 않은 제품을 사장이 없을 때 돌려주겠다고 약속했다. 그 직원은 어차피 그만 둘 회사였기 때문에 그런 행위에 전혀 거리낌이 없었다.

모든 것이 우리가 계획한 대로 진행되었다. 제품을 되찾아오는 일은 특공대의 인질 구출 기습 작전까지는 아니었다 하더라도 그와 비슷한 수준으로 흥미진진하게 진행되었다. 우리 직원들이 그 창고 뒤쪽으로 밴을 몰아갔고, 창고 책임자의 도움을 받아서 45,000달러어치의 제품을 밴에 싣고 돌아왔다. 나는 하마터면 회사가 허공에 날릴 뻔했던 적지 않은 액수를 되찾았다는 생각에 뿌듯했다. 하지만 그게 아니었다. 불행하게도, 우리가 찾아온 물품에 대해서 다른 은행이 이미 저당권을 설정해놓고 있었다는 사실을 미처 확인하지 못했던 것이다. 결국 빼돌렸던 물품을 고스란히 돌려주어야 했고 소송 비용까지 부담해야 했다.

실패로 끝나면서 엄청난 비용 손실을 보게 된 상황을 회사의 소유주 겸 사장에게 보고하던 그날을 나는 지금도 생생하게 기억한다. 위에서 예를 들었던 어떤 이사처럼 나도 그 전날 밤에 이력서를 새로 쓰면서 밤을 꼬박 샜다. 최선의 경우라고 해봐야 견딜 수 없을 만큼 엄청난 호통을 듣는 것이고, 최악의 경우는 새로 쓴 이력서에 맞춤법이 틀린 데가 없나 확인하는 일이라고 생각하면서, 사장 앞에 섰다. 그리고 내가 한 일과 그렇게 했던 이유를 말했다. 사장은 아무 말도 하지 않고 듣기만 했다. 회사가 입은 손실이 얼마인지 보고를 할 때도 그는 눈썹 하나

까딱하지 않았다. 그리고 내가 모든 이야기를 마치자 사장은 이렇게 말했다.

"됐어, 그 일은 끝났네. 그러니까 이제 그만 나가서 돈을 벌어와야지."

사장이 던진 말은 나에게 엄청난 충격을 안겼다. 그리고 그 뒤 여섯 달 동안 나는 이전보다 훨씬 더 열심히 일을 했다. 연매출액을 역대 최고로 끌어올렸으며 수익도 최고 수준을 기록했다. 이 회사 사장의 생각은 단순했다. 비난은 아무 소용이 없다는 것이다. 잃어버린 돈에 신경을 쓰기보다는 자신감을 심어주고 미래를 준비하는 일에 초점을 맞추었던 것이다.

비난의 대가

누가 어떻게 잘못했다는 사실을 증명하기란 쉽지 않다. 비난을 하지 않으면서도 문제를 해결하려면 통찰력은 말할 것도 없고 상당한 수준의 원숙함이 필요하다. 비난이 야기한 감정적인 앙금은 비난을 불러온 문제보다 더 큰 피해를 줄 수 있다. 직원들의 사기가 떨어지면 어떤 대가를 치러야 할까? 비난을 함으로써 얻을 수 있는 이득은 거의 없지만, 비난으로 인해 빚어질 문제는 적지 않다. 다음은 비난의 부정적인 결과이다.

_비난은 사람을 지지하지 않고 공격한다.
_비난은 상처를 아물게 하지 않고 덧낸다.

_비난은 문제를 해결하지 않고 복잡하게 만든다.
_비난은 조직을 통합하지 않고 갈라서게 만든다.
_비난은 용서하지 않고 배척한다.
_비난은 건설하지 않고 파괴한다.

"해결책을 마련하기 전에는 나를 찾지 마라"

워크숍을 진행하던 도중에 젊은 관리자 한 명이 새로운 부서를 책임지면서 부닥쳤던 문제를 이야기했다. 이전에 그 부서를 책임졌던 사람이 워낙 직원들을 자주 비난했기 때문에, 부서 구성원들은 모두 어떤 의사 결정을 내릴 때 우물쭈물하며 눈치를 보는 성향이 강했다고 했다. 그래서 그 문제를 어떻게 극복했느냐고 했더니, 그는 이렇게 대답했. 직원들을 모두 모은 다음에, 자기 업무와 관련해서 어떤 문제가 발생했을 때 최소한 한 가지의 가능한 해결책을 마련하기 전에는 그 문제를 자기에게 가지고 오지 말라고 했다는 것이었다.

"내가 정한 규정에 직원들은 모두 놀라는 한편 겁을 먹었습니다."

처음에는 결과가 그다지 좋지 않았다고 했다.

"곧바로, 직원들이 나에게 와서 뭘 물어보는 횟수가 눈에 띄게 줄어들었다는 사실을 깨달았습니다. 나는 직원들이 자기 문제를 깊이 생각한 다음에 스스로 해결책을 세워서 나에게 찾아오리라 기대했습니다만, 결과는 기대한 것과 달랐습니다."

그 책임자가 결정해야 할 문제가 수도 없이 많았지만, 직원들은 용기를 내서 책임자를 만나기보다는 차라리 그 문제들을 자기들 선에서 끌어안고 있었던 것이다. 일이 이렇게 되자 이 책임자는 다시 전 직원을 소집해서 이렇게 말했다.

"일이 아무리 잘못된다 해도 나는 누구를 비난하거나 하는 일에는 관심이 없습니다. 게다가 나는 완벽한 해결책을 기대하지도 않습니다. 내가 원하는 것은, 여러분이 가능하면 나를 의지하지 않고 일을 제대로 수행하는 것입니다."

그 뒤에 이 책임자와 부서의 구성원들은 문제를 해결하기 위한 몇 가지 기본적인 규칙에 합의했다. 책임자는 다시 한 번 부서 구성원들에게, 완벽한 해결책을 제시하지 않아도 되며 다만 가능성이 있는 제안만 하면 된다고 다독였다. 직원들이 자신감을 회복하고 제안을 하기 시작하면서, 직원들의 제안은 틀릴 때보다도 옳을 때가 훨씬 더 많았다.

NO.33 흰개미 박멸 프로젝트

1 당신이 관리하는 집단 내부의 실패에 대응할 수 있는 체제를 만들어라. 성장의 기회를 잡는 데 도움이 되는 상황이 아니라면 비난은 결코 생산적인 방법이 아니라고 당신이 생각한다는 사실을 직원들에게 알려라. 또한 한 번의 실패 때문에 모든 게 끝장날 일은 결코 없을 것이며, 또한 당신은 모든 가능성을 탐색하고 있다는 사실을 알려라.

2 위험을 무릅쓰는 일과 관련해서 최소한의 규정을 정하라. 깊이 생각한

아이디어나 해결책은 비록 부족한 점이 있다 하더라도 결코 비난이나 비판의 대상이 될 수 없으며, 오히려 소중한 학습 경험으로 삼을 것이라고 직원들에게 말하라.

3 비난은 보통 유치할 수밖에 없다는 사실을 깨달아라. 인생과 사업에서 진정한 승리와 행복은 비난이라는 이 비생산적인 행동을 극복한 뒤에 나타난다.

4 직원들에게 격려를 아끼지 말고 충분한 정보를 제공하라. 그러면 직원들은 당신이 자기들에게 바라는 것이 무엇인지 깨달을 것이고, 또 당신의 지도력을 믿고 자신감을 가지며 당신의 바람을 충족시키려고 애를 쓸 것이다.

5 어떤 직원이 사리에 맞는 위험을 무릅썼다가 실패를 하면 이 직원을 영웅으로 대접하라. 그리고 이 실패 경험을 학습의 기회로 삼아라. 찰스 케터링은 이런 말을 했다. "나에게는 골칫거리만 가지고 와라. 좋은 소식은 나를 약하게 만드니까."

흰개미의 오류 34

직원에게 재량권을 부여하지 않는다

"스스로를 평가한 뒤에야 자기가 가지고 있는 시간의 가치를 평가할 수 있다. 그리고 또 그 시간의 가치를 평가한 뒤에야 비로소 시간을 도구로 삼아서 다른 것을 평가할 수 있다."
─M. 스콧 펙, 《아직도 가야 할 길》

몇 년 전 시카고에서 고객 서비스를 주제로 일련의 워크숍을 진행할 계획이 있었다. 나는 고객 서비스 프로그램을 실시할 때마다 늘 조금은 걱정이 되어서 미리 그 회사의 최고경영진을 만난다. 최고경영진의 승인과 후원이 없는 경우, 아무리 프로그램의 성과가 좋다 하더라도 그것과 상관없이, 훈련 프로그램의 효과는 대부분 그다지 오래 지속되지 않는다.

워크숍을 진행하기 며칠 전에 그 회사의 최고경영자를 만났다. 금요일이었고, 그는 내가 '왕의 방'이라고 즐겨 부르는 그런 종류의 방에 앉아 있었다. 그의 책상은 거대한 마차만큼 컸지만, 손님이 앉게 되어 있는 의자는 지나치게 낮았다. 의자의 다리를 누가 일부러 잘라낸 게 아닐까 하는 의심이 들 정도로 낮았다. 그와 대화를 나누면서 든 인상은, 대등한 관계에서 회의를 한다는 느낌이 아니라 마치 국왕을 알현한다는 느낌이었다.

그 최고경영자와 나는 몇 분 동안 회사의 연혁을 화제로 가벼운 대화를 나누었다. 그런데 그가 갑자기 화제를 바꾸었다.

"근데 말입니다, 다음 주에 있을 워크숍과 관련해서 내가 바라는 것을 단도직입적으로 말씀드리면 이렇습니다. 우리 직원들을 계속 두들겨 패고 또 패서, 고객을 사랑하는 방법을 무조건 배우도록 해주십사 하는 것입니다."

그 순간, 결코 쉬운 작업이 되지 않겠구나 하고 속으로 말했다. 동기부여의 도구로 이 사람이 제시하는 방법은 '사기가 오를 때까지 계속 총을 쏘아대는' 고전적인 것이었다.

11일 동안 이어지는 워크숍(우리는 피교육 집단의 규모를 보다 작게 하고 싶었고, 그래서 전체적인 일정은 더 늘어났다)은 예정대로 월요일 아침에 시작되었다. 나는 첫 번째 피교육자 집단 앞에 서서 그들의 무표정한 얼굴을 바라보면서 힘든 일정을 예감했다. 아니나 다를까, 내가 아무리 노력해도 참가자들은 나와 적극적인 의사소통을 하려 들지 않았다. 오전 시간 내내 부산하게 의자를 삐걱대며 끊임없이 시계를 바라보면서, 프로그램에 몰입하려 들지 않았다.

점심 때 나는 혼자서 회사에 딸린 작은 공원으로 나갔다. 오전 프로그램이 제대로 진행되지 않아서 나 나름대로 몹시 스트레스를 받고 있던 상태였다. 어떻게 해야 할지 확신이 서지 않았다. 하지만 어떻게 하든 오전과 같은 상황은 피해야 한다는 사실은 분명했다. 두 번째 집단이 워크숍 장소에 모이자 나는 전혀 다른 방식으로 접근했다. 그래도 호응이 없기는 마찬가지였다. 참가자들은 다른 곳에서 워크숍 진행자에게 저항하는 방법에 관한 워크숍을 하고 온 사람들처럼 하나같이 비협조적이었다. 잠시 휴식 시간을 가졌다. 휴게실에 있는데 참가자 한 사람이 다른 사람에게 하는 말이 들렸다.

"솔직히 난, 사장이 보낸 쪽지만 없었어도 이 워크숍을 재밌게 즐겼을 거야."

나는 그 사람에게 다가가서 그가 한 말을 엿들어버렸다면서 사과한 다음, 사장이 보냈다는 쪽지 내용이 어떤 것인지 가르쳐줄 수 있느냐고 물었다. 그 사람이 우물쭈물하면서 밝힌 쪽지의 내용은, 워크숍에 참가하는 것은 상부 지시니까 반드시 빠지지 말고 참석하라는 것이었다. 이 책을 읽는 당신은 어떨지 모르지만, '상부 지시'라는 말에 긍정적으로 반응하는 사람은 드물다. '상부 지시'라는 말은 어린아이부터 청소년 그리고 성인에 이르는 모든 사람들에게 거부감부터 먼저 불러일으킨다. 통제와 관련된 문제는, 직원들의 업무를 보다 강하게 관리하고 감독하려는 경영자들이 부닥치는 중요한 문제 가운데 하나이다.

장수長壽에 좋은 직업

장수를 보장하는 가장 좋은 직업은 교향악단의 지휘자라는 글을 읽은 적이 있다. 처음 이 글을 읽을 때는 지휘라는 노동이 유산소 운동과 관련이 있어서 그런가 하고 생각했다. 하지만 그게 아니었다. 지휘자가 오래 사는 이유는 지휘자의 역할이 통제하는 것이기 때문이라고 했다. 지휘자는 자기 교향악단을 완벽하게 지배한다. 그가 시작하라고 해야 연주가 시작되고, 그의 지시에 따라서 빠르게 연주하기도 하고 느리게 연주하기도 한다. 물론 그의 지시에 따라서 연주를 끝낸다.

지휘봉을 흔드는 것은 정말 유쾌한 기분일 것이다. (다른 사람을 완벽하게 통제하고 지배하는 일을 싫어하는 사람도 있을까?) 하지만 이렇게 앞에서 이끄는 사람은 입장이 바뀌었을 때 어떤 느낌이 드는지 알 필요가 있다. 오늘날 많은 노동자들은 자기 업무를 자기가 통제하고 지배할 수 없다는 사실에 좌절한다. 재량의 여유는 조금도 없고 무조건 다른 사람의 지시를 따라서 시키는 대로 해야 한다고 느끼는 직원이라면 엄청난 좌절과 스트레스를 느낄 게 틀림없다.

주인에서 종으로

어떤 워크숍을 진행할 때 일이다. 직원이 자기 업무에 대한 통제권을 가지고 있을 때와 그렇지 않을 때 회사와 그 직원이 각각 어떻게 달라지는가 하는 주제를 이야기하고 있을 때, 젊은 관리자 한 사람이 자기 경험을 이야기했다.

　그 회사의 소유주 겸 사장은 추운 날씨를 싫어한다고 했다. 10월 중순만 되면 벌써 짐을 꾸려서 따뜻한 남쪽 지방으로 내려가 봄이 올 때까지 나타나지 않았다. 사장은 전화나 월말 보고서 등을 통해서 직원들과 계속 접촉을 유지하긴 해도 실제로 회사를 운영하는 것은 중역들의 몫이었다. 이들은 사장이 사라지고 없으면 불안해하며, 사장이 만족할 결정이 무엇인지 추측하려고 애를 썼다. 사장이 없음에도 불구하고 중역들은 여전히 사장이 자기들을 통제하고 있다고 느꼈다.

　어느 겨울이었다. 사장이 따뜻한 곳에서 바다를 바라보며 해바라기를 할 때, 중역들은 떠안고 있는 문제를 해결하기 위해서 비공식 회의를 열었다. 때로 이 회의는 누구나 자유롭게 들락거릴 수 있을 만큼 자유로웠다. 몇몇 사람들은 자기들끼리 판단을 내리고 결정을 하자고 했고, 다른 사람들은 사장이 좋아하지 않을 것이라고 했다. 어쨌거나 회의가 끝날 시간이 되자, 사람들의 의견은 하나로 모아졌고 필요한 결정을 내렸다. 좋든 나쁘든 중역들이 사장 대신 회사에 대한 전반적인 통제권을 행사하며 회사를 운영했던 것이다. 그런데 놀라운 반전이 일어났다.

　"그 회의 이후로 우리는 협력하는 것을 배웠습니다. 사람들의 열정은 믿을 수 없을 정도였습니다."

　그 열정은 회사의 전반적인 업무에 긍정적인 영향을 미쳤다.

　"매출액이 25퍼센트나 증가했고, 주문 날짜에 맞추어 제품을 납품하는 비율이 98퍼센트를 넘어섰습니다. 우리가 정말 잘해냈던 거죠."

　사람들은 자기 업무와 관련된 모든 일을 스스로 통제했기 때문에 자부심도 하늘을 찌를 듯이 높아졌다. 이것은 다시 생산성 향상으로 이어졌다. 모든 부문에서 생산성이 높아지면서 회사는 성장했다.

그런데 봄이 오면서 회사는 따뜻한 남쪽 지방에 가 있던 사장을 맞았다. 중역들은 자기들이 이룩한 성과를 보고 사장이 기분 좋은 칭찬을 하며 등을 두드려주리라 기대했다. 하지만 사장은 회사에 복귀한 지 여러 날이 지나도 아무런 말을 하지 않았다. 줄곧 어떤 것을 찾는 눈치였다. 하지만 그가 찾는 게 칭찬거리가 아니라는 소문이 은밀하게 돌았다. 그 소문은 사실이었다. 사장이 중역들을 한자리에 불렀다. 하지만 그것은 칭찬을 하기 위한 자리가 아니었다.

정말 놀라운 일이 벌어졌다. 사장은 빽빽하게 메모를 한 종이를 들고, 불만스럽게 생각하는 것을 한 줄씩 읽어나가면서 자기 회사를 '거지발싸개'처럼 돌아가도록 방치했다면서 사람들을 호되게 질책했다.

"사장은 또 중역 가운데 한 명을 지적하면서 근무 시간에 한가하게 신문이나 뒤적거리고 있었다면서 거친 말을 함부로 마구 해댔습니다. 하지만 사실 그 신문은 업계 관련 신문이었고, 그 사람이 업무와 관련해서 꼭 읽어야 하는 중요한 신문이었습니다."

이 사람의 말을 따르면, 그 순간부터 완전히 상황은 바뀌었다고 했다. 사장이 다시 회사의 모든 것을 통제했고, 중역들은 옛날 모습으로 돌아가서 시키는 것만 하게 되었다고 했다.

그 뒤 여러 달이 지난 뒤에 이 젊은 관리자와 통화를 하려고 회사로 전화를 했더니, 다른 사람이 전화를 받아서는 회사를 그만두었다고 했다. 어렵게 그의 전화번호를 알아내서 통화를 했더니, 그는 뒷이야기를 전해줄 수 있어서 다행이라면서 이렇게 말했다.

"그런 일이 있은 뒤에 상황은 급속하게 나빠졌지요. 자부심은 모두 날아가버리고 하나도 남지 않았습니다. 그냥 그렇게 다녔죠 뭐."

사장이 모든 것을 결정하는 분위기 속에서 좌절하기도 하고 지루함에 지치기도 한 이 젊은 관리자는 동료들과 마찬가지로 그 회사에 사표를 냈다고 했다. 그리고 이렇게 말했다.

"그 회사에 다닐 때처럼 봉급을 많이 받지는 않지만, 그래도 최소한 마음은 가볍고 자부심을 느끼며 직장 생활을 하고 있습니다."

NO.34 흰개미 박멸 프로젝트

1 직원의 행동을 규제하는 방침을 정하지 마라. 당신이 기대하는 결과를 알려주고, 직원들이 특정한 범위 안에서 달성할 수 있는 최상의 방법이나 목표를 스스로 선택하도록 하라. 그렇게 함으로써, 나중에 결과가 나왔을 때는 그 결과에 대해서 주인의식을 느낄 수 있도록 하라.

2 직원들에게 시간 관리법을 가르쳐라. 어떤 직원이 시간 자원을 적절하게 할당하지 못해서 일상의 일과를 스스로 통제하지 못한다면, 그 직원이 가지고 있던 자부심도 사라지는 법이다.

3 권한을 위임하라. 직원들에게 권한을 위임함으로써 당신은 두 가지 방식으로 동기부여를 할 수 있다. 하나는 직원이 임무를 잘 해낼 수 있을 것이라고 당신이 믿는다는 메시지를 보내는 것이고, 또 하나는 직원들이 달성한 결과에 대해서 주인의식을 느끼게 하는 것이다.

4 칭찬으로 힘을 북돋워라. 업무 수행 능력을 인정하고 칭찬하는 것만큼 직원의 자부심을 높여줄 수 있는 것은 없다. 직원들의 노력을 인정하고 칭찬할 수 있는 독특하고 창조적인 방법을 찾고 연구하라.

5 교육과 훈련의 기회를 제공하라. 교육은 회사가 직원을 미래의 자산으로 여기고 있다는 메시지를 전달하는 강력한 상징이다. 보다 많은 지식을 습득하고 훈련하면, 이 지식은 직원의 자부심을 높이고 아울러 직원이 업무를 보다 확실하게 장악할 수 있도록 한다.

흰개미의 오류 35

성공으로 이끄는 것은 열망과 노력임을 알지 못한다

"내가 소중한 기록을 세울 수 있었던 것은 나를 가르친 감독님들이 있었고 내가 열심히 노력했기 때문이다."
— 오 사다하루, 일본의 전설적인 야구 선수

오래 전에 테니스계의 전설적인 선수 지미 코너스는 미국 오픈 대회에서 놀라운 경기를 보여주면서 전 세계 수백만 명의 눈길을 사로잡았다. 그는 나이가 무색할 정도로 생애 최고의 경기를 펼쳐 보였다. 40번째 생일을 며칠 앞두고 준결승전을 치렀던 것이다. 코너스와 함께 나이를 훌쩍 먹어버린 늙은 사람들은 그의 경기를 지켜보면서 매 순간 대리만족의 즐거움을 만끽했다. 어떻게 코너스는 그런 모습을 보일 수 있었을까? 재능이었을까, 전략이었을까, 아니면 교묘한 솜씨였을까? 그것도 아니면 건강 상태였을까? 이 모든 것들이 조금씩은 작용을 했겠지만 무엇보다 크게 작용했던 것은 이기고자 하는 코너스의 집중력(그리고 그에 따른 노력)이었다.

육상 선수가 승리를 향한 투지를 불태운 끝에 믿을 수 없는 결과를 만들어내는 경우를 종종 볼 수 있다. 예를 들면 마라톤 선수가 결승선 앞에서 기진맥진했지만 마지막 있는 힘을 다해서 비틀거리는 몸을 이끌고 결승선을 통과한다거나, 40분 동안 코트를 누비느라 이제 숨이 턱까지 차고 다리가 후들거리는 농구 선수가 경기가 끝나갈 마지막 순간에 조금이라도 더 높이 뛰려고 사력을 다하고 결국 리바운드 볼을 잡아낸다거나, 1차 시기에 다리를 다친 체조 선수가 극심한 고통을 참으며 2차 시기 시도를 한다거나 하는 등의 경우가 그렇다. 이 사례를 열거하면서 나는, '그리고 마지막 순간에 이겼다'라는 말을 넣고 싶지만 참았다. 이기는 게 목적이 아니기 때문이다.

열렬한 바람과 노력

바라고 노력하는 것은 인간이 가지고 있는 특성 가운데서도 특히 놀랍다. 일본 문화에서는 노력이 가장 중요한 덕목 가운데 하나로 꼽힌다. 베이브 루스의 홈런 기록을 깬 일본의 야구선수 오 사다하루는 노력을 무척 중요하게 여겼고, 팬들이 사인을 해달라고 하면 '노력'이라는 글자를 적어주었다. 그는 이렇게 말했다.

"내 이름을 적어주는 것은 아무런 의미가 없다. 하지만 노력이라는 말은 그렇지 않다."

바라고 노력하는 것은 경기장에서든 사무실에서든 성공을 거두기 위한 핵심적인 요소이며, 둘을 따로 떼어놓을 수 없다. 이 둘은 함께 붙어 있을 때 시너지 효과를 발휘해서, 개인이나 기업이 원래 가지고 있던 힘보다 훨씬 큰 힘을 내게 만든다.

오래 전부터 나는 직원을 고용할 때, 배우고자 하는 의욕과 필요한 일이면 언제든 기꺼이 하겠다는 자세 두 가지를 보았고, 덕분에 좋은 결과를 얻었다. 이 두 가지 기준에서 벗어나는 사람을 뽑았을 때는 늘 낭패를 보거나 혹은 기대에 미치지 못하는 결과를 맞았다. 한번은 초보 영업 사원으로 젊은 남자를 뽑은 적이 있었다. 그는 의사소통에 능했고 우리 회사 영업 전략의 핵심을 완벽하게 이해하는 것처럼 보였다. 그는 성공하겠다는 강한 바람을 가지고 있다는 말로 나를 설득했다. 나는 그가 재능이 있고 지식이 있어 금방 성공할 것이라고 믿었다. 하지만 결과는 달랐다. 내가 설정한 기준을 무시한 바람에 엄청난 손해와 낭패를 경험해야 했다.

내가 고용한 이 사람의 이름을 본명 그대로 쓸 수는 없으니까 스콧이라고 부르자. 나중에 알고 보니 스콧은 다른 사람에게 일을 미루며 자기가 갖고 싶은 것을 다 가질 수 있다고 믿는 그런 부류의 사람이었다. 사무실에서 고객을 상대하는 일은 직원들이 번갈아가면서 맡았는데, 당시 영업 부서의 업무 하중은 적지 않았기 때문에 직원들은 모두 상당한 스트레스를 받고 있었다. 그런데 스콧은 툭 하면 사무실을 빠져나가곤 했다. 다른 사람들은 사무실에서 힘든 일을 해야 하는데, 그는 다른 곳에 '확인할 일'이 있다면서 밖으로 나돌았던 것이다. 다른 직원들은 그의 이런 행태에 불만을 품었고 마침내 집단적으로 내게 불만을 털어놓았다.

스콧은 내가 소위 '크리머'라고 부르는 부류의 사람이었다. 이 말은 캘리포니아 남부 지방의 농장에서 일하던 계절노동자들 사이에서 생긴 말인데, 아직 다 익지도 않은 열매를 다른 사람들보다 앞서서 따는 사람들을 가리키는 말이다. 그러므로 나중에 오는 사람들은 사다리를 놓고 높은 곳까지 힘들게 올라가서 열매를 따야 했다. 이들은 그 얄미운 사람들을 '크리머'라고 부르며 독특한 방식으로 크리머를 처벌했다.

이렇게 비열한 행동을 한 사람을 붙잡으면 사람들은 그의 발을 강제로 열매의 즙으로 적셔서 파란색으로 물들였다. 나중에 이 사람이 다시 과일을 따는 노동자로 취직을 하려고 하면 고용주에게 발을 보여주어야 하는데, 고용주는 지원자의 발이 파란색으로 물들어 있는 것을 보면 고용하지 않았다. 이처럼 오늘날의 기업에서도 경영자는 지원자의 발을 보고서, 그 사람이 노력을 하지도 않고 쉽게 열매를 따려는 사람이 아닌가 미리 확인할 필요가 있다.

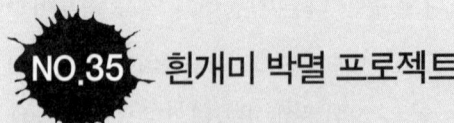
흰개미 박멸 프로젝트

1 직원들이 성취한 것을 높이 평가하라. 그리고 결과와 상관없이 당신네 집단이 승자의 자리에 설 자격이 충분하다는 것을 분명히 알려라. 결과가 아니라 노력을 강조하라. 가치가 없는 승리만큼 허망한 것은 없다.

❷ 직원들의 노력을 인정하고 보상하라. 무엇인가를 이룩하고 이기기 위해서 노력을 아끼지 않은 직원에게는 (그 직원의 노력이 낳은 결과와 상관없이) 무조건 보상하라. 개인이나 집단에 영광을 안겨다주는 것은 다름 아닌 노력임을 직원들에게 가르쳐라.

❸ 열심히 일을 하는 것이 얼마나 가치가 있는지 그리고 업무를 잘 수행했을 때의 만족감이 어떤 것인지 직원들과 토론하라. 일부 직원들은 구닥다리라고 받아들일지도 모르지만, '노력의 존엄성'에 대해서 직원들과 토론하는 그 시간은 정말 소중하다.

❹ 직원들이 업무에 혼신의 힘을 다하는 모습을 보일 때마다 '감투상'을 주어라. 미식축구 감독은 잘 뛴 선수의 헬멧에 특별한 스티커를 붙이곤 하는데, 나도 열심히 노력하는 직원들에게는 파란색 스티커를 주어서 자기 책상에 붙이도록 한다.

❺ 결과가 아닌 노력을 강조하는 성공 사례를 직원들에게 이야기하라. 지미 코너스가 영웅이라는 찬사를 받은 것은 그가 우승을 했기 때문이 아니라(그는 우승하지 못했다), 할 수 있는 모든 노력을 아낌없이 다 했기 때문이다.

흰개미의 오류 36

승리를 축하하지 않는다

"아무도 이기는 사람이 없는 게임처럼 시시하고 웃기는 게임은 없다." —토머스 풀러, 영국의 목사이자 학자

여러 해 전에 어떤 작은 회사를 위해서 일을 한 적이 있다. 이 회사는 이따금씩 만 달러짜리 주문을 받곤 했다. 전체 매출액 규모로 보자면 만 달러짜리 주문은 적지 않은 것이었고 당연히 높이 평가를 받아야 하는 쾌거였다. 그런데 그런 일이 있어도 회사에서는 아무 일도 일어나지 않았다. 조촐한 축하 파티라도 있을 법한데 그렇지 않았다. 사람들은 평소와 전혀 다름없는 모습으로 일을 할 뿐이었다. 생각하면 할수록, 축하 행사를 하는 게 옳다는 확신이 들었다. 축하 행사를 어떤 내용으로 어떻게 해야 할지는 알 수 없었지만, 어쨌거나 축하 대상인 것만은

분명하다고 생각했다.

어느 날 페인트를 사러 갈 일이 있었다. 페인트 가게를 찾느라 상가를 두리번거리면서 걷는데, 팔려고 내놓은 커다란 청동 종이 눈에 띄었다. 나는 속으로 이렇게 외쳤다.

'바로 저거야!'

그 종을 사서 사무실로 가지고 와서 설비 부서 직원에게 종을 설치하라고 했다. 직원들은 호기심 어린 눈으로 종을 설치하는 모습을 바라보았다. 그리고 내가 무슨 꿍꿍이인지 궁금해했다.

종을 다는 작업이 끝나자, 나는 부서 직원들을 모두 모이게 했다. 그리고 앞으로는 만 달러 이상의 주문을 따낼 때마다 종을 울려서 축하를 하겠다고 말했다.

"누구는 만 달러 이상의 주문을 따내는 사람은 이 종을 치는 겁니다."

하지만 여자 스무 명과 남자 한 명으로 구성된 직원들의 얼굴에는 반기거나 찬성하는 기색이 없어 보였다. 여직원 한 명이 달갑지 않다는 목소리로 이렇게 말했다.

"꼭 그렇게 해야 합니까?"

바보 같은 짓이 아니냐는 말이었다. 하지만 나는 힘을 주어서 말했다.

"아니오, 꼭 그렇게 해야만 하는 게 아니라, 그냥 종을 치면 됩니다."

직원들은 불평을 차마 입 밖으로 내지는 못하고 입 안에 가득 문 채 자기 자리로 돌아갔다.

당시에 만 달러 주문은 2주일에 한 번씩은 나오곤 했는데, 종을 설치한 뒤로는 6주가 지나도 만 달러 이상의 주문이 나오지 않았다. 이상하다고 생각했는데, 어느 날엔가 직원이 전화로 고객과 나누는 말을 들었다. 13,000달러라는 말을 얼핏 들은 것 같았다. 그 직원이 전화를 끊자마자 물었다.

"레니, 만 달러가 넘는 주문을 따냈나요?"

"그런 것 같아요."

나는 그녀에게 달려가서 어서 종을 치라고 했다.

"꼭 그래야 하나요?"

"물론, 그래야죠!"

레니는 자리에서 일어섰다. 그리고 종이 있는 곳으로 천천히 걸어갔다. 그리고는 추를 잡아서 흔들었다. 종소리가 신통찮게 났다.

"종은 그렇게 치는 게 아니죠."

나는 추에 달린 줄을 잡고 휙 잡아챘다. 그런데 종소리가 얼마나 컸던지 종을 친 나도 깜짝 놀랐다. 레니는 부끄러워서 얼굴이 홍당무가 되었다. 다른 직원들의 얼굴도 덩달아 홍당무가 되었다. 이들은 레니를 왜 부끄럽게 만드느냐고 따지는 듯했다.

그것이 시작이었다. 다음 번 종이 울릴 때는 좀더 나았다. 그리고 그 다음에는 더 나았다. 그리고 얼마 지나지 않아서, 종을 치는 사람들이 줄을 잡아 흔들며 즐기게 되었다. 종을 새로 울릴 때마다 흥분감은 더욱 커졌다. 그러던 어느 날, 한 직원이 내게 오더니 이렇게 말했다.

"방금 2만 달러 주문을 따냈거든요? 그러니까 종을 두 번 쳐도 되죠?"

"그럼요! 가서 치세요!"

그 이후에 또 하나의 전기가 되는 사건이 일어났다. 설계 부문 책임자가 나에게 이렇게 말했던 것이다.

"당신 직원들은 늘 즐거워서 참 좋겠습니다."

"무슨 뜻이죠?"

"만 달러 이상 주문을 받을 때마다 종을 울리고 축하하는데, 우리 부서야 만날 설계만 하고 있으니 축하할 일이 있어야 말이죠."

"그럼 우리가 종을 칠 때마다, 거기서도 함께 축하를 하면 어떻겠습니까?"

설계 부문 책임자는 그거 좋은 생각이라고 말하면서 곧바로 자기 직원 수대로 장난감 피리를 사왔다. 그리고 우리 사무실에서 종이 울릴 때마다, 설계부의 12명 직원들은 피리를 불며 함께 축하했다.

그리고 얼마 뒤에는 생산 부문 책임자가 찾아왔다.

"당신 직원들은 늘 즐거워서 참 좋겠습니다."

"그럼 같이 즐깁시다!"

생산 부문 책임자는 메뚜기 떼가 내는 것 같은 소리가 엄청 크게 나는 장난감 나팔들을 사왔다. 그후부터 종이 울릴 때마다 공장이 들썩거리도록 커다란 소리가 한바탕 시끄럽게 났다. 한 번은 10만 달러 주문을 땄는데, 그때는 정말 대단했다. 회사가 아수라장으로 변했다. 하지만 이것은 단지 즐기는 것 이상의 의미가 있었다. 그것 자체로 하나의 즉각적인 의사소통이었다. 종소리가 울린 지 제법 되었다 싶으면, 다른 부서 사람들은 어떻게 된 거냐고 궁금해하면서 도울 일이 없느냐고 물었다.

승리를 축하하는 것은 여러 가지 이유에서 중요하다. 가장 중요한 이유는, 그렇게 함으로써 기분이 좋아지기 때문이다. 축하의 행동을 함으로써 우리는 비록 몇 분이라는 짧은 시간이지만 다시 어린아이로 돌아가는 듯한 기분을 즐길 수 있다. 이런 육체적이고 정서적인 행위를 함으로써 우리 몸에는 엔돌핀이라는 호르몬이 생성된다. 이 호르몬은 극심한 스트레스 속에 사는 현대인에게 절실하게 필요한 물질이다. 승리를 축하함으로써 경영자는 직원들로 하여금 자기가 중요하게 여기는 게 무엇인지 깨닫게 할 수도 있다. 대박 주문을 따냈다는 것 말고도 종을 울릴 이유는 얼마든지 많이 있다.

잠시 휴식을 취하는 여유

한번은 어떤 회사 안을 걷다가 '결승선은 없다'라는 표지판을 보았다. 그래서 함께 있던 사람에게 무엇을 가리키는 표지판이냐고 물었더니, 회사의 사훈이라고 했다.

"우리는 현재에 만족하기를 원하지 않습니다. 멈추지 말고 앞으로 달려가자는 말입니다. 우리는 뚱뚱해지고 느려터진 회사가 되고 싶지 않습니다."

나는 그때 아무 말도 하지 않았다. 하지만 잠시 휴식을 취하고 승리를 축하하는 여유도 허락하지 않는 회사에서 죽어라 일만 해야 하는 것보다 더 삭막한 상황은 없으리라 생각한다.

 # NO.36 흰개미 박멸 프로젝트

❶ 축하는 소중한 가치가 무엇인지 천명하는 방식이다. 축하 행사는 중요한 것이 무엇인지 직원이 알게 하는 것이다. 직원들을 만나서 직원들이 무엇을 축하해야 한다고 느끼는지 파악하라.

❷ 축하를 할 때는 그 자리에서 즉각적으로 하라. 누구나 깜짝 파티를 좋아한다. 무심코 지나쳐버릴 수 있는 축하 거리를 찾아라. 그리고 전혀 예상하지 않는 순간에 축하 행사를 벌여라.

❸ 축하 행사에 의미를 담아라. 성취하려면 반드시 노력해야 하는 목표를 설정하고, 그 목표를 달성하면 축히히라. 내가 알고 있는 어떤 회사는 직원이 축하할 만한 업적을 달성했을 때, 그 직원의 이름과 그가 이룬 업적을 적은 종이를 붙인 포도주 병을 모든 직원에게 하나씩 돌린다.

❹ 창조적인 방법으로 축하 행사를 벌여라. 아무도 예상하지 못하는 방식으로 축하라는 보상을 해주어라. 내가 아는 어떤 사람은 리무진 버스를 빌려서 자기 부서 직원들을 태우고 맥도널드로 점심을 먹으러 간다.

❺ 축하 행사를 통해서 직원들에게 활기를 불어넣어라. 내가 아는 어떤 사람은 특별히 어려운 과업을 수행하면 그때마다 부하 직원들과 함께 축하 파티를 벌인다. 그는 해마다 전년도에 발생한 주문을 모두 처리한 뒤에는 반드시 축하 파티를 벌인다. 파티는 사기를 높이고 활기를 불어넣는다.

흰개미의 오류 37

모든 조직 체계는 정치적이라는 사실을 알지 못한다

"너무 똑똑한 사람은 집단의 정치에 관여하지 않는데, 이 때문에 벌을 받는다. 이 사람이 받는 벌은, 자기보다 어리석은 사람의 지배를 받는 것이다." — 플라톤

생애 처음으로 관리직에 앉을 수 있는 입사 면접을 볼 때였다. 나는 잘해냈다. 무난히 통과할 수 있을 것 같았다. 그런데 면접이 끝나갈 무렵 인력 관리 이사가 마지막 질문이라면서 이렇게 물었다.

"직장 내의 정치에 대해서 어떻게 생각하십니까?"

어렵지 않은 일이고 또 유쾌한 일이라는 게 내 생각이었다. 하지만 나는 신중하게, 그리고 내가 할 수 있는 한 최대로 진지하게, 직장 내의 정치는 사업을 망치는 요소이며, 나는 결코 그런 행동을 하지 않을 것

이라고 말했다.

　며칠 뒤 그 회사에서 온 우편물을 받았다. 귀한 시간을 내줘서 고맙다는 말과 함께 나와 함께 일을 하지 못하게 되어서 유감이라는 내용이었다. 실망이 컸다. 나를 면접한 사람에게 내가 탈락한 이유를 들어봐야겠다는 생각이 들었다. 전화로 연결된 그 사람은 내 질문에 선선히 대답을 했다. 우열을 가릴 수 없을 만큼 다른 경쟁자와 비슷한 점수를 얻었다는 대답을 듣고, 나는 그렇다면 왜 내가 탈락하고 그 사람이 붙었는지 궁금하다고 했다.

　"솔직하게 말씀드리면, 직장 내 정치에 관한 당신의 대답이 조금 걸렸습니다. 우리는 당신이 너무 순진하다고 판단했습니다."

　직장 내의 정치에 관한 답변이 탈락이 결정적인 이유가 되리라고는 꿈에도 생각하지 않았다. 전화를 끊은 뒤에 나는 이렇게 자위했다.

　'흥, 남의 등에 칼이나 꽂는 관리자를 뽑으려면 많이 뽑으라지 뭐.'

　하지만 바보 같게도, 오랜 시간이 지난 뒤에야 나는 그때 면접관이 한 질문이 '남의 등에 칼을 꽂는 것에 대해서 어떻게 생각하십니까?'가 아니라 '직장 내의 정치에 대해서 어떻게 생각하십니까?'였음을 깨달았다.

정치냐, 추락이냐

　'정치'라는 말이 너무도 부정적인 뉘앙스를 풍긴다는 사실은 우리가 얼마나 냉소적인지 단적으로 보여준다. 정치라는 말 앞에 '직장'이라는 단어를 붙이면 더욱 음침하고 비밀스러워진다. '암투'니 '줄 서기'니 하는 단어들이 금방 떠오른다. 많은 사람들이 언젠가는 협력과 팀워크를 주된 가치로 하는 완벽한 회사를 만나게 될 것이라는 희망을 가지고 살아간다. 이런 사람들에게 전해줄 좋은 소식과 나쁜 소식이 있다. 나쁜 소식은 완벽한 회사는 존재하지 않는다는 것이고, 좋은 소식은 이런 사실이 전혀 문제가 되지 않는다는 것이다.

훌륭한 경영자는 회사나 학교, 교회, 동호회 등의 모든 조직이 정치적이라는 사실을 잘 알고 있고 또 현실로 받아들인다. 《같은 게임, 다른 규칙 Same Game, Different Rules》의 저자인 진 홀랜드가 지적하듯이, 자기는 정치적이지 않다고 말하는 사람은 커다란 위험에 놓일 수밖에 없다. 그녀는 또 이렇게 지적했다.

"적자생존의 법칙에 따라서, 가장 잘 적응한 사람만이 살아남는다. 이들은 직장 내의 정치가 무엇인지 이해하는 사람들이다."

분별력이 있는 경영자라면 자기 직장의 정치적인 체계가 가지고 있는 좋은 점과 나쁜 점을 모두 이해한다. 그들은 그 체계를 머릿속에 그리며 공세적인 전략과 수세적인 전략을 모두 가지고 있다. 공세적인 전략을 구사해서 자기 부서나 개인적인 경력에 필요한 것을 확보하고, 수세적인 전략을 구사해서 다른 사람들이 호시탐탐 노리는 자원이나 권한을 지킨다.

회사 내의 정치가 최악의 결과를 낳는다면, 회사 분위기는 엉망이 되고 성과도 추락할 것이다. 그러나 정치가 존재하지 않는 회사 역시 제대로 굴러가지 못한다는 주장도 얼마든지 있을 수 있다. 바로 이런 점을, 나를 면접한 끝에 채용하지 않기로 결정했던 사람들이 지적했던 것이다. 훌륭한 경영자는 모든 조직에는 정치라는 기제가 늘 작동하고 있음을 잘 이해하고, 나아가 자기가 추구하는 목표를 달성하는 데 이런 사실을 최대한 활용하는 사람이다.

현명한 처사

기업 조직에서 정치가 나타나는 이유는 다른 조직에서 정치가 나타나는 이유와 같다. 즉 분배해야 할 자원이 한정되어 있고, 이 분배 과정을 지배하는 체제를 새롭게 개선할 필요가 있기 때문이다. 영업 담당 이사가 생산 담당 이사에게 납품 날짜를 앞당겨달라고 요청할 때, 그는 분명 시간이라는 한정된 자원을 요구하는 셈이다. 생산 담당 이사는 그의 요구를 받아들이면 다른 문제들이 생긴다는 사실을 알고 있다. 하지만 그의 요구를 단칼에 거부하는 것은 '정치'를 제대로 하지 못하는 것이다. 그래서 다음과 같은 말로 현명하게 행동한다.

"그럼 이렇게 하면 안 될까요? 윗사람들에게 생산 부서의 수당을 올려달라고 건의해주시죠. 그러면 납품 날짜를 앞당겨보겠습니다."

생산 담당 이사는 영업 담당 이사가 최고경영진과 의사소통이 잘 된다는 사실을 알고 있기 때문이다.

"좋습니다."

영업 담당 이사가 대답한다. 그리고 다음날 그가 원하는 대로 고객에게 보낼 제품이 선적되었다.

경영자로서 유망한 정치적 경력을 가지려면 우선 정치판에 발을 들여놓아야 한다. 관리직에 있는 직원이라면 당연히 걸어가야 할 길이다. 경영자가 저지를 수 있는 가장 큰 실수 가운데 하나는 회사 내의 정치와 담을 쌓는 것이다. 이렇게 함으로써 그는, 조직에서 일어나는 업무 과정을 조금이라도 빠르고 쉽게 할 수 있는 가능성의 문을 스스로 닫아 버리는 꼴이기 때문이다. 이럴 때 회사의 체계는 원활하게 돌아가지 않는다. 자원의 할당과 이동이 순조롭게 이루어지지 않게 된다는 말이다.

여론조사를 하라

훌륭한 정치가는 정치계의 풍향을 확인하기 전에는 절대로 앞에 나서지 않는다. 정치가들은 대부분 여론조사나 지역 주민과의 일 대 일 면담이라는 방법을 통해서 이런 풍향 확인 작업을 한다. 그리고 놀라운 사실은, 훌륭한 정치가는 남에게 말을 하기보다 남의 말에 귀를 잘 기울인다는 점이다. 빌 클린턴이 정치적으로 성공할 수 있었던 요인으로 다른 사람의 말에 귀를 기울이는 비범한 기술들을 알고 구사했기 때문이라고 하는 사람들이 많다. 빌 클린턴과 대화를 나누어본 사람들 가운데는, 그가 정말 진지하게 자기 말에 귀를 기울였다는 느낌을 받았다는 사람들이 많다. 클린턴은 유권자들이 있는 곳으로 다가가는 게 진정으로 중요하다는 것을 알았고, 또 실제로 그들의 말에 귀를 기울였다.

언제나 긴장의 끈을 늦추지 않고 직원의 말에 귀를 기울일 기회를 놓치지 마라. 이 기회를 이용한다면 당신은 어떤 주제가 당신 회사의 직원들 마음을 사로잡고 있는지 알 수 있다.

선거구를 강화하라

영향력이 있는 정치가는 예외 없이 충성도가 높은 지지층을 확보하고 있다. 특히 일반 시민의 정치 참여가 강조되는 체제에서는 더욱 그렇다. 현명한 경영자라면, 진정한 영향력은 저절로 생기는 게 아니라 고객과 직원으로부터 허락받은 것임을 잘 알고 있다. 그렇기 때문에 자기를 지지하는 층을 두텁게 만드는 작업에 깊은 관심을 가진다. 자기 지지층을 두텁게 만드는 과정은 일반 정치가가 하는 것과 똑같다. 그는 다른 사람들(특히 핵심적인 위치에 있는 사람들)이 무엇을 바라고 무엇을 필요로 하는지 찾아내고, 여러 방법을 동원해서 그들이 원하는 것을 이룰 수 있도록 돕는다.

당선되어라

훌륭한 정치가(그리고 경영자)는 유권자들이 자기 혹은 자기의 신념에 더 많은 사람들이 지지표를 던지도록 만드는 것이 궁극적인 목표임을 잘 알고 있다. 경영자는 보통 하루에 150건에서 300건에 이르는 비공식적인 문제들을 처리하는데, 그 가운데 많은 수가 자기가 원하는 어떤 것을 제공해 달라는 내용이거나 혹은 자기가 가지고 있는 것을 빼앗기지 않도록 해달라는 내용이다. 이러한 거래는 본질적으로 선거나 마찬가지다. 그렇기 때문에 가능하면 이런 선거에서 많이 이기고 당선되는 것이 가장 중요한 목표이며, 성공으로 나아가는 길에 올라서는 것이다.

광고하라

훌륭한 정치가는 자기가 이룩한 업적을 사람들에게 끊임없이 알린다. 이 점에 관해서는 훌륭한 경영자도 훌륭한 정치가 못지않다. 최고 경영자는 자기가 이룩한 성과를 꼭 알려야 한다. 많은 경영자들은 이 작업을 주로 말이라는 수단을 빌어 처리한다. 그러나 일부 사람들은 마치 광고 대행사가 하는 것처럼 정기적으로 다양한 매체를 동원해서 자기 홍보를 한다. 당연히 이렇게 해야 한다. 중이라도 자기 머리는 자기가 깎아야 한다는 말이다. 당신이 이루어놓은 업무 성과가 모든 걸 말해줄 것이라고 믿는 어리석은 실수는 하지 말아야 한다. 그것만 가지고는 티가 나지 않고 효과가 없기 때문이다.

의사소통이 다양한 방향으로 중첩적으로 이루어지고 조직의 운영에 대해 개인의 참여가 활발한 오늘날의 기업 풍토에서는, 회사 내의 정치가 과거보다는 덜 중요해졌다고 믿는 사람들도 있다. 하지만 연구보고서의 결과는 그렇지 않다. 보다 민주적인 기업 환경일수록 정치가 더 많이 필요한 것으로 나타났다. 과거에는 독재적인 경영 체제가 주류였다. 하지만 지금은 또 달라졌다. 오늘날에는 어려운 일을 성사시키기 위해서 진정한 외교술이 필요하다. 기업계의 정치가들이 최고의 수완을 발휘할 때, 불가능해 보이는 일도 얼마든지 해결할 수 있다.

NO.37 흰개미 박멸 프로젝트

1 늘 안테나를 높이 세워서 회사에서 떠돌아다니는 온갖 소문과 정보를 포착하라. 때로 당신이 포착한 정보가 사실에 입각한 것이 아니라 하더라도 (소문을 퍼트리는 사람들 가운데 많은 수가 자기의 독자적인 정치적 입장을 가지고 있다), 정치적으로 빈틈이 없는 경영자라면 자기 선거구에서 투표권을 가지고 있는 사람들이 무슨 이야기를 하는지 알려고 애를 쓴다.

2 회사 내에 인맥을 만들어라. 정치가들은 이런 인맥을 '계파'라고 부른다. 인맥은 정보를 확보하고 현재 자기가 몸담고 있지 않은 다른 영역에 유용한 동맹자를 확보하는 데 필수적인 요소이다. 인맥은 서로 도움을 주고받을 때 가장 큰 힘이 된다. 그러니 인맥으로 함께 얽힌 사람들에게 도움을 줄 수 있는 길이 없는지 늘 생각하고 찾아라.

3 최고의 후보로 보이도록 노력하라. 정치에서는 당선되는 게 가장 중요하다. 선거에 출마하는 후보들이 멋진 양복을 입고 헤어스타일에 신경을 쓰는 이유는, 외모가 그만큼 중요하기 때문이다. 경영자의 개인적 스타일이 얼마나 중요한지는 '흰개미의 오류 21'을 참조하라.

4 당신의 지역구를 잘 알고 있어라. 시간을 내서 당신과 끈을 맺고자 하는 사람들이 무엇을 원하는지 파악하라. 그리고 사생활을 침해하지 않는 범위에서 그들의 개인적인 사항을 가능하면 많이 파악하라. 그들의 소망이나 야망이 무엇인지 파악하고, 그들을 도와줄 수 있는 방법을 모색하라.

5 자기 선전을 많이 하라. 정치가처럼 당신이 어떤 업적을 달성했는지 다른 사람들에게 알리는 것도 중요하다.

흰개미의 오류 38

성과를 내지 못하는 직원에게 책임을 지우지 못한다

"우리가 붙잡고 있는 변변찮은 직원들은, 우리 경쟁 회사에서 혹시라도 빼갈까 걱정하지 않아도 되는 사람들이다." —익명인

군대에서는 이들을 '말년 병장'이라고 부른다. 제대를 한두 달 앞둔 병장은 최소한의 임무만 수행하며(사실은 거의 하는 일 없이 빈둥거리며) 시간만 보낸다. 하지만 이런 부류의 인간 유형은 군대에만 있는 게 아니다. 전 세계의 기업들이 이런 직원들 때문에 골치를 썩이고 있다. 말년 병장과 차이가 있다면, 이들이 '제대'를 하려면 한두 달이 아니라 수십 년이 걸릴 수도 있다는 사실이다. 기업의 말년 병장은 30년 근속 근로자일 수도 있고 갓 입사한 새내기일 수도 있다. 이들은 대다수 건전한 직원 가운데 일부이며, 하는 일은 거의 없으면서 꼬박꼬박 봉급을

받아가는 부류이다.

기업이라면 반드시 해결해야 하는 과제가 자본금 부족과 이런 말년 병장들이다. 〈포춘〉지는 수많은 최고경영자들이 실패하는 요인을 자세하게 분석한 기사에서, 인사 관리 문제를 핵심적인 요인으로 파악하고 해결하는 데 미온적인 태도를 보였기 때문이라고 지적했다. 이런 직원을 적절하게 처리하지 못함으로 해서 빚어지는 해악은 엄청나다. 이들은 회사의 경쟁 일선에서 나쁜 영향을 직접적으로 미칠 뿐만 아니라, 직원의 사기에서부터 고객 서비스에 이르는 광범한 영역에서 모든 건강한 요소를 잠식하는 암적인 존재로 기능한다. 일을 제대로 하지 못하는 직원을 너그럽게 놓아두는 실수는, 경영자가 저지르는 모든 실수 가운데서 최악으로 꼽을 수 있다.

'말년 병장'이 보내는 메시지

이런 게으르고 무능한 직원이 끼칠 수 있는 가장 위험한 해악은 그들이 보내는 메시지일 수도 있다. 다른 직원은 그들의 행태를 보고 최선을 다하지 않아도 되는구나 하고 생각할 수 있다. 게으르고 무능한 말년 병장은 열성도 없고 문제 해결 능력도 부족하기 때문에, 이들과 접한 고객들이 그 회사에 대해서 가지는 이미지가 좋을 리 없다. 그리고 능력이 있는 훌륭한 직원은 더 나은 조건을 좇아서 다른 회사로 옮겨갈 것이기 때문에, 장래의 잠재적인 신입 사원을 포함해서 모든 관계자는 당신 회사가 훌륭한 인재를 잡아두지 못한다고 생각할 것이다. 이런 메시지들은 궁극적으로 경쟁력 약화라는 결과로 귀결된다. 이 부분을 당신의 경쟁 회사가 놓칠 리 없다는 사실을 명심해야 한다.

나는 직원과 일 대 일로 대면할 때마다 이렇게 묻는다.

"만일 당신이 마법 지팡이를 가지고 있는데 그 지팡이를 한 번 흔들어 회사의 어떤 점을 바꿀 수 있다고 한다면, 당신은 무엇을 바꾸고 싶습니까?"

이때 나오는 대답은 보통 특정 개인을 향한다. 처음에는 놀랐지만, 그런 적이 하도 많다보니 이제는 놀라지도 않는다. 하지만 정말 놀라운 것은, 문제가 되는 그 직원이 보통 자기 업무를 제대로 해내지 못하는 사람이라는 사실이다. 최근에도 한 직원과 면담을 하면서 이런 사실을 확인한 적이 있다. 그 직원을 맨디라 부르겠다. 맨디는 이렇게 말했다.

"이유는 저도 잘 모르겠습니다만, 저기 있는 켈리(물론 본명이 아니다)는 아무리 잘못을 해도 징계나 처벌을 받지 않고 그냥 지나가더라구요."

"어떻게 말입니까?"

"우리 부서의 11명은 모두 날마다 허리가 휘도록 일을 합니다. 그런데 켈리는 늘 늦게 나타나서 일은 거의 하지도 않고, 때로는 책상에 엎드려서 잠을 잡니다. 그러고도 날마다 일찍 퇴근해야 하는 이유가 있지 뭡니까."

"얼마나 오랫동안 그랬습니까?"

"15년 동안 그랬습니다. 그런데 더 기가 막힌 사실이 뭔지 아십니까? 봉급이 오를 때는 켈리와 우리가 모두 똑같이 오르더라는 말입니다."

맨디와 대화를 나누면서 나는 맨디와 그의 성실한 동료들이 얼마나 큰 분노를 가슴에 품고 있는지 깨달았다. 하지만 그녀가 가지고 있는 분노는 켈리를 향한 것이 아니었다. 그녀는 켈리가 붙임성이 좋은 사람이라고 했다. 그녀의 분노는 이 문제에 무관심한 회사와 관리자를 향하고 있었다.

"이 문제를 당신 상사에게 이야기한 적이 있습니까?"

"네."

그녀는 단호하게 말했다.

"그랬더니 뭐라고 하던가요?"

"자기는 너무 바빠서 보다 급하고 중요한 일을 해야 한다더군요."

"그래서 당신은 어떻게 했습니까?"

"나도 급하고 중요한 일을 했죠. 내 이력서를 다른 회사에 보내는 일요."

무능하고 게으른 직원에게 관용을 베푸는 이유

유능한 경영자가 왜 무능한 직원을 처리하지 못할까, 하는 문제는 구내식당에서나 중역 회의실에서 모두 열띤 토론을 유발하는 주제이다. 성실한 직원이 자기보다 무능한 직원이 자기와 같거나 혹은 더 많은 봉급을 받는다는 사실을 알았을 때 이 토론은 더욱 격렬해진다. 그런데 경영자들이 이런 문제를 너무도 쉽게 그리고 자주 무시한다는 사실은 놀랍다. 이들이 이런 태도를 취하는 이유를 정리하면 다음과 같다.

다른 중요한 일들이 많다는 이유. 앞에서 '우리는 보다 중요한 일에 초점을 맞출 필요가 있다'고 말하는 경영자의 사례를 들었는데, 이런 태도는 전혀 특이한 게 아니다. 인력이 대폭 축소된 회사의 경우, 게으르고 무능한 직원을 처리하는 문제는 나중에 해결할 사항으로 보류해도 되는 문제처럼 보인다. 아무튼 바빠서 정신이 없는 상황에서는 그래도 보탬이 된다는 것이다. 하지만 이런 직원들이 많을수록 더욱 더 정신없이 바빠질 수밖에 없다.

대체 비용이 든다는 이유. 모든 경영자는 새로운 직원을 고용하는 과정이 쉽지 않고 또 시간이 많이 든다는 사실을 안다. 신입 사원을 뽑는 데 질려버린 경영자들은 구직 광고를 내고 이력서를 검토하고 구직자 면접을 하는 일련의 과정에 머리를 절레절레 흔든다. 게다가 위축된 고용 시장에서 새로 고용하는 사람이 예전 사람보다 더 나을 것이라는 확실한 보장도 없다. '그래도 켈리는 최악은 아니지 않는가?'라는 말로 자위하는 것이다.

이미 허용된 사항이기 때문에 손을 댈 수 없다는 이유. 어떤 행위나 상태를 금지하는 법률을 제정할 때, 이미 그 행위나 상태를 하고 있었다는 이유로 법률이 제정된 이후에도 처벌 대상이 되지 않는 경우가 종종 있다. 이처럼 게으르고 무능한 직원은 처벌 받지 않고 계속 회사를 다니게 된다. 또 이 문제를 새로 떠맡은 경영자는 전임자가 방치한 문제를 구태여 자기 문제로 인식하고 해결하려 들지 않는다.

좋은 게 좋다는 이유. 많은 경영자들이 좋은 게 좋다는 함정에 빠지는 실수를 저지른다. 이들은 직원들의 반발을 우려해서 더 많은 성과를 내라거나 더 열심히 노력하라거나 하는 닦달을 하려 들지 않는다. 이런 틈새를 뚫고 게으르고 무능한 직원들이 살아남아 희희낙락한다.

보복이 두렵다는 이유. 내가 아는 어떤 회사는 게으르고 무능한 경영자를 여러 해 동안 그냥 데리고 있었다. 그를 해고하면 그가 소송을 제기할까봐 겁이 났기 때문이다. 많은 회사들이, 법정이 사회적 약자인 직원의 편을 들어줄지 모른다고 생각하기 때문에 울면서 억지로 겨자를 먹는다. 하지만 이런 상황의 대비책은 한 마디로 말할 수 있다. 증거를 제시하는 것이다.

신의를 저버릴 수 없다는 이유. 많은 경영자들이 신의를 잘못 이해하고 있어서 게으르고 무능한 직원을 해고하지 못한다. 해고를 단행해야 하는 경영자가 직접 그 직원을 고용했을 수도 있고, 둘 사이에 어떤 '깊은 관계'가 있을 수도 있다. 어쨌거나 경영자가 문제의 직원을 해고하지 못하는 것은, 그런 경우가 배신으로 비칠지 모른다고 두려워히기 때문이다. 히지만 이런 유형의 신의는 잘못된 것이다. 문제의 그 직원은 게으르고 무능한 모습을 보임으로써 이미 먼저 신의를 깨트렸기 때문이다.

회사에서 통용되는 업무 수행 기준이 낮다는 이유. 때로는 그 회사의 문화와 분위기가 직원들에게 더 많은 것을 요구하지 않기 때문에 이런 일이 발생할 수도 있다. 한 회사에서 업무 수행을 '잘한다' 혹은 '못한다'라는 기준을 설정할 때, 그 기준의 최저 허용치는 늘 통상적으로 인정되는 업무 수행 수준에서 결정된다.

어차피 조금만 있으면 나갈 사람이라는 이유. 자동차를 타고 운전을 할 때 자동차에서 나오는 소음이 시끄러우면 라디오 볼륨을 그보다 훨씬 높이는 것으로 소음 문제가 저절로 해결된다고 생각할 수 있다. 많은 경영자들이 게으르고 무능한 직원 문제에 이런 방식으로 접근한다. 특히 문제가 되는 직원의 정년이 얼마 남지 않았을 때 더욱 그렇다. 어차피 조금만 있으면 나갈 사람인데 뭘, 하는 식이다.

다른 직원들이 일을 잘하니까 괜찮다는 이유. 게으르고 무능한 직원 문제는 다른 직원들이 높은 생산성을 발휘할 때 흔히 희석된다. 경영자가 일을 못하는 직원에 대해서 느끼는 아쉬움을 일을 잘하는 직원에게서 받는 만족감으로 보상받는 것이다. 영웅이 있기 때문에 그 정도는 봐줄 수 있지 않느냐는 것이다. 하지만 일을 잘하는 직원은 자기가 영웅이 아니라 순교자에 불과하다는 피해 의식을 가지게 되고, 그때부터 사태는 더욱 커진다.

말년 병장 길들이는 법

게으르고 무능한 직원을 다루는 작업은 다층적인 차원에서 접근해야 한다. 그리고 이때 가장 먼저 취해야 하는 과정은 그 직원과 주변 상황을 정직하고 솔직하게 평가하는 일이다. 켄터키 북부 지역에 있는 한 학습 회사의 중역인 내 친구 롭 스나이더는 이렇게 경고한다.

"무엇이 옳은지 판단할 때, 현재의 모습 때문에 판단이 흐려지는 일이 없도록 해야 한다."

롭이 경고하는 내용은, 기업 조직이 현재 처한 문제를 진단하는 기준을 너무 낮게 잡아서는 안 된다는 것이다.

두 번째 과정은, 노력을 하지 않는 직원은 용서받지 못한다는 사실을 조직 전체가 깨닫도록 하는 것이다. 이것은 누구를 협박하고자 하는 게 아니라, 경쟁 속에서 살아남고 나아가 장기적인 성공을 거두기 위해서는 생산성을 한 단계 높은 차원으로 끌어올리고자 한다는 공개적인 선언이다. 당연한 것이긴 하지만 그럼에도 불구하고, 한 개인의 노력과 생산성이 회사 전체의 성공에 얼마나 중요한 요소인지 강조할 필요가 있다. 회사의 미래는 경쟁력을 확보하는 데 달려 있으며, 이 경쟁력은 각 개인의 노력이 합쳐진 결과임을 직원들이 알도록 해야 한다.

다음 단계는 게으르고 무능한 직원에게, 가능하면 생산적으로, 앞으로 더는 사람들의 눈을 속이지 못하며 또 자기 일에 책임을 져야 할 거라고 통보하는 것이다. 책임이라는 말을 그 문제 직원에게 하는 순간 곧바로 어떤 문제가 생길 것은 분명하다. 피해 갈 수는 없다. 이들이 처음 느끼는 감정은 분노이다. 그리고 곧바로 걱정으로 전전긍긍한다. 자기가 일을 하는 모습을 누군가 지켜보고 있으며 아무리 뺀들기리려고 해도 소용이 없음을 알게 될 것이다.

마지막 단계는 그 문제 직원을 격려하고 지도하는 것이다. 그 직원이 반드시 수행해야 하는 책임 혹은 작업 책임량이라는 것도 문서로 규정하지 않는 한 별 의미가 없다. 그러므로 각 단계별로 해야 할 과제들을 잘 정리해서 제시할 필요가 있다. 그리고 그 직원이 성취한 결과와 당신이 기대하는 결과를 놓고 그 직원과 함께 평가하는 시간을 가져야 한다. 이런 노력을 기울여도 나아지는 기색이 없다고 해서 놀라지 마라. 오랜 세월 굳어진 나쁜 습관은 금방 바뀌지 않는다. 다만 시간이 걸릴 뿐, 결코 불가능한 것은 아니다.

그래도 안 되면……

에이브러햄 링컨은 남북 전쟁 당시, 자기는 훌륭한 장군을 찾아내는 안목이 없다면서 끊임없이 자책하며 좌절했다. 그는 수많은 장군을 최고지휘자로 임명했지만, 그들은 번번이 그의 기대에 미치지 못하고 미적거리기만 했다. 조지 매클렐런 장군도 그런 장군이었다. 링컨은 그가 단호한 작전으로 나서도록 하려고 온갖 노력을 했다. 한번은 그에게 짧고 강한 메시지를 보냈다.

"공격하시오!"

그래도 매클렐런이 응답하지 않자, 링컨은 율리시즈 S. 그랜트 장군으로 교체했다. 그리고 그랜트 장군은 남북 전쟁을 승리로 이끌었다. 이래도 안 되고 저래도 안 될 경우, 경영자는 용기를 발휘해서 최후의 강력한 명령을 내려야 한다. 위대한 전투에서 승리를 거둔 장병들 가운데 게으르고 무능한 사람은 없었다.

흰개미 박멸 프로젝트

1 밀린 숙제를 하라. 당신 자신에게 이런 질문을 던져라. "이 직원이 과거에 한 번이라도 열심히 일을 한 적이 있는가?" 있다면, 무엇 때문에 그 직원이 그렇게 게으르고 무능하게 바뀌었는지 알아보아라. 직원의 업무 수행 능력이 떨어지는 데는 여러 가지 이유가 있을 수 있다. 감독이 소홀했다거

나 자원이 부족했다거나 하는 단순한 문제만이 아니다.

2 솔직한 대화를 나누어라. 문제 직원의 성격이나 문제가 되는 업무 수행 능력의 정도에 따라서 이 대화는 그 직원을 격려하기 위한 것일 수도 있고("나는 당신이 현재보다 훨씬 더 잘할 수 있는 사람이란 것을 잘 알고 있다"), 강하게 압박하기 위한 것일 수도 있다("당신이 지금 ······하지 않는 것은 누구나 다 아는 사실이다"). 하지만 어떤 경우에도 그 직원이 일을 제대로 잘하고 있지 못하다는 핵심적인 사실은 단호하고도 분명하게 말해야 한다. 듣기 좋게 설탕을 바르거나 에둘러 말해서는 안 된다.

3 그 직원 때문에 당신이(그리고 다른 사람들이) 어떤 생각을 하는지 깨닫게 하라. 비록 아무리 경영자라고 하더라도 직원이 자기 자신을 어떻게 생각하는지를 놓고 이러쿵저러쿵 말할 권리는 없지만, 그럼에도 불구하고 경영자는 현재 상황과 그에 따른 자기 심정을 솔직하게 표현할 권리가 있다. 예를 들면 이런 식이다. "당신이 맡을 일을 제대로 다하지 못해서 다른 사람들이 대신 그 일을 할 수밖에 없다면, 그리고 이런 일이 늘 반복된다면, 그 사람들은 당신 뒤치다꺼리를 한다고 생각할 수밖에 없다. 나아가서는 당신이 자기들을 이용해먹는다고 생각하게 된다." 게으르고 무능한 사람의 뒤치다꺼리를 하는 일이 얼마나 짜증나고 피곤한 일인지 분명히 깨닫게 하라.

4 업무 개선 계획을 짜라. 업무를 제대로 수행하지 않는 사람의 태도를 돌려놓으려면, 업무 행동 계획을 문서로 작성하고 그 계획대로 하도록 다그치는 게 중요하다. 측정 가능한 목표를 구체적으로 정하고, 그 목표를 달성할 수 있는 지침을 마련해줘라. 처음에는 조금씩 개선하도록 해야겠지만,

궁극적으로는 그 직원이 스스로 보다 높은 업무 능력을 발휘해야 한다는 사실을 깨달아야 한다. 그 계획에 직원이 동의하고 사인을 하도록 하라. 그리고 사본을 그 직원에게 넘겨주어라. 그런 다음에 처음 90일 동안은 목표한 계획을 얼마나 달성하는지 정기적으로 점검하라.

5 용기를 발휘해서 최후의 힘든 명령을 내려라. 앞에서도 언급했지만 많은 경영자들은 나중에 소송을 당할까봐 겁이 나서, 아무리 문제가 많은 직원이라 하더라도 해고하기를 꺼린다. 문제가 있는 직원의 업무 수행 자료를 부지런히 챙겨라. 이 자료들은 최악의 경우에 증거 자료로도 활용할 수 있다. 그리고 문제의 직원이 여전히 개선되지 않을 경우, 링컨이 보여주었던 선례를 따라라.

9부

일반 관리

흰개미의 오류 39

'성장 지도자'가 되지 못한다

"여기 21세기의 도전 과제가 있다. 당신은 얼마나 빨리 움직일 수 있는가? 얼마나 빨리 자기 혁신을 할 수 있는가? 얼마나 빨리 보다 가치 있는 성과를 낼 수 있는가?" ─ 프라이스 프리쳇. 경영학자

공개 워크숍을 하면 다양한 업종의 회사 직원들이 참가한다. 그래서 나는 보통 다음과 같은 질문으로 워크숍을 시작한다.

"사업의 가장 궁극적인 목적이 무엇일까요?"

여기에 대한 대답을 들으면 참가자들이 경영의 기능을 어떻게 파악하는지 대충 감을 잡을 수 있다. 그런데 사람들이 제각기 고함을 지르며 대답하는 것 가운데 대부분은 돈과 관련된 것이다.

"돈을 버는 거요!"

"자산을 늘리는 거요!"

"이익을 내는 거요!"

"초록색 배추이파리 모으는 거요!"

그런데 최근에 한 워크숍에서 어떤 경영자는 약간 부끄러워하면서 이렇게 말했다.

"모든 게 고객과 관련된 것 아닐까요?"

그래서 나는 이렇게 대답했다.

"그렇습니다. 모든 것은 고객에서 시작하고 또 고객에서 끝이 납니다."

모든 기업에서 가장 중요한 사항은 고객을 창조하고 유지하는 것이다. 기업이 벌어들이는 돈은 이 일을 얼마나 잘하는지 보여주는 지표일 뿐이다. 이것은 매우 중요한 개념이다. 왜냐하면 직원들이 각자 필요한 자질과 권한을 갖추어서 의욕적으로 고객의 요구를 찾아내고 그 요구를 만족시킬 수 있는 환경을 만드는 것이 바로 경영의 기본적인 의무라고 규정되기 때문이다. 간단하게 말해서, 경영자의 기본적인 목적은 성장 지도자가 되는 것이다.

유기적인 성장

1990년대에 여러 분야에서 이루어진 성장은 주로 기업의 합병과 취득을 통해서 이루어졌다. 2000년에 있었던 기업계의 대변혁과 그에 따른 새로운 법률의 등장으로, 기업들은 사업을 확장하는 핵심 요소가 유기적인 성장에 있다고 생각하고 그쪽으로 눈을 돌렸다. 유기적인 성장은 기업 합병이나 취득이라는 '기타 부분들'을 제외한 성장을 뜻한다. 다시 말해서, 어떤 기업이 자신의 핵심 능력을 극대화하고 지속 가능한 (그리고 수익성이 있는) 성과를 낼 때 그 기업 내부에서 나타나는 성장을 말한다. 이런 목표를 지향하는 기업이라면, 자기 역할이 성장 지도자임을 분명하게 인식하는 경영자들이 필요하다.

넘어야 할 장벽

유기적인 성장은 어떤 기업에서나 생존에 필요한 신선한 혈액이지만, 기업 내부에서나 외부에서 이 성장을 저해하는 장애물은 끊임없이 나타난다. 유기적인 성장을 높은 수준으로 달성하는 기업에는 이런 장애물을 찾아내고 제거하는 데 탁월한 솜씨를 발휘하는 경영자들이 있다. 외부적인 장애물로는 크게 고객과 관련된 것(황당한 요구, 고객의 이탈)과 시장과 관련된 것(기술과 관련된 유행, 짧아진 제품 수명) 그리고 경쟁과 관련된 것(아웃소싱의 증가, 가격 경쟁) 등이 있다. 이런 외부적인 문제는 책임 소재에 따라 경영자의 권한 밖일 수도 있지만, 내부적인 장애물은 전혀 다르다.

성장을 가로막는 내부적인 장애물은 다양한 요인에 의해 발생한다. 회사의 문화 혹은 분위기에 의해서 발생하는 문제들도 있다. 어떤 회사는 보수적이라서 위험이나 실패를 너그럽게 받아들이지 않을 수 있다. 회사의 이런 태도도 성장을 가로막는다. 내부적인 장애물 가운데 많은 것들은 그 회사의 경영 스타일에서 비롯된다. 직원들이 충분한 전결권을 가지고 있는가, 아니면 일방적으로 통제만 받는가? 필요한 정보를 모든 사람이 나눌 수 있는가, 아니면 소수가 독점하고 있는가? 상급과 하급 경영자들이 직원 고객의 목소리에 귀를 기울이는가? 비용을 아끼지 않고 새로운 아이디어와 업무 개혁에 투자를 아끼지 않는가? 이런 장애물은 결코 쉬운 문제가 아니다. 하지만 실망할 필요는 없다. 이 장애물들은 어느 수준까지는 경영자가 얼마든지 해결할 수 있다는 소식이다.

성장을 지휘하는 경영자가 되어라

앞에서도 언급했지만, 유기적인 성장을 촉진하는 핵심 요인은 끊임없이 나타나는 장애물을 넘어설 수 있는 역량을 갖추는 것이다. 이렇게 하기 위해서는 성장이라는 측면에서 자기 역할을 파악하는 경영자가 필요하다. 다음은 이런 경영자의 핵심적인 특성이다.

_성장 지도자는 문제를 해결한다. 이들은 위기를 극복하고 기회를 붙잡기 위한 경영의 근본적인 도구가 문제 해결력이라고 파악한다. 현재의 그리고 잠재적인 문제들을 파악하고 적절한 시기에 올바른 판단을 내리는 능력은 21세기에 기업을 성장시키는 기본적인 힘이 될 것이다.

_성장 지도자는 고객의 목소리에 열심히 귀를 기울인다. 고객과 보다 깊은 관계를 가짐으로써 상당한 수준의 성과를 달성할 수 있다. 따

라서 경영자는 고객의 소리를 들을 수 있는 곳이라면 어디든지 달려가야 한다. 하지만 아쉽게도 이런 사례를 찾아보기란 쉽지 않다. 또 한 가지, 당신 회사의 직원도 당신 회사의 고객(내부 고객)임을 잊지 마라.

_성장 지도자는 고객과 튼튼한 관계를 유지한다. 유기적인 성장의 핵심 요소는 고객의 요구와 바람이 무엇인지, 생생하고 올바른 정보를 확보하는 것이다. 비록 모든 핵심 경영자들이 여기에 동의를 하고는 있지만, 최근 논문에 따르면 자기 회사가 이런 작업을 잘하고 있다고 응답한 사람은 전체 응답자의 20퍼센트도 되지 않는다. 여기서 우리는 수많은 기업이 유기적인 성장을 못하고 허우적거리는 이유는 바로 고객과의 관계가 부실함에 있음을 알 수 있다.

_성장 지도자는 혁신을 주장하고 수행한다. 유기적인 성장은 대부분 회사가 새로운 고객을 찾아내거나 기존 고객에게서 더 많은 매출을 기록할 수 있는 방법을 발견할 때 일어난다. 하지만 성장의 또 다른 중요한 동력은 상상력과 혁신에서 비롯된다. 즉, 신제품을 개발하고 기존 제품의 시장을 넓히며 새로운 수요를 찾음으로써 성장을 이룩할 수 있다. 호기심을 격려하고 위험 부담을 지지하며 발상의 전환에 박수를 보내는 경영자가 있음으로 해서 성장은 한층 쉬워진다.

_성장 지도자는 열심히 학습한다. 지난 10년 동안, 노동력과 자본이 차지하고 있던 기본적인 성장 동력의 자리를 정보와 지식이 대체했다. 유기적인 성장의 핵심 가운데 하나는 경영자들이 얼마나 '배우고 또 배우는' 능력을 가지고 있느냐 하는 것이다. 미래는 많이 배운 사람의 것이 아니라 끊임없이 배우는 사람의 것이다.

_성장 지도자는 있는 힘을 다해서 노력한다. 부지런한 사람이 결국

이긴다는 옛날 말은 지금 그 어느 때보다도 설득력이 있다. 변화와 위기와 기회를 감지하고 반응하는 능력은 기업의 유연성과 민첩성의 핵심 요소이다. 제품 개발 주기를 보다 단축시켜서 시장과 고객의 요구에 신속하게 대응하는 것이 핵심이다.

NO.39 흰개미 박멸 프로젝트

성장 지도자에게 필요한 자질은 이 책을 통해서 끊임없이 반복해서 설명되고 있다. 하지만 그 가운데 특히 다섯 가지를 언급하면 다음과 같다.

1 고객에게 강력하게 초점을 맞추어라. 고객의 요구를 깊이 파악할 수 있도록 고객과 정기적인 접촉을 할 수 있는 토대를 마련하라. 고객의 현재 모습뿐만 아니라 고객이 바라는 가까운 미래의 모습을 선명하게 꿰뚫어라.

2 당신이 확보해놓은 것을 보호하라. 새로운 사업을 찾는 것도 중요하지만 당신이 벌여놓은 것을 버리지 마라. 당신의 현재 고객에게 추가적으로 가치를 제공할 수 있는 다양한 길을 찾아라. 지극한 정성을 다하면 늑대도 순한 양으로 만들 수 있다.

3 모든 사람이 책임을 지도록 만들어라. 당신의 직원들에게 성장과 관련된 성과를 이야기해야지 의무와 관련된 업무 과제를 말하지 마라. 각자 이룩한 업무 성과에 따라서 회사의 성과가 좌우됨을 직원들이 깨닫게 만들어라. 창조성과 혁신을 높이 평가하고 보상하라.

4 장애물이 무엇인지 자주 확인하라. 어떤 내부적 혹은 외부적 장애물이

성장의 기회를 가로막고 있는지 확인하는 보고서를 정기적으로 작성하라. 또한 동시에 당신 자신에게도 장애물이 있는지 확인하라. 편견이나 위험 회피 성향 등이 그런 장애물이다.

5 당신이 설정한 목표에 초점을 맞추어라. 사업의 기본적인 목적은 새로운 고객을 만들어내고 기존 고객을 붙잡아두는 것임을 잊지 마라. 경영자의 기본적인 의무는 기업이 성장할 수 있는 동력을 만들어냄으로써 그 과정이 보다 쉽게 진행되도록 하는 것이다.

흰개미의 오류 40

업무 평가를 사소하고도 귀찮은 일로 생각한다

"평가는 결산을 위한 시간이다. 투여한 행위와 거기에 따른 결과를 비교하는 시간이다. 잘못된 점을 찾아내고 보다 낫게 개선하기 위한 시간이다. 미래의 도전 과제를 설정하는 시간이다."
—돈 코버그와 짐 버넬, 《보편 여행자: 창조성, 문제 해결 그리고 설계 과정에 관한 지침서》

대부분의 경영자들에게서 앓는 소리를 듣고 싶으면, 이렇게 물으면 된다.
"직원들 업무 평가 작업 다 마쳤습니까?"
경영자에게 직원의 업무 성과를 평가하는 작업은 가장 끔찍한 작업이다. 어떤 경영자는 직원의 업무 평가 작업을 하느니 차라리 그들에게 두들겨맞는 게 낫겠다고 말했다. 또 어떤 경영자는 그 작업을 1년에 한 번 지옥에 다녀오는 것이라고 했다. 경영자들이 모두 직원의 업무 평가를 이렇게 느끼면, 평가를 받는 사람은 어떻게 느껴야 할까?

여러 해 동안 컨설팅 업무를 해오면서 나는, 직원 평가 과정에 얽힌 놀라운 이야기들을 많이 들었다. 한번은 워크숍에 참가한 어떤 사람이 자기 회사 사장이 도입한 새로운 업무 평가 방식에 대해서 이야기했다.

"우리 사장님은 관리자들이 직원의 업무 평가 작업에 골머리를 앓는 것을 알고, 모든 평가를 한 단어로 끝내라는 지침을 내렸습니다."

나는 그 사장이 제안했다는 접근법을 듣고 깜짝 놀랐다. 결과가 궁금했다. 그래서 어떻게 되었느냐고 물었더니, 그 사람은 이렇게 말했다.

"1년에 한 번 우리는 작은 회의실에서 부서 책임자와 마주앉습니다. 그리고 잠시 잡담을 하죠. 그런 다음에 그 사람이 쪽지를 우리 앞으로 밀어놓습니다. 그 쪽지에는 그 사람이 나를 평가한 내용이 적혀 있죠."

그 사람에 대한 평가가 무엇이었는지 궁금했지만, 대놓고 물을 수는 없어서 가만히 기다렸다. 그러자 그 사람은 내 속마음을 읽고 이렇게 말했다.

"내가 받은 쪽지에는 '느리고 단조롭다'라고 씌어 있었습니다. 내가 의사결정을 좀더 빨리 해야 할 필요가 있다고 생각했던 거죠."

그래서 나는 이렇게 대답했다. 특이한 이야기를 수없이 많이 들었지만, 내가 들은 이야기 가운데 가장 특이하다고.

업무 평가를 중시하는 것은 직원을 존중하는 것이다

업무 평가 작업은 그동안 중요한 가치를 인정받지 못했다. 많은 경영자들은 이 작업을 하나의 기회로 바라보지 않고 필요악으로만 생각했다. 직원의 업무를 평가하는 시간은, 경영자가 직원과 함께 일 대 일로 마주앉을 수 있는 1년에 단 한 번밖에 없는 중요한 시간이 될 수도 있다. 어쨌거나 직원 입장에서 보면, 자기 상사가 오로지 자기에게만 관심과 시간을 할애하는 귀중한 기회인 것만은 분명하다. 평가를 받는 사람 입장에서는 이 일 대 일 면담에는 많은 상징이 담겨 있다. 상사가 얼마나 많은 시간과 노력을 들이느냐 하는 것은 그 자체로 평가를 받는 사람에게는 하나의 선명한 메시지가 되기 때문이다.

평가 작업이 부실할 수밖에 없는 이유는 많이 있겠지만, 준비 부족이 가장 큰 요인이 아닐까 싶다. 일손이 모자라는 사업장일수록 직원들에게 더 많은 일을 하라고 재촉해야 하는 형편이기 때문에, 흔히 업무 평가 작업은 '다른 중요한 일' 때문에 다음 순위로 밀리는 경향이 있다. 하지만 이렇게 하다 보면, 이 회사는 끊임없이 일손 부족으로 시달리게 될 것이다. 왜냐하면 이 회사에서 일을 하려는 사람이 없을 것이기 때문이다.

잘된 업무 평가는 직원 면담 이전에 이미 완성된다. 적절한 준비를 하기만 하면 모든 세부 사항들까지 짚어낼 수 있으며 법적이거나 윤리적인 문제까지도 모두 피할 수 있다. 면담을 하기 전에 평가 내용을 미리 한 번 훑어보고, 사본을 만들어서 직원에게도 미리 주는 게 좋다. 이렇게 할 경우, 업무 평가 면담 때마다 거의 빠지지 않는 '갑작스러운 충격'을 방지할 수 있다. 만일 연례 평가 과정에서 직원들이 깜짝 놀라고 충격을 받는 일이 나타난다면, 경영자는 그 평가 년도가 끝날 때까지 일을 제대로 못하게 될 것이다.

나는 업무 평가 작업을 준비할 때, 아무런 방해도 받지 않는 곳으로 가서 몇 시간씩 업무 평가 내용을 살펴본다. 그리고 직원과 일 대 일로 마주앉았을 때 그의 업무 평가 내용을 집중적으로 살펴보았다고 말한다. 이것이 업무 평가 과정에서 결정적으로 중요한 첫 번째 단계이다. 이렇게 함으로써 나는, 평가를 받는 직원은 회사에서 소중한 존재이며, 또 그의 업무를 평가하는 작업에 내가 최선을 다하고 있으며 그만큼 그 과정을 중요하게 여긴다는 메시지를 보내는 것이다. 내가 평가 작업을 중요하게 여기면 직원들도 중요하게 여긴다. 하지만 내가 부담스러운 짐이라고 생각하거나 우습게 여기면, 직원들도 역시 그렇게 여긴다.

나는 직원들을 평가할 때 평가 항목들을 세부적으로 분류하려고 노력한다. 내가 제일 싫어하는 평가서 양식은 1등급에서 5등급 가운데 하나로 뭉뚱그려서 매기는 것이다. 이렇게 하면 실제적인 평가는 거의 이루어지지 않는다. 특정 범주를 설정하고(예를 들면, '동료 직원과 잘 협조하는가?') 한두 문장으로 평가 내용을 적어 넣을 수 있도록 되어 있는 평가서 양식이 필요하다. 특히 부정적인 평가를 할 때는 사례를 함께 적도록 해야 한다.

"내가 잘하고 있나요?"

업무 평가를 둘러싼 악명이 높은데도 불구하고, 직원들은 여전히 자기 업무를 평가받기 원한다. 전 뉴욕시티 시장인 에드워드 코치는 기자회견을 할 때마다 기자들에게 이렇게 묻곤 했다.

"내가 어떻게 하고 있습니까? 잘하고 있습니까?"

회사에서 일을 하는 직원들 역시 이 질문에 대한 대답을 듣고 싶어한다. 그들은 자기들이 바친 노력을 진지하게 살펴본 다음에, 격려를 하고 또 잘못한 부분이 있으면 정정을 해주길 바란다. 업무 평가는 직원들에게 강력한 동기부여를 해줄 수 있는 소중한 기회이다. 이 기회를 통해서 긍정적인 동기부여를 해주는 것이 바로 경영자가 해야 할 몫이다.

 **흰개미 박멸 프로젝트**

1 업무 평가 과정을 소중하게 여겨라. 업무 평가 시간은 당신이 직원과 일 대 일로 마주앉을 수 있는 매우 중요한 시간임을 명심하라. 직원들에게, 당신은 이 과정을 매우 소중하게 생각하고 있으며 이 작업을 위해 최선을 다하고 있다고 말하라.

2 당신과 직원들 모두 평가 과정에 사용될 평가서 양식을 숙지하도록 하라. 직원들에게는 자기 의견과 느낌을 얼마든지 밝힐 수 있다고 말하라.

3 업무 평가 면담 장소는 편안하고 적절한 곳으로 정하라. 유쾌하지 않거

나 번잡스러운 환경은 피하도록 하라.

4 비판할 것이 있으면 주저하지 마라. 비판 받기를 좋아하는 사람은 없다. 그러나 그럴 가치가 있다면 비판을 해야 한다. 비판은 사례를 들어서 분명하고 구체적으로 하라. 동정심을 가지고 공감은 하되, 단호해야 한다.

5 직원들이 무엇을 필요로 하고 무엇을 바라는지 파악하라. 하기 싫은 숙제를 해치우듯이 후닥닥 몇 가지 정해진 과제들만 처리하겠다는 마음으로 임하면, 성공으로 향하는 지름길을 제공하는 목적이 이 업무 평가 과정에서 실종되고 만다.

흰개미의 오류 41

미시 경영에 집착한다

"훌륭한 지휘자는 능력이 있는 사람을 뽑아서 일을 시키는 감각과, 그 사람이 일을 할 때 간섭하지 않는 자제심을 갖춘 사람이다." —시어도어 루스벨트

얼마 전에 이메일을 확인하다가 오래 전에 함께 일을 했던 친구가 보낸 편지를 발견했다. 그런데 놀랍게도 그 친구는, 내가 아는 회사 가운데서 자기의 능력을 원하는 회사가 있으면 소개시켜 달라고 부탁하면서 이력서를 첨부했다. 그를 마지막으로 보았을 때가, 누구나 다 들어가고 싶어하는 회사에서 그가 막 입사 통보를 받았던 때였다. 착실한 사람임을 알고 있었기에 그가 새로 입사한 지 채 2년도 되지 않아서 다른 직장을 구한다는 사실이 나로서는 이해할 수 없을 만큼 이상했다.

며칠 뒤에 그 친구가 전화를 했고 우리는 함께 점심을 먹었다.

"자네 이메일을 보고 얼마나 놀랐는지 아나? 난 자네가 그 회사에서 열심히 일을 하고 있으리라고만 생각했거든."

"나도 사실은 은퇴할 때까지 다닐 생각을 했었지."

"생각대로 잘 안 되었던가 보지?"

"그랬지. 처음 여섯 달 동안은 나쁘지 않았네. 그런데 그 뒤로는 계속 내리막길이었어."

그러면서 그는 짧지 않은 당시 이야기를 했다. 친구가 입사했던 회사는 통신 회사였는데, 이 회사는 친구를 고용하면서 기술 부문을 책임지라고 맡겼다. 이 회사는 처음에 구멍가게처럼 시작했다가 대박을 터뜨렸고, 열 명 안팎이던 직원이 백 명이 넘는 회사로 성장했다. 그런데 문제는 그 회사의 설립자들이 과거에 어렵게 회사를 경영하면서 아주 사소한 것까지 지나칠 정도로 꼼꼼하게 챙기던 버릇이 있었는데, 그 버릇을 여전히 버리지 않았다는 사실이었다. 회사가 초일류 산업에 엄청난 투자를 하면서도 사업의 모든 세부적인 것들을 꼼꼼하게 챙기는 소위 '미시 경영'으로 직원들의 손발을 묶어버린 것이다.

"정말 우스웠다네. 신제품 출시로 정신없이 바쁜 와중에 정말 아무런 필요도 없는 사소한 것을 결제받으려고 설립자들을 모두 찾아가야 했단 말이야. 설립자의 사무실에 가면, 거기에는 이미 다른 부서 책임자들이 길게 줄을 서 있지. 다들 내가 결제 받으려 하는 것과 비슷한 사안을 결제 받으려고 말이야. 아무튼 맨 뒤에 서서 기다려야 했지. 아무 짓도 못 하고 그냥 내 차례가 오기만을 멀뚱하게 기다리는 게 정말 싫었네. 하지만 나중에는 그 줄이 더 길어질 것을 알기 때문에 되돌아 나올 수도 없었다네."

그런데 그 회사는 빠르게 성장했다는 사실을 생각하며 이렇게 물었다.

"회사는 계속 잘 됐나?"

"회사는 계속 성장했네. 하지만 결제를 기다려야 하는 시간은 점점 더 길어졌네. 한번은 영업 책임자가 엄청나게 화를 냈어. 적지 않은 제품 물량을 고객 회사에 납품해야 하는데, 납기를 지키지 못하게 된 일이 발생했거든. 이 사람이 생산 책임자에게 따지러 갔지. 그런데 알고 보니까 제품을 만들 부품을 아직 주문도 하지 않은 상태였던 거라. 도대체 왜 이렇게 되었느냐고 물으니까 생산 책임자가 하는 말이, 사장이 부품 구입을 보류시켰다는 거야."

"이유가 뭐였나?"

"더 좋은 조건으로 부품을 살 수 있겠다고 생각하고, 구매 책임자에게 주문을 하지 말라고 했다는 거야. 그런데 불행하게도 사장의 책상 위에는 이런 건과 비슷한 건의 서류가 수도 없이 많이 쌓여 있었고, 그러다보니 사장이 잊어버리고 시기를 놓쳐버렸다는 거야."

"자네에겐 무슨 일이 일어났지?"

"아까도 말했지만 사장은 사소한 사항들까지 모두 직접 결제를 했어. 어느 정도였는지는 이 이야기를 하면 쉽게 이해가 될 걸세. 이 사람은 고객이 보낸 편지를 하나도 빼놓지 않고 다 읽고, 또 거기에 답장까지 한다네. 이 사람은 문 밖에서 부서 책임자들이 줄을 서서 기다리는 것보다 고객에게 보내는 답장에 혹시 있을지도 모르는 오타를 찾아내는 일이 더 중요하고 급했던 사람이었다면 말 다하는 거지 뭐. 다른 회사에 가 있는 기술자들은 날마다 전화를 걸어서 자기들 주형이 어디 있

9부 _ 일반 관리 319

는지 설계도가 어디 있는지 물어대는데, 어느 날 갑자기, 내가 이 부서의 책임자가 아니구나 하는 생각이 문득 들더군. 학위를 두 개나 가지고 있고, 세 회사를 거치면서 어디 가서도 꿇리지 않을 경력을 쌓았는데, 정작 하는 일이라고는 갓 입사한 새내기가 해야 마땅한 일이나 하고 있더란 말이지. 화장실 가는 것까지 질문을 받고 결제를 받으면서 직장에 다닐 수는 없었어. 그래서 그만뒀네."

미시 경영

내 친구를 좌절하게 만들고 결국 사표를 쓰게 했던 것은 대표가 사업의 전반적인 모든 세부 사항들까지 챙기고 통제하려 들기 때문이다. 그 대표는 나쁜 사람이 아니었다. 그는 단지 다른 사람들이 자기만큼 잘할 수 있으리라고 믿지 못했을 뿐이다. 직원을 훈련시키지 않았고, 업무를 수행하는 데 필요한 정보를 직원에게 제공하지 않으며, 모든 것을 자기가 다 해야만 한다는 그릇된 믿음을 스스로 만들어냈다. 역설적이게도 그는 자기 자신을 훌륭한 대표자로 여겼다. 비록 그가 업무 수행에는 능했을지 모르지만, 의사 결정과 권한을 다른 사람에게 위임하는 데는 서툴렀다.

기업 전체나 한 부서를 운영하는 데 필요한 모든 세부적인 사항과 의사 결정을 지배하는 과정인 미시 경영은, 오늘날 대부분의 기업들이 폭넓게 채택하고 있는 '참여 경영'과 배치된다. 미시 경영은 의사 결정 및 세부적인 과정에서 직원을 배제하고, 직원들이 오로지 친절하고 자비로운 지시가 상부에서 내려오기만을 기다리게 만든다. 이렇게 될 때 수많은 부정적인 문제들이 제기된다. 미시 경영 방식에서 비롯되는 부정적인 사항을 몇 가지 예로 들면 다음과 같다.

_부서의 효율성과 생산성이 떨어진다.
_직원들은 자기 직무에 대한 긍지와 주인의식을 잃어버린다.
_고객 서비스와 빠른 대응력이 잠식된다.
_불신과 불안감이 높아진다.
_직원들은 자부심을 잃고 직무 만족도도 떨어진다.
_직원들 사이에 두려움이 형성된다.

미시 경영은 아무리 잘해봐야 생산성을 저해한다. 최악의 경우에는 임의적인 판단이 고질병으로 굳어진다.

NO.41 흰개미 박멸 프로젝트

미시 경영 방식을 참여 경영 방식으로 바꾸려면 우선 의식부터 바꾸어야 한다. 경영자는 지나치게 과도한 통제를 하던 습관과 태도를 버리고, 자기 아닌 다른 사람들도 각자 지닌 재능과 판단력을 발휘해서 얼마든지 업무를 잘 수행할 수 있다는 믿음을 가져야 한다. 이런 변화를 가능하게 하는 몇 가지 방법은 다음과 같다.

1 직원들로 하여금 책임을 지도록 격려하라. 부서 혹은 전체 기업에서 설

정한 목표에 부합하는 결정을 내릴 경우 직원들에게 상을 주어라.

2 직원들에게 각자 자기 업무를 수행하는 데 필요한 여러 가지 자원(예를 들면 시간, 돈, 교육 및 훈련, 그리고 필요한 정보를 얻을 수 있도록 핵심 인물에게 접근할 수 있는 기회 등)을 제공하고, 그 결과물에 대해서 스스로 책임을 지도록 만들어라. 미시 경영의 경영자는 보통 이런 자원들을 독점적으로 집행한다.

3 직원들과 신뢰의 끈을 튼튼하게 마련하라. 자기들이 직접 의사 결정하는 것이 당신에게 불편하지 않다는 사실을 직원들에게 알려라. 그리고 직원들이 자기들의 영역 안에서 마음껏 의사 결정을 하도록 격려하라.

4 회사의 문화와 분위기를 바꾸어서 직원이 당연하게 의사 결정을 할 수 있도록 하라. 직원이 훌륭한 판단을 할 수 있도록 필요한 정보와 교육 훈련의 기회를 제공하라. 아마도 당신은 그들이 내린 판단에 토를 달거나 다른 내용의 판단을 하고 싶을 것이다. 하지만 그런 유혹을 뿌리쳐라.

5 유능한 부하 직원이 하는 일을 어깨 너머로 훔쳐보고 싶겠지만 참아라. 그리고 그들이 일에서 얻는 만족감을 빼앗지 마라. 직원이 재능을 마음껏 뽐낼 수 있도록 기회를 만들어라. 직원에게 도움이 되어라. 하지만 그 위에 군림하거나 그 위에서 지시만 하려고 하지 마라.

흰개미의 오류 42

사무실에서 늘 심각하고 엄숙한 태도를 유지한다

"미국의 작업 현장에서 유머 전문가들이 늘 주장해왔던 진리를 마침내 깨닫고 있다. 그것은 바로 웃으면 생산성이 오른다는 사실이다." ―엘리자베스 커티스 힉스, 유머 작가

최근에 어떤 통신 회사와 일을 하면서 경험한 일이다. 이 회사의 사장은 새로운 중계소 개소식을 축하한다면서 전 직원을 작업장 바깥으로 불러냈다. 나는 놀랐지만 다른 사람들과 함께 축하 행사에 참가하러 밖으로 나갔다. 그리고 우리는 모두 소위 '충성 서약'을 낭송했다. 이어서 고등학교 학생 한 명이 트럼펫으로 국가 〈성조기여 영원하라〉를 연주했다. 그리고 이 행사가 끝난 뒤에 붉은색과 흰색과 파란색이 섞인 아이스캔디를 하나씩 받았다. 이 행사를 하는 데 걸린 시간은 대략 15

분 정도였다. 하지만 행사를 마치고 다시 각자 자기 작업장으로 돌아가는 직원들은 이 깜짝 행사로 인해 무척 즐거워했고 또 의욕도 한층 넘쳐났다. 나중에 이 행사를 준비한 간부진 가운데 한 명을 따로 만났는데, 그 사람은 이렇게 말했다.

"우리 회사에서 이런 행사는 거의 1주일에 한 번씩 있습니다."

나는 이유를 물었다. 그러자 그는 소리를 내어 웃으면서 이렇게 말했다.

"재미있잖아요!"

즐거운 일터

직장인들은 대부분 자기 일에서 만족감을 얻을 수 있는 조건 가운데 하나로 일하면서 즐길 수 있는 것을 꼽는다. 누구든 조금만 생각하면 이런 사실을 예상할 수 있다. 하지만 최근 조사에 의하면, 이렇게 일을 즐길 수 있는 사람은 많지 않다. 〈인더스트리 위크〉가 실시한 여론조사에 따르면, 응답자의 63퍼센트가 자기가 하는 일이 즐겁다고 여기지 않는다. 많은 사람들이 자기가 하는 일을 '감옥'처럼 답답하고 지긋지긋하다고 말한다. 〈유에스에이 투데이〉는 미국 기업의 작업 현장은 '치명적일 정도로 진지하고 엄숙해서' 매우 위험한 상태라고 전한다.

분명한 사실은, 우리가 작업 현장에서 웃음을 쫓아냈다는 것이다. 그 결과 생산성과 사기 그리고 심지어 수익률까지 떨어졌다. 회사에 가는 게 점점 재미없어진다. 당연히, 사람들은 될 수 있으면 작업 현장에서 발을 빼고 싶어진다. 《모나리자가 알았던 것 What Mona Lisa Knew》의 저자 바바라 맥코프는 일은 원래 이렇게 진지하고 엄숙한 게 아니었다고 말한다.

"일터가 즐거워야 할 이유가 즐겁지 않을 이유보다 오히려 더 많이 있다."

우리는 과연 즐겁게 일을 하는가?

직원들을 웃기거나 깜짝 행사를 열어주는 것만이 즐거운 일터를 만드는 방법이 아니다. 일을 즐겁게 만드는 데 무엇이 필요한가를 연구한 논문들은 대부분 팀워크를 가장 중요한 요인으로 꼽는다. 한 집단의 사람들이 팀을 이루어 공동 목표를 함께 추구할 때 각자 개별적으로 자기에게 부여된 목표를 추구하는 사람들보다 더 즐겁게 일을 한다는 것이다. 오래 전에 나는, 최고의 팀을 이루어서 함께 일을 하던 집단에서 관리자로 일을 한 적이 있다. 이 집단이 보여준 동지애와 열성과 집중력은 놀라운 것이었다. 게다가 이들은 일을 하는 동안 늘 즐거워했고 이들 사이에서는 웃음이 끊이지 않았다. 이 부서의 이런 분위기는 전화선을 타고 고객에게까지 전달되었다. 이 부서의 열성과 쾌활함과 친절함을 칭찬한 고객이 한둘이 아니었다. 이들이 하던 업무는 결코 쉽지 않았고, 여유롭지도 않았다. 그럼에도 불구하고 그런 결과가 나타났던 것이다.

"경기를 즐겨라!"

릭 피티노가 1989년에 켄터키 대학교의 미식축구 팀 수석감독 직을 수락했을 때, 사람들은 그가 결코 즐겁지 않은 일을 떠맡았다고 했다. 미국 대학 체육 협회(NCAA)로부터 받은 제재와 스캔들로 피티노의 팀에는 허섭스레기들만 득시글거렸고 이후로 나아질 전망은 거의 없었다. 하지만 동기부여의 귀재였던 피티노는 팀의 분위기를 즐겁게 만들려고 노력했다. 그가 내린 처방은 선수들이 감당하기에 결코 쉽지 않았다. 훈련은 길고 힘들었다. 하지만 그는 선수들을 쉬지 않고 격려하며 힘을 불어넣었다. 그리고 늘 팀워크를 강조했다. 피티노의 이런 노력은 1992년에 결실을 보았다. 언론이 '영원히 기억될 오합지졸'이라고 별명을 붙였던 피티노의 팀이 최강의 전력을 가지고 있던 듀크 대학교와 손에 땀을 쥐는 접전을 벌였고, 경기를 중계하던 아나운서는 보기 드문 최고의 명승부였다고 평가했다. 경기가 끝난 뒤 기자들이 선수들에게 피티노가 팀의 전력을 이렇게 끌어올린 비결이 무엇이냐고 묻자, 선수들은 입을 모아서 이렇게 대답했다.

"감독님은 경기를 즐기는 법을 가르쳐주셨습니다."

어릿광대 놀음

샌디를 처음 보았을 때 나는 그녀의 외모에 깜짝 놀랐다. 상황에 맞지 않는 옷을 입어서가 아니었다. 그녀의 회색 정장은 건강관리 회사의 중역이라는 그녀의 직업에 딱 맞게 잘 어울렸다. 하지만 내가 놀랐던 것은, 커다란 책상 뒤에 앉아 있던 그녀가 빨강색 어릿광대 코를 달고 있었기 때문이다. 마주앉아서 내가 시행할 훈련 프로그램을 놓고 상담을 하는 동안 나는 그녀와 눈을 맞출 수 없었다. 그녀는 자기가 달고 있는 코에 대해서 아무런 설명도 하지 않았고, 마치 내가 이상하게 여기는 어릿광대 코가 자기 얼굴에 없는 듯이 행동하고 있었다. 그래서 나는 더 참지 못하고, 코를 다쳐서 병원에서 치료를 받았느냐고 웃으면서 물었다.

"코를 다친 사람을 많이 봤지만, 내가 본 것 가운데서는 가장 심하게 부어올랐군요."

그러자 샌디도 웃으면서 가짜 코를 벗으며 말했다.

"사실 우리 일이 굉장히 힘들거든요. 육체적으로나 정신적으로 스트레스를 많이 받습니다. 그렇다고 해서 우리가 얼마나 힘들게 일하는지 사람들이 알아주는 것도 아니거든요. 하지만 이런 고된 일과 속에서도 조금이라도 웃을 일을 만들려고 노력하죠."

나아가서 샌디는 그 코가 나를 시험하기 위한 것이라고 했다.

"우리는 너무 진지하고 엄숙하게 구는 사람들하고는 함께 일을 하기 싫거든요. 선생님이 어떤 반응을 보이시는지 보려고 일부러 어릿광대 코를 달았지요."

그러면서 그녀는 내가 시험에 무사히 통과했다고 말했다.

웃음 금지 구역을 해제하라

오랫동안, 일터에서 웃는다는 것은 일은 하지 않고 시시덕거린다는 것을 의미했다. 일을 진지하게 한다는 것은 그만큼 일에 혼신을 다한다는 것을 의미했다. 어둡고 칙칙한 분위기는 곧 높은 생산성을 의미했다. 그래서 사람들은 정말 심각하고 진지할 정도로 열심히 일했다. 그런데 대부분의 기업이 한계에 부닥친 생산성을 보다 높이 끌어올려야 할 필요성에 직면하고 또 업무로 인한 직원의 스트레스가 일상적인 현상이 되자, 기업은 웃음이야말로 가치 있는 도구라는 사실을 깨닫게 되었다. 최근의 연구에 의하면 웃음은 다음과 같은 효과를 낸다고 한다.

_스트레스를 줄인다.
_화를 무장해제한다.
_변화에 대한 거부감을 줄인다.
_사기를 높인다.
_긍정적인 태도를 가지게 만든다.
_질병이나 사고 혹은 결근으로 인한 비용을 줄인다.
_아이디어에 대한 수용력을 높인다.
_이직률을 줄인다.

간단히 말해서, 직원이 업무에 만족하게 만들고 이직률을 낮추는 데는 웃음과 즐거움이 최고라는 사실을 기업이 인식하기 시작했다고 말할 수 있다.

 **NO.42 흰개미 박멸 프로젝트**

❶ 당신 부서에 즐거움이 넘치게 하는 것이 당신의 의무임을 인정하라. 즐거움을 창조한다는 것은 1년에 한두 번 웃고 즐길 거리를 만든다는 뜻이 아니다. 지속적으로 즐거울 수 있는 환경을 만든다는 뜻이다.

❷ 스트레스를 발생시키는 상황을 유머로 날려버려라. 코미디 배우인 존 클리스는, 금방이라도 우리를 압도할 것처럼 위협적인 문제도 유머 한 방으로 어렵지 않게 무력화시킬 수 있다고 말했다.

❸ 작업 현장을 각 개인이 가지고 있는 재능의 경연 공간으로 만들어라. 직원들이 어떤 재능을 가지고 있는지, 그리고 일터에서 벗어나서 그 재능을 어떻게 발휘하는지 파악하고, 그들이 각자 가지고 있는 재능을 팀원들과 함께 즐길 수 있도록 격려하라. 내가 아는 어떤 경영자는 클라리넷을 조금 분다. 하지만 그의 솜씨는 내가 여태껏 들어본 것 가운데 최악이다. 그래도 그는 자기 직원의 생일이면 어김없이 클라리넷으로 축가를 연주해준다. 직원들이 그의 서툰 연주를 서툰 대로 즐길 것임은 당연하다.

❹ 사무실 혹은 작업 현장을 유머가 넘치는 공간으로 만들어라. 직원들에게 각자 제일 마음에 드는 풍자화를 하나씩 가지고 오라고 하고, 이것들을 모아뒀다가 주말에 최고 인기 작품을 뽑아라. 주말 최고 인기 작품을 모아서 한 달에 한 번 월 최고 인기 작품을 뽑아라. 그리고 이 작품의 주인에게 재미있는 상품을 수여하라. 나는 직원들에게 줄 이런 상품을 만물상에서 구입한다.

5 당신이 기대하는 행동을 설계하라. 일은 진지하고 심각하게 해야 한다는 옛말이 있긴 하지만, 우리까지 진지하고 심각할 필요는 없다. 당신이 작업 현장에서 터져 나오는 웃음을 반기며 이 웃음이 업무에 긍정적인 요소가 된다고 생각한다는 사실을 직원들이 알게 하라.

흰개미의 오류 43

직원을 훈련시키지 않는다

"오늘날 경영이라는 임무를 맡은 사람들이 해야 하는 주요 과제 가운데 하나는, 직원들이 업무나 업무와 연관된 전문 지식을 되도록 빨리 습득할 수 있도록 도와주는 것이다."
―샤론 커크먼 도니건, 기업가

오래 전에 킹스턴 트리오는 〈데저트 피트〉라는 노래로 히트를 쳤다. 이 노래의 내용은 다음과 같다. 한 남자가 물도 없고 먹을 것도 없이 사흘 동안 '작은 선인장 사막'을 헤맸다. 기진맥진한 남자의 눈에 멀리 무엇인가가 보였다. 물을 길어 올리는 펌프 같았다. 하지만 신기루일지도 모른다고 생각했다. 뜨거운 사막의 열기가 목이 마른 사람에게 장난을 친다는 사실을 알고 있었기 때문이다. 하지만 가까이 가보니 정말 그것은 펌프가 틀림없었다. 목이 바싹 타들어가는 상태였지만 남자는 백 미터 가까운 거리를 있는 힘을 다해서 달렸고, 펌프 앞에서 기진해서 고꾸라졌다.

그런데 펌프 옆을 보니까 항아리가 하나 있었고, 그 안에는 차갑고 맑은 물이 있었다. 피트는 항아리를 잡고 물을 마시려는데, 갑자기 펌프에 붙어 있는 안내 표지판이 눈에 들어왔다. 표지판에 적힌 내용은 이랬다.

항아리의 물을 마셔버리지 마시오. 그 물은 펌프로 물을 끌어올리는 데 쓰시오. 물을 끌어올려서 마음껏 쓴 다음에는 반드시 다음 사람을 위해 항아리에 물을 채워놓으시오.

표지판에는 또, 항아리의 물을 모두 다 펌프에 부어넣은 다음에 펌프질을 해야 물을 끌어올릴 수 있을 것이라고 적혀 있었다. 피트는 이러지도 못하고 저러지도 못하는 딜레마에 빠졌다. 항아리의 물로 우선 갈증을 풀 수는 있지만, 그렇게 할 경우 다음에 올 사람은 갈증을 해소할 길이 영영 없어진다는 것이 문제고, 항아리의 물을 펌프에 쏟아붓고 물을 끌어올릴 수도 있지만, 혹시 펌프가 고장 나 있다거나 아니면 지하수가 고갈되어서 물을 끌어올리지 못할 경우 우선 자기부터 갈증으로 쓰러지고 말 것이기 때문이다.

피트가 선택해야 하는 문제는 오늘날 경영자가 선택해야 하는 문제와 비슷하다. 우선 자기의 욕심부터 채울 것인가, 아니면 뒤따르는 사람을 위해 투자할 것인가? 직원들의 성장과 발전이 자기 책임이라고 생각하는 경영자는 데저트 피트와 똑같은 선택을 한다. 이런 경영자는 사람들의 잠재력을 끌어올리고, 그렇게 해서 올라온 물줄기가 콸콸 흐르는 모습을 바라본다. 손을 상하로 움직여서 물을 퍼올리는 옛날식 펌프를 나는 사무실 한쪽에 두고 있다. 바로 이런 교훈을 늘 잊지 않고 마음에 담아두기 위해서이다.

단순한 전략

대통령 선거에도 출마했던 억만장자 로스 페로는 경영자가 해야 하는 가장 중요한 일을 다음 세 가지로 요약했다. 첫째, 고객을 돌보고 고객의 이익을 생각할 것. 둘째, 수익을 낼 것. 셋째, 누군가를 가르쳐서 첫째와 둘째 사항을 하게 할 것. 페로의 생각이 옳다. 경영자들, 특히 규모가 작은 회사나 부서를 책임지고 있는 경영자들은 과거 그 어느 때보다도 스승이나 코치의 역할을 해야 한다는 요구에 직면하고 있다.

직원들이 얼마나 많은 지식을 가지고 있으며 또 이 지식을 얼마나 실제 업무에 적용할 수 있느냐에 따라서 사업의 성패가 갈리는 경향은 과거보다 훨씬 심해졌다. 그렇기 때문에 기업에서는 성장과 발전을 촉진하는 경영자를 과거보다 훨씬 더 필요로 한다.

직원 훈련의 효과

직원들을 지속적으로 훈련함으로써 회사가 얻을 수 있는 이익은 엄청나다. 직원에게 투자를 하는 기업은 직원 훈련이 어떤 효과를 내는지 잘 알고 있다. 다음은 그 효과들을 예시한 것이다.

_변화의 효과를 관리하는 데 도움이 된다.
_생산성과 효율성을 높이는 데 도움이 된다.
_경쟁에 이길 수 있도록 기술을 개발하는 데 도움이 된다.
_기업의 기본 자산인 인력의 손실을 막는 데 도움이 된다.
_기업의 전망과 목표를 직원에게 심어주는 데 도움이 된다.
_기업이 직원을 통해 다른 기업들과 차별성을 꾀하는 데 도움이 된다.
_업무 만족도를 높이고 이직률을 낮추는 데 도움이 된다.

그리고 흔히 간과하는 것이 있는데, 교육과 훈련을 받은 직원은 강한 동기부여를 받는다는 사실이다. 다른 어떤 것보다 훈련이야말로 회사가 직원을 어떻게 평가하는지 직접적으로 보여주는 것이다. 어떤 직원을 대상으로 교육 훈련 프로그램을 진행한다는 것은, 회사에서 그 직원을 회사의 중요한 미래 자원으로 여긴다는 것을 뜻한다. 이것보다 더 나은 동기부여는 많지 않다.

훈련과 동기부여

위에서도 확인했지만, 직원들이 훈련을 원한다는 것은 놀라운 사실이 아니다. 업무를 잘 수행함으로써 만족을 얻으려 할 뿐만 아니라, 보다 나은 기술 및 업무 능력을 발휘할 수 있게 됨으로써 경제적으로도 더 나은 보상을 받고자 한다. 회사가 자신을 훈련시킨다는 것은 회사가 자신의 미래에 투자를 한다는 것이기 때문에, 직원들은 이 훈련의 기회가 오기를 기다리며 또 그 기회가 오면 자부심을 느낀다. 일선에 있는 직원들을 훈련함으로써 동기부여를 하면, 이들은 회사의 성장을 위해 기꺼이 노력하는 모습으로 보답할 것이다.

훈련의 내용

기업의 다른 활동과 마찬가지로, 직원 교육과 훈련을 잘하려면 우선 계획부터 잘 세워야 한다. 이 계획에는 어떤 직원을 대상으로 할 것인지, 언제 어떻게 그리고 어디에서 훈련 프로그램을 실시할 것인지 하는 것들이 모두 포함된다. 그리고 계획에 담아야 할 또 한 가지 중요한 것은, 바로 교육 및 훈련의 내용이 무엇인가 하는 문제이다. 경영자들이 보통 꼽는 내용을 정리하면 다음과 같다.

- 제품에 관한 지식과 사용법.
- 업무 기능과 관련된 전문적인 훈련.
- 고객의 불만을 처리하는 과정, 전화 응답 요령과 태도 등의 고객 서비스 관련 내용.
- 문서나 구두 혹은 기타 방법을 동원한 의사소통 기술.
- 실제적인 실무 기술.

_시간 관리 능력, 문제 해결 능력, 학습 등의 개인적인 발전에 관한 내용.
_팀워크를 높이는 기술.
_갈등을 해결하는 기술.

이 항목들은 하나의 사례일 뿐이다. 가장 중요한 것은 어디까지나 직원들이 가장 중요하다고 여기는 것이 무엇인지 파악하는 것이다. 가장 좋은 두 가지 방법은, 직원들을 관찰하면서 그들에게 부족한 부분을 파악해내는 방법과, 직원들에게 어떤 내용을 교육·훈련받고 싶은지 직접 물어보는 것이다. 이렇게 해서 모든 계획이 세워지면 실천하면 된다.

NO.43 흰개미 박멸 프로젝트

1 훈련 프로그램이 강력한 상징임을 인식하라. 경영자가 자기 시간(그리고 회사의 돈)을 어떤 직원에게 투자할 때, 그것은 그 직원이 회사의 미래에 중요한 존재라는 메시지를 보내는 것이다. 훈련 프로그램은 직원의 기술을 증진시킬 뿐 아니라 직원의 자부심도 함께 높인다.

2 훈련 프로그램의 모순 가운데 하나가, 훈련 프로그램을 통해서 직원에게 동기부여를 할 수도 있고 직원이 겁을 먹게 할 수도 있다는 사실이다. 훈련을 받는 동안 상호 존중의 분위기 속에서 당신도 함께 배우고 함께 있을 것임을 참가자들에게 알려라.

❸ 훈련 프로그램을 실시할 때, 참가자들이 내는 아이디어와 그들의 경험이 프로그램에서 중요한 역할을 한다는 사실을 일러주어라. 참가자들끼리 생각을 나누는 것이 중요하다는 사실을 강조하라. 그리고 또 질문은 얼마든지 해도 좋다고 격려하라.

❹ 성인을 대상으로 하는 훈련 프로그램을 효과적으로 진행하려면 반은 놀면서 해야 한다는 사실을 인정하라. 가능하면 즐겁게 훈련을 받을 수 있도록 하라. 유머와 오락이 성인을 가장 빠르게 학습시킬 수 있는 방법 가운데 하나이다.

❺ 훈련 프로그램이 끝난 뒤 72시간 이내에 참가자들이 그 훈련을 간략하게 복습할 수 있는 기회를 마련하라. 연구 조사에 따르면, 훈련 내용을 복습하면 학습 효과가 50퍼센트 이상 증가한다고 한다.

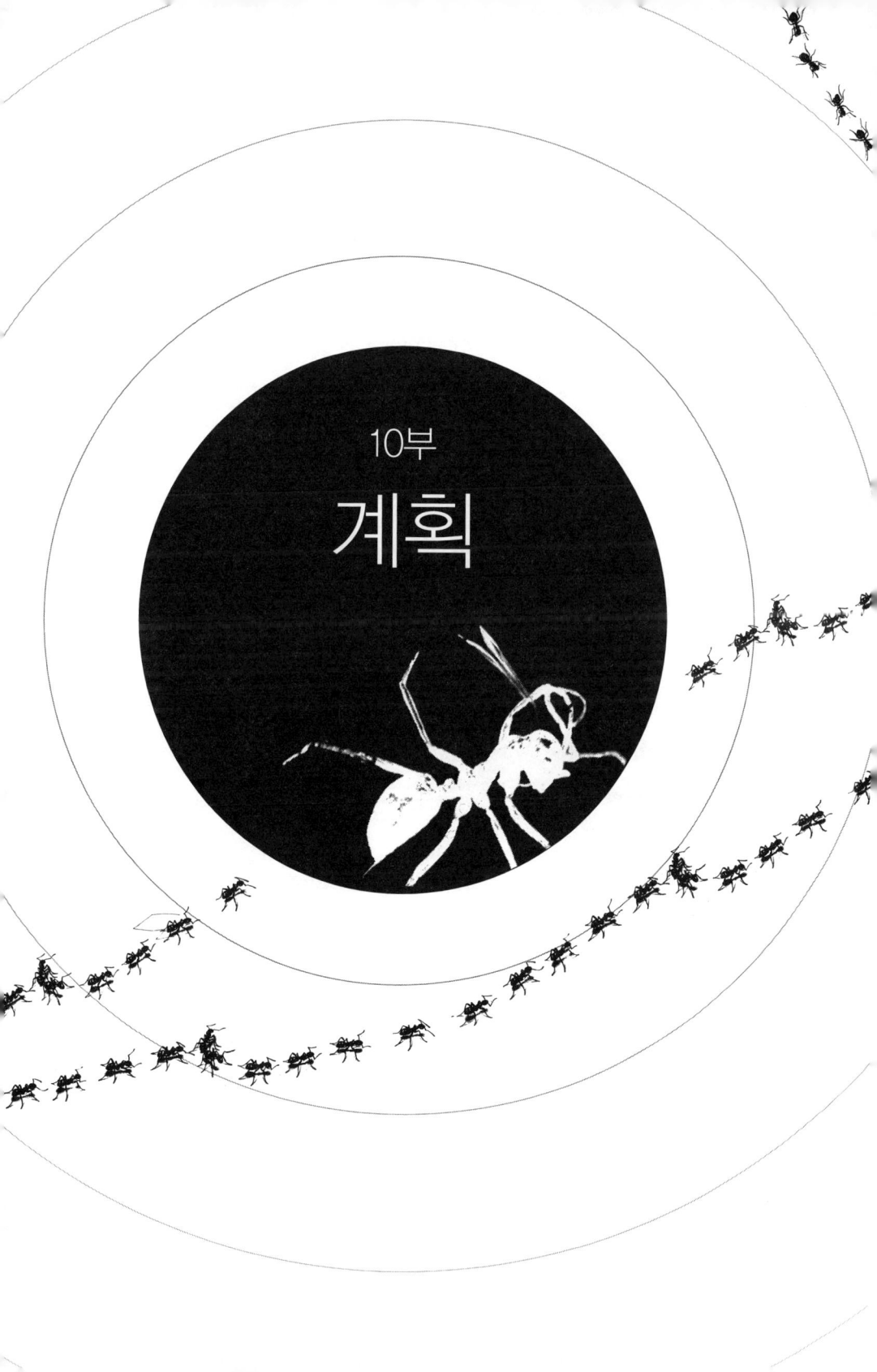

흰개미의 오류 44

목표를 문서로 작성하지 않는다

"목표는 운명이 아니라 방향성이다. 목표는 명령이 아니라 약속이다. 목표는 미래를 결정하는 것이 아니라, 여러 가지 자원과 역량을 활성화하는 수단이다." —피터 드러커, 《사람과 업무 수행》

누구나 단골 고객이 있다. 경영 컨설턴트이자 훈련 전문가인 나 역시 마찬가지다. 루이빌에서 강 건너편에 있는 커다란 건설 회사도 단골 고객 가운데 하나이다. 이 회사 사람들은 다들 좋고 또 대금 결제를 늦추는 법 없이 제때 해준다. 하지만 내가 이 회사를 좋아하는 까닭은 단지 그 이유 때문만이 아니다. 내가 이 회사를 좋아하는 것은 벨제트 사(社)에서 제작한 헬리콥터를 탈 수 있기 때문이다. 내가 이 회사와 일을 할 때면 다른 곳에 있는 지사에 갈 때마다 이 헬리콥터를 타고 하늘을 날아

목적지의 주차장에 내린다. 정말 스릴이 넘치는 즐거운 경험이다. 그래서 나는 늘 이 회사 일을 맡을 때를 기다린다.

처음 이 회사와 일을 하면서 헬리콥터를 탔을 때 나는 너무도 기분이 좋아서 돈을 받지 않고 공짜로 일을 해주고 싶은 마음까지 생겼다. 비행을 시작하고 얼마 뒤, 사장은 내가 하도 끈질기게 암시를 하자 결국 조종사 옆자리인 자기 자리를 내게 양보했다. 나는 곧바로 조종사에게 스무 가지도 넘는 질문을 했다. 헬리콥터가 1,000피트(약 300미터) 정도의 고도를 유지하면서 계속 비행하는 걸 바라보면서, 비행을 할 때마다 비행 보고서를 쓰느냐고 물었다. 그러자 그는 고도 1,500피트(약 450미터) 이상으로는 비행을 하지 않기 때문에 자기는 비행 보고서를 작성할 일이 없다고 했다. 1,000피트 상공을 빠른 속도로 비행할 때, 우리 아래에 있던 나무들은 정말 가깝게 느껴졌다.

헬리콥터 목표

미국 연방항공협회에서 정한 바에 따르면, 조종사는 의무적으로 비행 보고서를 제출해야 한다. 이 보고서에는 비행 목적지, 도착 예정 시각과 귀환 예정 시각 등을 기입해야 한다. 하지만 앞에서 언급했듯이 예외가 있다. 헬리콥터나 경비행기가 고도 1,500피트 이하로 비행할 때는 보고서를 쓰지 않아도 된다. 그런데 많은 점에서 이 비행 보고서는 기업이 설정하는 목표와 비슷하다. 효과적인 비행을 하기 위해서 여러 가지 목표 사항들을 비행 전에 문서로 기록하기 때문이다. 그래서 나는 문서로 표기하지 않은 계획을 '헬리콥터 목표'라고 부른다. 이런 예외가 인정되는 것은 높이 날 계획이 없을 때뿐이다.

경영자들은 대부분 목표라는 개념에 원칙적으로는 동의하지만, 실제로 그 개념을 활용하는 경영자는 드물다. 최근의 한 조사에 의하면, 전체 경영자 가운데 3퍼센트만이 목표를 문서로 양식화한다고 한다. 하지만 이런 문서로 작성된 목표가 없으면 업무의 초점이 흐려지고 업무 체계가 잡히지 않아, 생산성이 떨어지는 일이 벌어진다. 문서화된 목표는 업무의 우선순위와 방향성을 정하는 데 필수적일 뿐만 아니라, 중요한 경영적 가치들을 확인하는 데도 핵심적인 도구가 된다.

제트비행기 목표

당신이 보다 높은 고도로 비행하고 싶다면, 다음에 소개하는 '제트비행기 목표'의 특성을 참조하기 바란다. 이 특성을 참조해서 당신의 비행 보고서를 작성하기 바란다.

구체적일 것. 훌륭한 비행 계획 즉 목표를 세우기 위한 핵심 요소 가운데 하나는 선명성이다. 목표를 명확하게 설정했는가? 대부분의 목표는 구체적이지 못하고 애매한 부분이 많다. 예를 들면, 매출액을 '상당한 수준으로 높이겠다'는 목표는 전혀 구체적이지 않다.

유용할 것. 목표가 당신에게 의미가 있는가? 목표 달성이 당신에게 이익을 주지 못한다면 그 목표는 성취하기 힘들다. 목표에는 당신을 적극적으로 만들 수 있는 어떤 유용한 내용이 담겨야 한다.

이룰 수 있을 것. 만일 어떤 사람이 당신에게 에베레스트 산 정상에 오르면 10억 원을 주겠다고 하면, 당신은 에베레스트 산에 오르겠는가? 아마 그렇지 않을 것이다. 돈이 동기부여를 하지 못하는 게 아니라, 당신의 체력과 등반 솜씨로는 에베레스트 산 정상을 절대로 밟을 수 없다는 사실을 알기 때문이다. 노력을 들여도 예상하는 결과를 얻을 수 없을 게 뻔하다면 아예 노력을 들이지 않는다. 좋은 목표는 이룰 수 있는 목표여야 한다.

의미 있을 것. 당신의 목표가 당신에게 중요한가? 다른 말로 하면, 당신이 그 목표를 달성하지 못할 경우 당신이 힘들어지거나 성가신 결과가 생기는가? 만일 이 질문에 대한 대답이 '아니오'라면 그 목표를 달성할 가능성은 희박하다. 목표를 달성했을 때 자부심이나 만족감을 느낄 수 있는 그런 목표를 설정하라.

상충되지 않을 것. 당신이 세우고 있는 목표들이 서로 상충되지는 않는가? 여러 목표들이 서로 상승 작용을 일으키고 있는가? 수입의 35퍼센트를 저축하면서 동시에 새 자동차를 뽑고 유럽으로 여행을 가겠다는 계획을 세운다면, 결코 좋은 계획이 아니다.

실체가 있을 것. 당신의 목표는 문서로 씌어 있는가? 문자로 적지 않은 목표는 단지 결심일 뿐이다. 결심이 대부분 어떻게 되는지는 우리 모두 잘 알고 있다.

목표를 글로 적은 다음에, 위에 명시한 여섯 개 항목에 대입해서 각각 1점에서 5점까지 점수를 매겨보아라. 물론 이 채점은 주관적이다. 그리고 점수를 합산하라. 총점이 25점 이상이면, 당신은 정상에 오를 수 있는 제트비행기 목표를 가지고 있는 셈이다. 하지만 총점이 25점

미만이면, 현재 세운 목표의 약점을 보완해서 효율성을 높일 수 있는 새로운 목표를 세워라.

시가를 피워라!

나는 오랫동안 보스턴 셀틱스의 팬이었고 그래서 레드 아우어바흐를 즐거운 마음으로 지켜보곤 했다. 셀틱스의 감독이던 아우어바흐는 위협적인 버릇 하나를 가지고 있었다. 자기 팀이 경기를 지배하며 이길 것 같으면, 다시 말해서 목표를 달성하겠다 싶으면 시가를 피워 물고 연기를 뻑뻑 뿜어댔다. 아우어바흐를 상대하던 다른 팀의 선수나 감독도 경기를 포기해야 할지 어떨지 결정하기 전에 그의 모습을 훔쳐보는 게 버릇이 되었다. 언젠가 한번은 동점으로 팽팽한 접전을 벌이던 경기가 있었는데, 이때 아우어바흐가 시가를 빼어들고 불을 붙였다. 그리고 몇 분 지나지 않아서 셀틱스가 승기를 잡았고 결국 경기에 이겼다. 그때 나는, 과연 그런 변화가 선수들이 분발을 했기 때문인지 아니면 아우어바흐의 심리전이었는지 의아했다.

레드 아우어바흐는 목표를 달성했음을 인정할 때 시가에 불을 붙였다. 그런데 실제로 목표를 달성하지 않은 시점에서 시가에 불을 붙이는 것은, 아우어바흐로서는 목표 달성을 기정사실로 받아들이는 일종의 시각화(visualization)이다. 마음속에서 그 이미지를 미리 그려보는 것이다. 나는 레드 아우어바흐로부터 성공과 만족으로 인도하는 세 가지 법칙을 배웠다. 첫째는, 목표가 없으면 아무것도 이룰 수 없다는 것이다.

목표도 없이 표류하면서 무엇인가를 성취할 가능성은 거의 없다. 둘째, 목표를 그냥 좇기만 하는 게 아니라 그 목표가 이루어질 것이라 믿어야 한다는 것이다. 나는 내가 세우고 있는 목표들이 이루어진 상황을 날마다 머릿속에 그린다. 마지막으로 셋째, 시간을 들여 일부러라도 목표 달성이라는 승리를 축하할 줄 알아야 한다는 것이다. 하지만 레드 아우어바흐처럼 시가는 아니다.

 **흰개미 박멸 프로젝트**

1 목표를 설정하라. 전체 미국인 가운데 문서로 목표를 설정하는 사람은 2퍼센트밖에 되지 않는다고 한다. 그리고 또, 의미 있는 목표를 세우고 노력하는 사람은 그렇지 않은 사람보다 훨씬 많은 것을 성취한다고 연구보고서는 밝히고 있다. 목표를 세우고 노력하는 것만이 최상임을 명심하라.

2 당신의 목표가 당신 회사의 목표와 조화를 이루도록 하라. 회사의 목표와 계획을 분명히 파악하라. 그래야 회사가 회사 내의 여러 가지 자원들을 어떻게 배치하는지 알 수 있다. 그리고 사장을 만나서 당신의 목표가 그의 목표와 공존하며 상승 작용을 할 것임을 분명히 알려라.

3 당신이 설정한 목표를 문서로 작성한 다음, 당신에게 격려의 채찍질을 아끼지 않을 사람에게 도움을 청하라. 문서로 작성하지 않은 목표는 그냥 마음속의 결심일 뿐이다. 이런 결심이 얼마나 금방 시들어버리는지는 누구나 잘 알고 있다. 적어도 한 달에 한 번씩은 꼭 문서로 적은 목표를 앞에 두

고 중간 점검을 하라.

4 생산성이 없는 목표를 폐기하는 걸 두려워하지 마라. 때로 가능한 자원의 조달 상황에 따라서 우선순위는 바뀌게 마련이다. 예상되는 이득이 낮은 목표라면, 이 목표를 폐기하고 그보다 이득이 더 높은 목표에 시간을 투자하는 게 당연하다.

5 당신이 기대하는 행동 목표를 세워라. 직원에게서 어떤 목표를 기대한다면, 우선 당신부터 모범적인 행동을 보여라. 당신이 조직을 어디로 이끌려고 하는지 직원들이 안다면, 이것은 확실하게 도움이 된다.

흰개미의 오류 45

부하 직원에게 권한을 위임하지 않는다

"다음 수십 년 동안은 강력한 노동력을 확보한 기업이 승자가 될 것이다." —마이클 델, 델 컴퓨터의 창업자이자 CEO

나는 어떤 기업의 직원들을 상대로 워크숍을 진행하기 전에 그 기업에 대한 정보를 가능하면 많이 수집한다. 이 작업의 일환으로 나는 그 기업의 고객 및 직원 편의시설을 둘러보곤 한다. 이렇게 함으로써 그 기업의 문화를 이해하는 데 도움이 될 뿐만 아니라, 나중에 워크숍을 진행할 때 맞닥뜨릴 수 있는 여러 가지 것들을 미리 예상할 수 있다. 그리고 나는 이들 편의시설을 보면서 그 기업의 직원들이 자기 일과 자기 회사에 대해서 가지는 느낌이 드러나는 단서들을 찾아내려고 노력하는데, 특히 서류함 옆면이나 벽에 붙여 놓은 메모나 낙서 따위를 유심히 살핀다. 그런데 한번은 어떤 회사에서 이런 문구가 붙어 있는 것을 보았다. 절대로 잊을 수 없는 문구였다.

"행복은 사장의 얼굴을 그린 낙서를 바라볼 때 떠오르는 감정이다."

최근에는 남서부 지역의 한 공장에 안내를 받아서 갔다. 이 기업은 식품 서비스 산업에 종사하는 회사였다. 공장을 안내하던 직원이 잠시 동안 나 혼자서 돌아보는 게 어떻겠느냐고 제안했다.

"제가 안내하면서 떠벌이는 것보다 혼자 돌아보시면 오히려 더 많은 것을 아시게 될 겁니다."

그가 자리를 뜬 뒤 나는 그 기업의 분위기를 미루어 짐작할 수 있는 단서들을 찾으려고 돌아다녔다. 그런데 공장장 사무실 곁을 지나갈 때, '질문 받는 중'이라는 글귀가 커다랗게 적힌 플라스틱판이 붙어 있는 것을 보았다. 그리고 그 밑에는 숫자 카드가 걸려 있었다. 그리고 이런 안내문이 함께 붙어 있었다. '번호표를 들고 순서를 기다리시오.'

바로 그때 벨 소리가 들렸다. 휴식 시간을 알리는 소리였다. 직원 몇 명이 휴게실로 들어가기에, 나도 따라서 들어갔다. 그런데 음료수 자판기 앞에서 직원 한 명이 나에게 1달러 지폐를 동전으로 바꾸어줄 수 있느냐고 했다. 나는 마침 동전을 가지고 있지 않았기에, 그냥 내가 하나 뽑아주겠다고 했다. 그리고 음료수 캔을 뽑아주면서 내 소개를 했다. 내 이름을 말하고, 그 회사의 관리자들을 대상으로 훈련 프로그램을 진행할 계획이라고 했다. 그러자 그가 이렇게 말했다.

"좋은 일 하시네요. 좋은 사람들이니까 결과도 좋겠죠."

나는 그 사람에게 직장 상사와 관련된 이야기를 조금 해줄 수 있겠느냐고 물었다.

"비밀로 해주실 거죠?"

"그럼요."

얼마 동안 대화를 나눈 다음에, 공장장 사무실 문에 걸린 안내 문구에 대해서 물었다. 그 직원 말로는, 공장 직원 가운데 한 사람이 만들어서 크리스마스 때 장난으로 공장장에게 준 것이라고 했다.

"여기에서는 어떤 일이든 아무도 혼자 결정을 내릴 수가 없습니다. 어떤 일을 하기 전에 공장장에게 물어보려고 네댓 명이 공장장 사무실 문 앞에서 번호표를 들고 기다리는 건 예사로 볼 수 있는 풍경입니다."

나는 맞장구를 쳤다.

"정말 짜증나겠군요."

"그럼요. 솔직히 말해서 직원들을 어린애로 보는 거나 마찬가지 아닙니까? 그 사람 앞에서 우두커니 서서 기다리고 있다가 대답을 듣고 지시를 받는 우리 꼴을 보면, 코흘리개 시절에 아버지에게 밖에 나가서 야구해도 되느냐고 묻는 것과 똑같다는 생각이 든다니까요."

그날 오후, 나는 전체 관리자들과 인사를 나누는 자리에 참석했다. 공장장과도 인사를 했다. 그 자리에서 나는 그의 사무실 문 앞에 걸린 표지판을 보았다고 했다.

"재미있지 않습니까? 현장에 있는 직원 하나가 만들어서 크리스마스 때 주더군요."

"그걸 보고 기분이 어땠습니까?"

"직원들 가운데 일부가 하루 종일 나를 괴롭혀야 한다는 사실에 마음이 편치 않으리란 건 나도 압니다. 하지만 솔직히, 난 그게 좋습니다. 직원 여럿이 나에게 무언가 물어보려고 기다리는 것을 보면 굉장히 힘이 솟죠."

나는 바깥에서 자기 차례를 기다리는 직원들도 힘이 솟는다고 생각하는지 물었다. 그의 대답은 이랬다.

"안 그럴 이유가 뭐가 있습니까? 그 친구들은 최고 책임자와 일 대 일로 만나서 의견을 나누는데 말입니다."

어쩌면 독자는 이 공장장이 이기적인 사람이라고 생각할지 모르겠다. 하지만 이 사람은 호감을 주는 성격이었다. 다만 자기 행동의 문제점을 인식하지 못할 뿐이었다. 나중에 다른 자리에서 한 이야기지만, 그는 자기 역할을 문제 해결 본부로 생각했고, 자기 자신은 그 책임자로 간주하고 있었다.

"나는 직원들이 하는 질문에 적절한 해결책을 제시하고 싶을 뿐입니다."

하지만 그가 깨닫지 못한 사실은, 그의 관리 방식이 의존적인 풍토를 만들어냈다는 점이다. 그가 너무도 많은 정보를 혼자서 주무르다 보니까 그가 직접적으로 지시를 하지 않고는 아무것도 할 수 없는 상황이 빚어지고 만 것이다. 그 결과 직원들의 사기는 땅에 떨어지고 말았다.

권한을 위임받았다는 느낌

권한을 위임할 줄 모르는 관리자는 조직의 생산성과 효율성을 떨어뜨린다는 사실에는 대부분 동의할 것이다. 회사가 내부 및 외부의 상황 변화에 유연하고 기민하게 대응해야 할 때, 직원들이 적절한 정보를 제공받지 못하고 또 필요한 결정 과정에서 소외된다면 당연히 문제가 발생한다. 이런 기업 문화는 회사의 기동성뿐만 아니라 직원의 사기까지 떨어뜨린다. 이처럼 권한 위임의 효과를 알지 못하는 관리자는 직원들의 의존성을 높이게 되고, 궁극적으로는 조직의 마비 상태를 조장하게 된다.

관리자가 수행해야 하는 책무 가운데 자기 권한을 부하 직원에게 위임하는 책무를 순위 매긴다면 한참 윗자리에 놓인다. 효과적으로 권한을 위임하는 관리자 주변에는 자기 자신의 능력을 믿고 또 조직에 기여할 수 있다는 자신감으로 똘똘 뭉친 직원들이 포진한다. 하지만 권한을 적절하게 위임하지 않을 경우에는 직원들 사이에 부정적인 감정들이 나타난다. 긍지와 직업 만족도가 떨어지고, 존경과 신뢰가 사라지고, 각 개인을 중요하게 생각하는 풍토가 없어진다. 그런데 이런 감정들이 바로 모든 사람들이 기본적으로 바라는 심리적인 요소임을 생각한다면, 권한을 위임하는 게 얼마나 중요한지 쉽게 깨달을 수 있을 것이다.

내가 여기에서 강조하는 것은 권한의 위임을 성공적으로 하려면 어떻게 해야 하는가 하는 방식의 문제가 아니다. 권한의 위임이 얼마나 강력하고 또 복잡한 정서적 효과를 주는가 하는 문제이다. 직무와 관련된 일을 상사에게 물어보려고 길게 줄을 늘어선 직원들이 그런 것처럼, 코흘리개 시절에 아버지의 허락을 받으려고 고개를 숙이고 섰던 느낌을 자기 상사 앞에서 받고 싶은 직원들은 아무도 없을 것이다.

NO.45 흰개미 박멸 프로젝트

1 권한을 위임받은 직원은 자존심과 자긍심이 한껏 고양된다는 사실을 깨달아라. 당신이 부하 직원에게 만만찮은 업무 권한을 위임하는 것은 그 직원의 능력과 재능을 인정한다는 메시지를 그 직원에게 보내는 것이다.

2 권한을 위임하는 행위는 권한을 나누자는 제안이며 이로 인해 신뢰가 강화된다는 사실을 깨달아라. 자기 권한을 나누려 하지 않는 관리자는 불신과 불안이라는 두 개의 메시지를 동시에 보내는 것이나 마찬가지다. 자기 권한을 나누는 관리자는 신뢰라는 강력한 분위기를 창조한다.

3 권한을 위임하는 행위는 자존심이라는 기본적인 인간 욕구를 충족시킨다는 사실을 깨달아라. 부하 직원에게 도전적인 정신을 가지고 임할 수 있는 의미 있는 과업을 맡길 때, 이 직원의 자존심은 한껏 높아질 것이다.

4 나쁘지 않은 권한을 위임하라. 위임하려고 하는 권한을 놓고 이런 질문을 스스로에게 던져라. "이 일을 내가 할 경우, 나의 경력에 도움이 되는가?" '네'라는 대답이 나온다면, 그 일은 부하 직원에게 넘겨라.

5 권한을 위임하는 것은 부하 직원 개인의 미래에 강력한 전망이 된다는 사실을 깨달아라. 관리자는 부하 직원이 얼마나 중요한 존재인지 말로는 얼마든지 할 수 있다. 하지만 말만으로는 안 된다. 권한을 나누는 실질적인 행동으로 보여주어야 한다.

흰개미의 오류 46

시간 관리에 철저하지 못하다

"시간을 낭비하는 것은 인생을 낭비하는 것이다. 시간을 정복하는 것은 인생을 정복하는 것이며, 인생을 최대한 활용하는 것이다."
―앨런 레이킨, 《시간과 인생을 장악하는 법》

무려 일곱 시간이나 면접을 했지만 우리가 원하는 지원자는 아직 나타나지 않았고, 그날의 마지막 지원자 한 사람만 남았다. 나와는 같은 대학교 출신이었다. 면접은 쉽게 진행되었다. 지원자는 내가 던진 질문들을 어렵지 않게 받았다. 그리고 마지막 질문 하나만 남았다.

"우리는 모두 약점을 가지고 있습니다. 당신은 고치고 싶은 약점으로 어떤 것을 들 수 있습니까?"

내 질문에 그는 이렇게 대답했다.

"내가 가지고 있는 가장 큰 약점은, 할 일을 마지막 순간까지 미루는 버릇입니다."

시간의 함정

오래 전에 나는 어떤 대학에서 임시로 야간 학부 경영학 강의를 한 적이 있다. 학기가 시작되기 직전에 그런 결정이 났던 터라 교재를 미리 선정할 시간적인 여유조차 없었다. 그래서 우선 예전 강좌에서 사용한 교재로 강의를 시작한 후 적절한 교재를 선택하기 위해서 서점에 갔는데, 앨런 레이킨의 《시간과 인생을 장악하는 법 How to Get Control of Your Time and Your Life》이라는 책을 학생 권장 도서로 추천한다는 문구가 붙어 있었다. 그래서 나는 강의를 듣는 사람보다 어쩌면 강의를 하는 사람에게 더 필요할지도 모른다는 생각에 그 책을 집어 들었다. 좋은 책 같았다. 그런데 이런 생각이 들었다.

"이 책을 읽을 시간을 낼 수 있을까?"

시간을 관리하는 부분은 내가 맡은 강좌의 전반부에는 없었다. 그래서 그 책을 자연스럽게 옆으로 밀쳐놓게 되었다. 솔직히 첫 번째 학기는 무지하게 바빴다. 1주일에 닷새나 야간 강의를 했고, 낮 시간은 강연과 상담 사업 때문에 정신이 없었다. 게다가 교회에서 해야 할 일도 있었고, 지역 공동체에서 해야 할 일도 있었다. 아내도 있었고 두 딸도 있었다. 남편과 아버지로서 당연히 그들에게도 시간을 내어야 했다. 한 마디로 말해, 나는 시간에 쫓기는 일상을 살았다.

어느 날 밤, 나는 다들 깊이 잠들었을 시간에 집으로 돌아왔다. 하지만 곧바로 서재로 가서 다음날 아침 고객을 만나서 설명할 내용을 정리해야 했다. 컴퓨터를 켜고 제안서 표지를 보기 좋게 편집했다. 이 편집 작업을 하면서 새삼스럽게 깨달은 사실은, 과거에는 이런 작업을 하는 데 몇 분밖에 걸리지 않았지만 지금은 적게 잡아도 한두 시간은 족히 걸린다는 것이었다. 나의 작업 속도가 느리기 때문이 아니라, 문서 작성 프로그램의 고급 기능들이 너무나 많아졌으며 또 내가 그 기능들을 모두 다 사용해야 직성이 풀리는 성격이라서 그렇다. 아무튼 새벽 세 시가 다 되어서야 모든 일을 끝내고 잠자리에 누웠다. 그리고 이런 생각을 했다.

'내 생활을 정리하고, 내 스스로 내 생활과 내 시간을 장악하고 조지해야겠어.'

그런데 어쩐 일인지 시간을 관리한다는 표현이 너무도 친숙하게 느껴졌다. 다음날 아침 나는 그 이유를 알았다. 일정표를 힐끗 보는 순간, 그날 저녁때 해야 하는 강의의 주제가 시간 관리임을 깨달았던 것이다. 서둘러 서재로 가서 책상에서 레이킨의 책을 찾았다. 그런데 그 책이 없었다. 아내에게 시간 관리 책을 보지 못했느냐고 물었더니, 아내는 이렇게 대답했다.

"당신 자동차 뒷좌석에 책이 한 권 던져져 있던데……."

그랬다. 두 달 전에 거기다 던져뒀었다. 나는 그 책을 가방에 집어넣고 고객을 만나러 갔다.

고객의 사무실에 도착해서 안내를 받아 회의실로 들어갔다. 나의 제안을 들을 사람들이 이미 자리를 잡고 앉아 있었다. 제안 설명에 대해서는 자신이 있었다. 게다가 내가 파워포인트로 작성한 제안서는 그래프와 도표 등 완벽했다. 하긴, 시간을 얼마나 많이 들였는데……. 제안 설명을 마친 뒤 나는 그 회사의 일을 맡게 될 것이라 확신했다. 하지만 얼마 뒤에 내가 받은 전화는 내 기대와 정 반대였다. 내 제안에 퇴짜를 놓은 이유를 알 수 있는지 물었다.

"솔직히 말씀드리면, 당신이 몹시 피곤해 보였습니다. 그게 이유입니다."

그렇게 퇴짜를 맞은 우울한 기분은 그날 저녁 강의실에 들어갈 때까지 계속되었다. 그런데 강의실에서 강의 노트를 꺼내려고 가방을 여는 순간, 레이킨의 책이 눈에 들어왔다.

'아차! 아직 책을 읽지 않았구나!'

그 순간, 커다란 망치에 머리를 강타당하는 느낌이 들었다.

'여태까지 살면서 그 어느 때보다 열심히 일을 했는데, 막상 보니까 아무것도 해놓은 게 없구나…….'

나는 고개를 들어서 학생들을 바라보았다. 학생들은 미적거리는 내가 불만인 듯 초조한 표정으로 시계를 보았다. 마침내 나는 이렇게 입을 열었다.

"여러분, 저는 마크 에플러이고 시간을 낭비하며 사는 사람입니다."

시간을 낭비하며 사는 사람

그날 내가 학생들 앞에서 한 고백은 자기계발 전문가들이 말하는 소위 '기적의 12단계 프로그램'은 아니었지만, 그 학기 내내 학생들의 태도를 완전히 바꾸어놓았다. 나는 더 이상 학생들 앞에서 지혜의 진주를 찾아내는 스승이 아니었다. 나는 학생들에게, 나야말로 내 시간과 인생을 통제하는 법을 배울 필요가 절실한 사람이라고 말했다. 야간 학부였던 터라 학생들 대부분은 성인이었고, 따라서 모두 나름대로 인생에 대한 도전을 여러 차례 해본 경험을 가지고 있었다. 그날 우리는 레이킨의 책을 '한 번쯤 읽어볼 필요가 있는 교재'가 아니라, 문제를 해결하는 실질적인 해결책을 모색하기 위한 교재로 채택하기로 의견을 모았다. 우리는 그 책을 단지 읽는 데 그치지 말고 책에서 배운 것을 실천적으로 적용하기로 약속을 했다. 그리고 또 다른 사람이 나아지도록 서로 책임지고 격려하기로 했다.

그 뒤로 나는 레이킨의 책을 내가 가르치는 모든 반의 교재로 삼았다. 시간 관리를 다루는 책은 많다. 하지만 나는 레이킨의 이 책이 제일 마음에 든다. 이 책에는 자기 생활을 장악하기 위한 유용한 방법들이 수도 없이 많이 있지만, 특히 나의 시간 관리법을 결정적으로 바꾼 방법이 하나 있다. 그것은 바로 하루에도 여러 번씩 자기 자신에게 다음 질문을 던지는 것이다.

"내가 지금 하는 이 작업이 시간을 가장 잘 이용하는 길인가?"

이 간단한 질문에 대한 나의 대답은 대부분 '아니오'였고, 그 덕분에 나는 내 선택을 다시 한 번 돌아보고 새로운 방법을 모색할 수 있었다. 여러 해 동안 이 질문을 나 자신에게 하면서 이 질문이 내 몸에 배도록 만들었고, 그 덕분에 비생산적인 일들에 헛되이 시간을 낭비하지 않게 되었던 것이다.

함정을 피하라

시간 관리상의 함정은 언뜻 보기에 마치 생산성이 있는 것처럼 보인다는 것이다. 시간에 쫓기면서 굉장히 바쁠 때는 무언가 많은 일을 하고 있다는 착각을 하기 쉽다. 오래 전에 내가 고용한 직원 한 사람은 무척 열심히 일을 했다. 그렇게 열심히 일을 하는 사람은 처음 볼 정도였다. 그런데 문제는 제대로 일을 마치는 게 없다는 것이었다. 결국 그의 실적은 형편없이 떨어졌다. 그래서 어느 날 나는 그에게 이렇게 물었다.

"자네는 지금 무슨 작업을 하고 있나?"

"회계 업무를 쉽게 할 수 있도록 새로운 데이터베이스 구축 작업을 하고 있습니다."

그의 책상에는 수많은 매뉴얼과 회계 양식들이 쌓여 있었다.

"그런데 지금, 보고서 양식을 어떻게 설계하는 게 좋을지 그걸 연구하고 있는데, 문제가 좀 있습니다."

그래서 내가 이렇게 말했다.

"내가 자네에게 질문을 하나 하지. 자네 실적을 올린다는 관점에서 볼 때, 이 작업이 자네가 가지고 있는 시간을 가장 잘 활용하는 것이라고 보나?"

그러자 그는 뭔가 변명을 하려고 했다. 나는 그의 말을 끊었다.

"잠깐. 내 말은, 이 일이 중요하지 않다는 게 아니네. 하지만 자네 실적이 지금 매우 낮은 것은 알고 있지? 자네 실적을 올리는 데 있어서, 지금 이게 가장 올바른 선택이냐 이 말이네."

"아닌…… 것 같습니다."

"그럼 그게 뭔지 한번 찾아보고 바꿔보세."
이렇게 접근한 끝에 그 직원의 실적은 몰라보게 나아졌다.

NO.46 흰개미 박멸 프로젝트

1 "내가 지금 하는 이 작업이 시간을 가장 잘 이용하는 것인가?"라는 레이킨의 질문을 당신 자신에게 던져라. 만일 '아니오'라는 대답이 나오면 다른 작업을 찾아라. 그리고 다시 한 번 더 이 질문을 던져라. 이런 방식으로, 당신이 가진 시간을 가장 잘 이용한다는 확신이 드는 작업을 찾아라.

2 바쁘게 일을 한다고 해서 잘하는 게 아니다. 당신의 목표와 조직의 목표를 가장 신속하게 달성할 수 있는 작업으로 바빠야 한다는 사실을 깨달아라. 레이킨의 질문이 가지고 있는 목적은 최상의 작업 과제가 무엇인지 확인하고, 나아가 최상의 방법으로 그 과제를 해결하는 것이다.

3 시간을 가장 잘 활용하는 것은 즐겁기보다는 때로 힘이 들 수도 있음을 깨달아라. 당신의 목표 달성에 가장 많이 기여하는 작업들을 제대로 선택하기 위해서는 훈련이 필요하다.

4 레이킨의 질문이 몸에 완전히 배게 만들어라. 컴퓨터에든 PDA에든 이 질문을 글로 써서 붙이든 어떻게 해서든, 시간을 배분하는 결정을 할 때마다 이 질문을 떠올릴 수 있도록 하라.

5 당신이 시간 관리를 이렇게 한다는 사실을 직원들에게 일러주어라. 그리고 가장 중요한 작업을 하는 시간에는 주의가 산만해질 수 있는 다른 일로 방해를 하지 말아달라고 분명히 이야기를 해둬라.

흰개미의 오류 47

미래를 내다보고 계획을 세우지 못한다

"망대를 세우고자 할 때, 수중의 돈이 공사를 끝낼 때까지 충분한지 먼저 비용을 계산하지 않을 사람이 누가 있겠느냐."
―〈누가 복음〉 14장 28절

경영 컨설턴트인 프리츠 드레슬러는 미래를 예측하기란 어렵지 않다고 말한다. 현재 진행되는 일이 무엇인지 파악하면 된다고 했다. 악어 떼에 쫓기다 보면 자기가 해야 할 일이 늪의 물을 모두 빼내는 것임을 잊어먹기 쉬운 법이다. 현재 시점에서 수많은 어려움이 압박을 해온다 하더라도, 시간을 들여서 미래에 대한 계획을 세우는 것은 경영자의 임무 가운데서도 핵심적인 부분에 속한다.

지금 어디로 가고 있는가

내가 보기에 수많은 경영자들이 크리스토퍼 콜럼버스처럼 계획하고 행동한다. 이들은 자기가 어디로 가는지도 모르면서 열심히 간다. 그리고 자기가 어디에 와 있는지도 모른다. 그리고 이들은 자기 돈이 아닌 남의 돈으로 이 모험을 한다. 수많은 경영자들은 그날의 상황에 따라서 그날의 과제를 정한다. 그러다보면 이들이 지휘하는 사업은 마치 키가 없는 배처럼 진행된다. 이런 배가 항구를 찾아갈 확률은 거의 없다. 계획을 세우지 않고 무작정 돌진한다면, 어떤 기업 조직이라도 가지고 있던 시간과 돈과 기회를 모두 잃고 말 것이다.

기업 문화를 돌아보라

어떤 회사가 미래에 대한 계획을 세울 때, 이 과정은 그 회사의 기업 문화를 되돌아보는 기회가 된다. 전체 직원 가운데 극히 일부만이 계획을 세우는 과정에 참가하는 회사들을 나는 많이 보았다. 또 재정적인 측면에서만 계획을 세우고 다른 경쟁적인 요소에는 그다지 신경을 쓰지 않는 회사들도 많이 보았다. 이런 회사들의 계획 수립 과정은, 이들 회사의 경영 방식이나 우선적인 관심사가 직접적으로 반영된 것이다. 이런 회사들에서는 하부 경영 단위에서 목표와 방향을 명백하게 알지 못해서 우왕좌왕하는 경우가 많았다. 하부 조직은 회사의 목표와 방향을 설정하는 과정에서 배제되었기 때문이다.

회사의 계획 수립과 관련해서 내가 보았던 최고의 회사들은 모두 하나같이, CEO에서부터 하급 관리자에 이르는 모든 경영자들이 이 과정에 참여했다. 이 회사들은 전체 회사 차원의 계획을 세울 때 흔히 이틀 일정으로 회사가 아닌 다른 공간에서, 가까운 미래(혹은 다음 해)에 닥칠 장애 요소와 기회가 무엇인지 파악하고 인식을 공유하는 작업을 먼저 했다. 이 과정에서 회사 전체의 목표와 일치하고 또 이 목표를 구체화할 각 부서별 목표를 찾아낸다. 그 다음 각 관리자는 자기 부서 직원들과 상급 단위에서 했던 회의와 비슷한 회의를 한다. 미래를 대비하기 위한 계획을 마련하려는 이런 회의는 결국, 회사 전체의 목표를 달성하기 위해서 직원 각 개인은 어떤 목표를 세워야 하는가 하는 질문을 던지고, 이 질문에 대한 대답을 직원들이 각자 준비하는 것으로 이어진다. 그리고 회사 차원의 목표와 개인 차원의 목표에 대한 점검이 정기적으로 이루어진다. 이런 점검은, 목표 달성에 장애가 되는 요소들에 제대로 대응을 하는지, 그리고 어떤 새로운 변화들이 필요한지 확인하기 위한 것이다.

계획의 핵심 요건

경영의 가장 중요하고도 일차적인 기능은 미래와 변화에 대한 계획을 세우는 것이다. 어떤 계획이 효과를 발휘하기 위해 반드시 갖추어야 하는 몇 가지 핵심적인 요소들을 소개하면 다음과 같다.

계획은 구체적이어야 한다. 어떤 회사든 초기 계획은 될 수 있으면 구체적이어야 한다. 선명하게 잘 정리된 목표를 가지고 있는 회사에서는 직원들이 목표를 이루기 위해서 자기들이 무엇을 해야 하는지 잘 알고 있다. 조직의 상층부에서 계획을 구체적으로 정하면 정할수록, 조직의 하부에서 그 목적을 보다 선명하게 이해한다. '훌륭한 품질'이나 '최상의 서비스' 등과 같이 막연한 목표는 그럴듯하기만 하지 실속은 없다. 목표가 모호하면 결과도 희미하다.

계획은 유연성이 있어야 한다. 오래 전에 나는, 차기년도에 공격적인 목표를 설정한 목표 관리(MBO) 체제를 갖춘 회사와 일을 한 적이 있다. 이 회사는 목표와 실행 방침을 세부적인 데까지 구체적으로 설정하고 엄격하게 실천했다. 그런데 6개월쯤 지났을 때 업계 전체가 불황을 맞았고, 제반 사업의 우선순위가 바뀜에 따라서 재고 조정(경기 변동에 따라 원재료나 제품의 재고량을 조정하는 것. 일반적으로는 불황기에 누증된 재고를 적정량까지 줄인다는 의미로 사용된다—옮긴이)이 필요했다. 그런데도 이 회사는 애초에 세운 계획을 그대로 밀어붙였다. 그 결과, 우선순위가 낮아진 사업들에 자원을 우선적으로 배분하는 실수를 저지르게 되었다.

계획은 끊임없이 참조해야 한다. 몇 달 전에 코드 곶을 찾아갔는데, 가는 도중에 갈라지는 길들이 어찌나 많던지 깜짝 놀랐다. 까딱 잘못하다간 엉뚱한 데로 가기 십상이었다. 지도를 가지고 있었기에 망정이지 지도가 없었다면 도저히 찾아갈 수 없을 것 같았다. 지도를 얼마나 자주 봤던지 나중에는 지도가 너덜너덜해졌다. 한 회사의 계획도 이 지도와 마찬가지 기능을 한다. 회사가 목표를 향해서 제대로 가고 있는지, 애초에 선택한 길에서 벗어나지는 않았는지 끊임없이 확인해야 한다. 이때 기준이 되는 것이 바로 계획이다.

계획은 순차적인 과정을 거쳐야 한다. 최고의 계획을 수립하려면 논리적인 과정이 필요하다. 첫 번째 단계는 목표를 설정하는 것이다. 두 번째 단계는 이 목표를 달성하기 위한 방법을 찾는 것이다. 그리고 목표를 달성할 수 있는 또 다른 방법들을 찾아본 뒤에, 회사가 가지고 있는 역량과 자원을 놓고 이 목표와 방법이 적절한 것인지 평가를 해야 한다. 그 다음에는, 이 계획을 실제로 실행할 사람들에게 넘겨야 한다. 그리고 마지막 단계는 상황에 따라서 적절하게 수정·보완하면서 계획을 실천하는 것이다.

 흰개미 박멸 프로젝트

❶ 랠프 왈도 에머슨은 "소소한 계획은 세우지 마라. 소소한 계획은 인간의 영혼을 흔들어놓을 마법의 힘이 없다"고 말했다. 하지만 그렇다고 해서 비현실적인 계획을 세워서도 안 된다. 비현실적인 계획은 달성할 수가 없기 때문이다.

❷ 계획을 세울 때는 충분히 많은 시간과 노력과 집중력을 들여라. 계획은 경영에서 가장 일차적이고도 중요한 기본 요소이며, 오늘날 경영자가 지고 있는 책임 가운데서도 가장 본질적인 요소이다. 경영자가 세운 목표는, 알지 못하는 세상으로 나아갈 때 참조할 수 있는 지도이다.

❸ 좋은 계획은 실행 과정에서 발생할 수 있는 문제는 물론이고 이 문제를

해결할 수 있는 방법까지 담고 있다. 계획을 세울 때는 반드시 실행 과정에서 발생할 수 있는 문제들을 충분히 고려해야 한다.

4 계획과 목표를 될 수 있으면 구체적으로 설정하라. 모호한 계획과 모호한 목표는 희미한 결과를 낳을 뿐임을 명심하라. 그렇다고 해서 별 의미가 없는 사소한 사항에 너무 매달릴 필요는 없다.

5 계획을 현실적으로 세워라. 회사의 자원으로는 달성할 수 없는 목표는 시간과 돈을 낭비하고 직원에게 패배감만 안겨줄 뿐이다. 가능한 모든 선택 사항들을 고려한 다음, 회사의 역량을 고려해서 최선의 것을 선택하라.

11부
기업 문화

흰개미의 오류 48

기업 문화의 상징물이 없다

"기업 가치를 만들고 영웅을 만들어내며 자기만의 독특한 의식儀式을 만들며 또 문화적인 네트워크를 갖춘 기업은 그렇지 않은 기업보다 더 높은 경쟁력을 가진다." —테렌스 딜, 앨런 케네디, 《기업 문화: 기업의 여러 의식儀式들》

워싱턴의 에버렛으로 출장을 갔을 때 일이다. 시간 계산을 잘못한 바람에 거의 한 시간이나 일찍 목적지에 도착했다. 고객의 회사 로비에서 한 시간씩이나 어슬렁거리며 시간을 때우는 모습이 그다지 보기 좋을 것 같지는 않았지만, 그래도 출장 수첩에 적어 넣을 무언가가 있지 않을까 하는 생각에 곧장 그 회사로 갔다. 로비로 들어서서 안내 데스크로 걸어가려는데, 내 시선을 사로잡는 게 있었다. 로비 공간의 반

이상을 차지하고 있는 대형 전시물이었다. 그게 무엇인지 궁금해서 다가갔다.

유리로 둘러쳐 놓은 그 전시물은 창업자가 사용하던 사무실을 그대로 옮겨놓은 것이었다. 책상에는 도면과 서류 등이 놓여 있었고, 심지어 커피 잔도 놓여 있었다. 책상 서랍은 반쯤 열려 있었다. 창업자는 이미 오래 전에 세상을 떠났음에도 불구하고, 마치 잠시 자리를 비웠고 금방이라도 돌아와서 자리에 앉을 것 같은 느낌이 들었다.

유리벽에는 창업자가 어떻게 회사를 시작했으며, 초기에 잡았던 미래의 전망은 무엇이었으며, 또 창업자가 어떤 기업 이념 가지고 있었는지 등의 설명이 있었다. 이 기업 이념은 회사의 모든 직원들이 잘 알고 있었다. 창업자의 신념은 품질 계획이나 사명 선언서, 그리고 서비스 전략으로 구체화되어 있었기 때문이다. 창업자는 가고 없어도 그는 여전히 살아서 회사를 지배하고 있었다. 로비에 있는 그 전시물은 작은 회사를 세계적인 거대 기업으로 발전시킨 기업의 가치와 이념을 직원들에게 상징적으로 일러주고 있었던 것이다.

상징 경영

성공의 도구로 강력한 신념을 가진 기업들은 흔히 이 신념을 구체적으로 예시하기 위해서 과거 이 기업을 빛냈던 영웅적인 인물들의 영웅담을 활용한다. 이와 관련해서 특히 기억에 남는 회사가 있다. 이 회사는 어떤 회사로부터 다급한 주문을 받았다. 부품 재고가 떨어져서 생산이 중단된 상태라서 주문량을 무조건 그날 안으로 인도해달라는 것이었다. 그런데 이 부품을 생산하는 도중에 갑자기 정전이 되어, 주문 제품을 생산하던 기계가 가동을 멈추었다. 그 부품 조립 라인에는 창문이 없었기 때문에 정전이 되면서 전등까지 모두 꺼져 암흑천지로 변했다. 도저히 주문량을 시간 안에 생산할 수 없는 상황이 벌어진 것이다. 하지만 곧바로 놀라운 상황이 벌어졌다. 이 이야기가 바로 지금은 이 회사의 상징이자 영웅적인 무용담으로 전해져오는 이야기다. 내용은 이랬다.

조립 라인에 있던 여성 직원이 유지보수반에 손전등을 요청했다. 그리고 다른 여직원에게 손전등을 비추라고 하고서는 그 불빛에 의지해서 부품을 손으로 조립하기 시작했던 것이다. 온몸이 땀으로 범벅이 되었지만 주문량을 모두 마칠 때까지 이 작업은 계속되었다. 마침내 부품은 모두 제시간에 생산되었고 약속대로 무사히 고객에게 인도되었다. 무엇 때문에 그렇게 열심히 일을 했느냐는 질문을 받고, 두 여성 직원 가운데 한 사람이 이렇게 대답했다.

"약속을 어기고 싶지 않았어요. 고객을 실망시키고 싶지 않았거든요."

이 두 직원의 사진이 생산 현장에 걸려 있는데, 이 사진은 어떤 일이 있어도 고객이 원하는 것을 이루어내야 한다는 기업 가치의 강력한 상징물로 자리를 잡았다. 이것이 바로 이 회사의 기업 문화를 구성하는 한 요소이다.

보고 느낄 수 있는 문화

다음에 소개하는 것들은 기업 가치와 신념이 상징물을 통해서 어떻게 표현되는지 보여주는 사례이다.

_어떤 영업 담당 책임자는 자기 사무실에 오래된 손 펌프를 두고 있다. 일을 제대로 하려면 필요한 예비 과정을 반드시 거쳐야 한다는 사실을 직원들에게 인식시키기 위해서이다(손 펌프로 물을 퍼올리려면 우선 물을 한 바가지 펌프에 부은 다음에 몇 차례 '예비적인' 펌프질을 해야 한다—옮긴이). 이 펌프가 영업 부서에서 얼마나 강력한 상징물로 자리를 잡았는지, 직원들은 영업 활동을 '펌프질'이라고 말하기도 한다.

_어떤 회사에서 맨 처음 했던 광고에는 창업주가 잡화점 점원으로 등장했었다. 고객 서비스와 관련된 이 광고 메시지는 현재 이 회사 마케팅 전략의 핵심으로 자리를 잡고 있다. 이 사진은 대형 크기로 출력되어 회사 본부에 전시되어 있는데, 이 구식 고객 서비스가 이 회사의 핵심적인 기업 가치임을 밝히고 있는 것이다.

_어떤 영업 부서에서는 대형 주문을 따냈거나 기타 상당한 성과를 이루었을 때마다 벽에 걸어놓은 종을 친다. 이 종은 성공의 상징이 되었고, '열심히 일을 하고 승리의 기쁨을 노래하자!'라는 회사의 핵심적인 신념으로 자리를 잡았다.

_어떤 회사의 총수는 자기 사무실 벽에 도끼와 대형 망치를 걸어두고 있다. 사람들이 의미를 물으면 그는 둘 다 나무를 쓰러뜨릴 때 쓰는 것이지만, 도끼를 쓰면 일을 더 쉽게 할 수 있다고 대답한다. 과제에 맞는 적절한 도구를 사용하라는 것이 바로 이 상징물이 전하는 메시지다.

_항공기 엔진을 만드는 어떤 회사는 4,000만 달러를 들여서 교육 센터를 새로 지어, 직원들에게 그들의 성장과 발전이 얼마나 중요한지를 상징적인 메시지로 전달한다. 그리고 이 건물 안에는 기업의 오랜 역사 속에서 빛나는 사람들의 사진을 걸어놓은 '명예의 산책 공간'도 마련되어 있다.

NO.48 흰개미 박멸 프로젝트

1 물리적인 상징물을 이용해서 기업 가치를 표현할 수 있는 방법을 모색하라. 그리고 직원들에게도 각자 자신의 상징을 갖도록 하고 그 상징이 전하는 바의 성공 원칙을 세우도록 독려하라.

2 회사에 몸담았던 영웅과 그들의 이야기를 활용해서, 당신 회사가 성공에 대해서 그리고 성공을 이룩하기 위한 방법과 관련해서 가지고 있는 믿음을 강화하라. 창업자가 성공 신화의 주역이었다면, 그를 상징물로 삼을 수도 있다.

3 당신 회사의 역사를 상징적으로 표현하는 것도 매우 중요한 만큼, 결코 그 효과를 무시하지 마라. 회사의 창업 이야기 그리고 이 속에서 뛰어난 역할을 한 사람들의 이야기를 사진이나 그림으로 표현할 수도 있다.

4 성공하는 기업에서는 관리자들이 앞장서서 기업 문화를 만들어낸다. 기업 문화가 장기적으로 회사의 성공에 얼마나 중요한 역할을 하는지 인식하고, 당신 회사의 기업 문화를 만들어내는 데 늘 촉각을 곤두세워라.

5 기업 문화는 상징물, 영웅, 기업 가치에 의해 형성된다는 사실을 깨달아라. 이런 요소들을 언어가 아닌 다른 매체로 드러내는 방법들을 모색하라. 특히 시각적 효과는 매우 크다.

흰개미의 오류 49

냉소주의가 얼마나 위험한지 깨닫지 못한다

"냉소적인 종업원은 관리자가 하는 말이 진실하지 않다고 의심하며, 회사가 자기들을 이용하고 착취한다고 믿는다." —필립 머비스, 도널드 캔터, 《냉소적인 미국인: 불만과 환멸의 시대에 살며 일하기》

한번은 이런 적이 있었다. 훈련 프로그램이 막 끝났는데, 참가자 한 사람이 와서 뭐 좀 물어봐도 되겠느냐고 했다.

"늘 궁금하게 생각하던 것인데, 선생님은 정말 이런 쓰레기 같은 프로그램이 효과가 있다고 생각하십니까?"

너무도 노골적인 그의 말에 나는 적지 않게 당황했다. 그 훈련 프로그램은 이틀 일정으로 진행되었으며, 솔직히 당시에 나는 완전히 녹초가 될 정도로 지친 상태였다. 그래서 나는 이렇게 되쏘아주고 싶은 충동을 느꼈다.

'물론 나도 마찬가지입니다. 당신네 회사 사람들은 다들 머리가 텅텅 비어서, 무슨 이야기를 해도 도무지 알아듣지 못하거든요.'

하지만 이 말을 가까스로 참았다. 대신 이렇게 말했다.

"왜 그렇게 물으시는지 여쭤봐도 될까요?"

"그러죠 뭐. 이건 딱히 제 개인적인 문제가 아닙니다. 하지만 어쨌거나 선생님의 교육은 우리 회사에서는 전혀 먹히지 않습니다. 효과가 없을 겁니다."

왜 그렇게 생각하는지 물었다. 남자는 경계의 시선을 주변으로 던진 뒤에 이렇게 말했다.

"높은 자리에 있는 사람들은 모두 이기적인데, 이 사람들이 우리를 관리하고 있거든요. 이 사람들은 자기 자신에게 조금이라도 이익이 있다 싶으면 무조건 고객을 들먹입니다."

그리고 여세를 몰아서 이렇게 말했다.

"또 하나 더 있습니다. 그 사람들(경영진)은 우리가 고객을 염두에 두고 작업에 임한다고는 생각도 하지 않습니다."

나는 그 사람에게 예를 들어줄 수 있느냐고 했다. 사례라면 얼마든지 들 수 있다고 했다.

25년 근속과 25달러 전결권

그 사람 이야기는 이랬다.

"언젠가 한번은 고객한테 걸려온 전화를 받았습니다. 주문을 취소한다는 내용이었습니다. 가만 보니까 전화 한 통화로 얼렁뚱땅 때우려는 눈치였습니다. 그래서 대금의 10퍼센트를 벌금으로 내야 한다고 했죠. 그런데 그 사람이 화를 벌컥 내지 뭡니까. 20년 동안 단골이었다면서, 단골 고객에게 그 정도는 눈을 감아줘도 되는 것 아니냐는 것이었습니다. 이런 일을 수도 없이 겪었던 터라서 나는 그런 판단을 할 권한이 없지만 한번 알아는 보겠다고 했습니다. 그러자 그 사람은 다시 화를 내면서 됐다고 했습니다. 다시는 우리 회사와 거래하지 않겠다면서 전화를 끊어버렸습니다."

"그런데요?"

"내 말은 이겁니다. 주문 취소 벌금은 겨우 25달러였습니다. 내가 이 회사에서 25년 동안이나 있었지만 달랑 25달러짜리 전결권도 없더라 이 말입니다."

"아까 그 고객은 댁을 얼렁뚱땅 속이려 했다고 하지 않았나요?"

"물론 그렇습니다. 하지만 그건 다른 문제요."

냉소주의를 어떻게 확인할 것인가?

수많은 회사에서 냉소주의는 사업을 홀랑 태워버릴 기회를 노리는 불 뿜는 용이다. 이 용은 남의 눈에 잘 띄지 않게 은밀하게 움직인다. 방금 언급한 사람과 같은 몇몇 '용'들은 알아내기가 쉽다. 그렇지 않은 용들이 당신 회사에 있는지 확인하는 방법은, 용이 내뿜은 불길에 타거나 눌은 흔적이 당신 회사에 있는지 확인하는 것 말고는 달리 없다. 다음에 예시하는 사례들은 당신 회사에 냉소주의가 발을 붙이고 있는지 어떤지 확인할 수 있는 몇 가지 지표이다. 이 지표를 활용해서 스스로 판단해보기 바란다.

_옛날에는 꽤 잘나가던 매출이 어쩐 일인지 힘을 잃고 떨어진다.
_매출이익률이 재료 낭비와 재가공 때문에 줄어들기 시작한다.
_직원의 만족도를 반영하는 고객 서비스에 감동이 없다.
_고객에게 보내는 물품이 엉뚱한 곳으로 가는 경우가 잦아진다.
_반품이 점차 많아진다.
_많은 직원들의 태도가 전반적으로 '무슨 상관이야? 뭐 이때?' 하는 식이다.
_직원들이 분노와 불신을 자주 표출한다.
_결근을 하거나 작업을 할 때 늑장을 부리는 일이 잦아진다.
_경영진을 믿는 사람이 없어서 변화에 대한 저항이 매우 높다.

냉소주의의 원인

21세기로 진입하면서 TV에 기업인들이 부정행위로 체포되는 모습이 날마다 방영되기 전까지는, 그래도 나는 기업계에 신뢰가 점차 더 큰 힘을 발휘하는 줄로만 알았다. 하지만 그게 아니었다. 날마다 '추잡하고 썩은' CEO들이 손에 수갑을 차고 용의자 호송 차량에 올라타는 것 같았다. 하지만 이들은 일부일 뿐, 꼬리가 잡히지 않은 범죄자 CEO는 또 얼마나 많을 것인가. 일부에서는 CEO들이 받는 연봉 자체가 바로 범죄라고 주장한다. 1990년에 상위 25개 기업의 CEO 연봉은 6백만 달러에서 2천만 달러였다. 하지만 10년 뒤에는 3천만 달러에서 7억 달러로 변했다. 이렇기 때문에 사람들이 '가난한' 프로 스포츠 선수들에게 열광하는 것일까?

이 중요한 문제에 대해서 보다 자세히 알고 싶은 사람에게는 필립 머비스와 도널드 캔터의 《냉소적인 미국인 The Cynical Americans》을 읽어보라고 권한다. 이 책은 미국 냉소주의 연구의 결정판이라고 할 수 있다. 냉소주의가 나타난 배경에는 가족 가치의 붕괴, 지도자들의 변변찮은 지도력, 영웅의 부재, 정의와 전혀 무관하게 돌아가는 듯한 사법 제도, 그리고 날마다 나쁜 소식들을 토해내는 언론 매체가 있다. 그러니 냉소주의가 작업 현장에 나타난 것도 그다지 놀랄 일은 아니다.

냉소주의를 뿌리뽑으려면

우리의 목표는 냉소주의자를 모두 적발해서 해고시키는 것이 아니다. 일반 직원과 경영진의 신뢰 관계를 회복하고, 나아가 생산성이 높고 자기 업무에 만족할 줄 아는 직원들만이 회사에 가득하게 만드는 일이다. 하지만 해고가 불가피한 직원도 있을 것이다. 냉소적인 태도를 가진 직원은 아무리 강하게 압박해도 결코 심하다고 할 수 없다.

NO.49 흰개미 박멸 프로젝트

1 직원들과의 의사소통 통로를 늘 열어두어라. 특히 냉소주의가 회사에 발을 붙였다는 의심이 들 때는 더욱 그렇다. 직원들과 정보를 공유해서, 부정확한 정보가 유통되는 것을 차단하고 신뢰를 쌓아야 한다.

2 경영진에 대한 신뢰가 낮을 때 불신은 빠르게 퍼진다. 경영진에 대한 신뢰가 낮을 때는 다른 어떤 일보다 이 문제를 우선적으로 해결해야 한다. 신뢰를 높이기 위해서는 직원들과 허심탄회하게 대화를 나누는 것이 가장 좋은 방법이다.

3 회사에 냉소주의가 넘쳐난다고 판단할 경우, 냉소적인 직원들을 높은 신뢰와 높은 생산성으로 똘똘 뭉친 직원들로 변화시키는 것을 가장 우선적인 목표로 삼아야 한다. 하지만 이런 변화는 단번에 이루어지지 않고 서서히 진행된다는 사실을 명심하라.

4 직원들이 냉소주의에 빠지지 않도록 자기 직무에 대한 전결권을 보다 많이 부여하라. 연구 결과에 따르면, 사람은 일반적으로 자기 직무에 대한 통제권을 많이 가지면 가질수록 긍정적이고 적극적인 태도를 가진다고 한다.

5 공동 목표를 가진 작업 단위나 동호회 조직을 만들어라. 직원들이 자신을 어떤 조직의 적극적인 구성원으로 생각할 때, 이들의 직무 만족도는 높아진다. 직원들이 스스로 생산적인 집단의 구성원이라는 자긍심을 가질 때 냉소주의나 허무주의는 뿌리를 내릴 데가 없어진다.

흰개미의 오류 50

작업장을 깨끗하게 유지하지 않는다

"책상에 커피 흘린 자국이 있는 것을 고객이 본다면 뭐라고 생각하겠는가? 우리 회사는 엔진을 보수할 때도 칠칠치 못하게 할 거라고 생각할 것이다." —익명의 항공사 간부

더블린에서 골웨이까지 M4 고속도로를 달리다 보면 '아일랜드를 깨끗하게'라는 문구가 적힌 표지판이 적지 않게 눈에 들어온다. 나는 이 표지판을 볼 때마다, 마치 어머니가 아이들에게 방을 어지르지 말고 잘 정돈하라고 말할 때의 그런 느낌을 받는다. 그래서 이런 표현이 무척 재미있다. 하지만 이 청결 운동이 얼마나 중요한지는 아일랜드의 성인 노동자라면 누구나 다 잘 알고 있다. 어떤 사물에 대한 인상은 흔히 사소한 것을 통해서 즉각적으로 형성된다. 해외 기업을 자국에 유치하려

고 노력하는 아일랜드 개발청은 대상 기업에 자국의 이미지를 좋게 심어주는 것이 얼마나 중요한지 잘 알고 있다.

작업장을 깨끗하게 유지한다는 것은 정리정돈이 잘 되어 있고 청결하게 한다는 뜻이다. 아일랜드 당국이 강조하는 깨끗함이 해외 기업에 긍정적인 이미지를 심어주어 해외 기업 유치에 도움이 되는 것과 마찬가지로, 한 기업의 깨끗함 역시 고객에게 긍정적인 이미지를 심어준다. 작업장이 마구 어질러져 있으면 결코 좋은 이미지를 주지 못한다. 고객을 비롯한 외부로부터 좋은 회사라는 인식을 받고 싶다면, 우선 공장과 사무실 등의 작업 현장을 청결히 하고 정리정돈을 잘할 필요가 있다.

내 직업의 장점은 전 세계에 있는 모든 유형의 회사를 방문한다는 것이다. 오랜 세월 경험한 사실이지만, 어떤 회사든 그 회사의 정문을 볼 때 첫인상이 결정된다. 오래 전에 나는 대형 종합병원 직원들을 상대로 병원이 아닌 별도의 공간에서 훈련 프로그램을 진행한 적이 있다. 그런데 쉬는 시간마다 흡연자들은 담배를 피우려고 떼를 지어 바깥으로 나가곤 했다. 휴식 시간은 하루에 점심시간을 포함해서 모두 다섯 번이었는데, 프로그램이 모두 끝난 뒤 퇴근할 때 잔디와 인도에 담배꽁초가 백 개도 넘게 버려져 있는 게 보였다. 어떻게 그렇게 많은 숫자를 알 수 있느냐고 묻는다면, 나는 자신 있게 말할 수 있다. 내가 그 담배꽁초를 모두 모아서 버렸기 때문이다.

담배꽁초 백 개를 주운 이유

이런 행위를 두고 내가 청결 강박증 환자라고 생각하는 사람이 있을지 모르겠다. 하지만 내가 다른 사람들이 버린 담배꽁초를 주운 것에는 나름의 이유가 있다. 내가 건물 밖으로 막 나와서 수많은 담배꽁초를 발견한 순간, 나이 지긋한 노부부가 그 앞을 지나가다가 역시 그 담배꽁초들을 보았다. 그리고 노인이 이렇게 말했다.

"돼지 떼가 우리를 탈출했나……."

그리고는 나더러 누가 한 짓이냐고 물었다. 나는 당황해서 내가 한 짓이 아니라고 했다. 내 생각에, 병원 직원들이 그랬다고 말하면 병원에 대한 신뢰가 떨어질 것 같았다. 누구라도 그런 짓을 한 사람들이 일을 하는 병원에서 수술을 받고 싶지는 않을 것이다. 그래서 나는 내 고객의 이미지를 나쁘게 만들지 않으려고 그 담배꽁초들을 주웠던 것이다.

작업 현장의 물리적인 환경도 마찬가지가 아닐까? 최근에 비행기를 탔을 때 일인데, 옆자리에 앉은 사람이 자기 좌석 구석에 음식 부스러기가 끼어 있는 것을 발견했다. 그 남자는 이렇게 투덜거렸다.

"정말 이 사람들 일하는 걸 보면 짜증이 납니다. 이런 것 하나 제대로 치우지 않고 어떻게 손님을 맞을 생각을 하는지 모르겠습니다."

나도 비록 강박적일 정도는 아니지만 어떤 항공사든 비행기 내부의 청결 상태를 보고 그 회사에 대한 평가를 하는 경우가 많다. 머리받이 천이 낡았거나 땟자국이 있으면, 비용과 노력을 들이지 않고 설렁설렁 아무렇게나 하는구나 하고 생각한다.

카펫은 말한다

　최근에 뉴잉글랜드에 있는 한 회사를 방문한 적이 있는데, 청결이란 점에서 볼 때 여태까지 내가 본 회사 가운데 최악이었다. 사무실에 들어갈 때부터 심상찮았다. 잡초가 무성하게 자라 있었고, 잔디도 깎아줄 때가 한참 지난 상태였다. 건물도 페인트칠을 새로 해야 할 때가 한참 지나 을씨년스러운 인상을 풍겼다. 유리문 앞에 서자, 유리문에 덕지덕지 묻은 지문들은 비위가 상할 정도로 선명했다. 유리문을 밀고 로비로 들어서자 화분에 심어진 나무들마다 〈월스트리트 저널〉이 보기 흉하게 쑤셔 박혀 있었다. 실내는 바깥보다 훨씬 더 심했다.

　손님을 맞는 안내 데스크는 온통 커피 자국이었다. 그야말로 거대한 커피 데스크였다. 안내 직원 뒤의 벽에 걸린 여러 그림들은 모두 비뚤어지게 걸려 있었다. 벽도 성하지 않았다. 페인트가 들고 일어나 있었다. 가구도 오래 되었으며 때가 묻었고, 게다가 모서리가 닳아서 보기 흉했다. 방문자를 위해 마련해둔 잡지들도 모서리가 해어져서 너덜너덜했다. 로비에 있는 공중전화의 번호판에는 갈색 때가 더께로 져 있었다. 이쯤에서 분명히 말해두지만, 이 회사는 결코 작은 회사가 아니었다. 하이테크 제품을 만드는 이 회사는 직원 수가 천 명이 넘을 정도로 큰 회사였다.

　로비에서 나와 만나기로 한 직원을 만났다. 이 사람은 때로 얼룩진 카펫 위를 걸어서 나를 회의실로 안내했다. 그리고 이 사람은 내가 서류 가방을 탁자에 내려놓기 전에, 지난 몇 차례 회의를 하는 동안 쌓였던 쓰레기들을 탁자에서 치웠다. 마시다 남은 커피도 있었고, 젤리 도

넛도 있었다. 의자들은 하나같이 빵 부스러기를 덮어쓰고 있었다. 벽에 삐딱하게 걸린 그림들도 오로지 부조화의 이미지를 만들어내기 위해서 존재하는 듯했다.

깨끗함보다 더 중요한 것은

작업장을 깨끗하게 유지하는 것은 다른 어떤 사내 표준(기업이 사업상의 필요로 독자적으로 규정한 표준 규격. 일반적으로 외부에는 크게 적용되지 않지만 사내에서는 준수된다—옮긴이)만큼이나 중요하게 생각해야 한다. 제품에 대한 기준이 높은 회사라면 당연히 청결과 정리정돈을 보다 높은 수준으로 강조한다. 과거에 '미스터 클린'이라는 별명을 가진 사람이 주인으로 있던 회사에서 일을 한 적이 있다(물론 이 별명은 그 사람이 듣지 않는 곳에서 우리끼리 통하는 말이었다). 이 사람에게는 깨끗함이 얼마나 중요한 것이었는지, 관리자들도 금요일 오후마다 청소 작업에 나서야 했다. 간부들은 전부 다 손에 빗자루와 걸레를 들고 회사 안팎을 돌아다녔다. 물론 이 행렬의 맨 앞에 선 사람은 미스터 클린이었다.

영업부를 책임지고 있는 담당자로서 나는 차라리 그 시간에 전화로 영업 활동을 하는 게 훨씬 더 낫다고 생각했다. 도대체 그 사람은 비싼 봉급을 주는 사람들에게 잡역부나 할 일을 시키는 게 얼마나 낭비인지 단 한 번이라도 생각해봤을지 의심스러웠다. 그러던 어느 날, 우리는 일리노이에 있는 한 통신 회사로부터 35만 달러짜리 주문을 따냈다. 말할 필요도 없이 우리 영업부 직원들은 모두 흥분했다. 나는 담당자에게 전화를 걸어서 고맙다는 인사를 하면서, 우리 회사를 선택한 이유가 무엇인지 물었다. 그러자 그는 이렇게 대답했다.

"사실 오퍼를 낸 회사들의 납품 단가는 모두 비슷했습니다. 하지만 우리가 당신네 회사를 선택한 이유는, 공장이 상상도 못할 정도로 깨끗했기 때문입니다. 바닥을 혀로 핥아도 될 것 같았거든요."

그랬다. 아주 고전적인 방식으로 우리는 경쟁에서 이긴 것이었다. 그때 이후로 나는 미스터 클린을 청결 강박증 환자가 아니라 무지하게 똑똑한 사람이라고 인정했다.

하지만 너무 지나치면 안 하는 것보다 못하다

훈련 프로그램을 진행할 때 청결과 정리정돈을 주제로 해서 이야기를 할 때마다 참가자들로부터 재미있는 이야기들이 많이 나온다. 한번은 쉬는 시간이었는데 참가자 한 사람이 깨끗함에 대해서 강박증을 가지고 있는 자기 사장 이야기를 했다. 그 사장은 전 직원에게 책상에서 사탕을 먹지 말라는 지시를 내렸다.

"지시만 그렇게 하는 게 아니에요. 퇴근한 뒤에 직원들의 쓰레기통을 뒤지면서 혹시 쓰레기통에 사탕 껍질이 들어 있지는 않나 하고 찾거든요."

그렇게 해서 적발된 사람이 있는지 물었다.

"없죠. 다들 사탕 껍질은 비싼 회사 편지지와 함께 파쇄기에 넣어버리거든요. 사장은 절대로 거기는 안 뒤져요."

NO.50 흰개미 박멸 프로젝트

1 작업장의 청결 상태는 회사의 수준을 강력하게 대변한다는 사실을 알아야 한다. 경영자들의 비언어적인 의사소통 도구와 마찬가지로 작업장의 모습 역시 많은 것을 말한다.

2 깨끗함과 관련된 지침을 마련할 때는 이유도 함께 명기해야 한다. 지침과 기준을 직원들에게 설명할 때, 모든 사람들이 자긍심을 가지게 될 것이라는 말을 빠트리지 마라.

3 사무실과 공장의 모습은 제품의 품질을 증명한다는 사실을 명심하라. 휴게실 주변이 쓰레기장처럼 지저분하다는 사실을 알고 있는 외부 사람이라면, 그 공장에서 생산된 제품의 품질이 완벽하다고 믿지 않을 것이다.

4 청결과 정리정돈은 훌륭한 매출 도구가 됨을 명심하라. 가격과 품질이 동일한 수준인 두 회사의 제품을 앞에 둔 고객은 상품과 그 상품을 만드는 공장의 청결함과 정리정돈 상태를 보고 최종 판단을 내릴 것이다.

5 청결과 정리정돈은 벽이나 카펫만이 아니라 모든 영역에 적용해야 하는 원칙임을 깨달아라. 책상과 파일들을 깨끗하게 정돈하면 보고서나 파일이 없어져서 찾느라고 낭비하는 시간이 없어짐으로써 생산성도 더 높아진다.

흰개미의 오류 51

직원들의 자부심을 북돋우지 않는다

"당신이 설령 거리를 청소하는 환경미화원이라 하더라도 미켈란젤로가 그림을 그리듯이 혹은 베토벤이 작곡을 하듯이 그렇게 열과 성을 다해 거리를 청소해야 한다." ―마르틴 루터 킹 목사

사람들이 자기가 생산하는 제품이나 혹은 자기가 제공하는 용역에 대해서 가지는 긍지는 상품의 품질을 높이는 주요 요인이 된다. 이런 긍지를 계속 유지하고 나아가 한 단계 더 높이는 것을 반드시 기업 문화의 한 부분으로 설정해서, 경영진은 지원과 독려를 아끼지 않아야 한다. 이런 측면에서, 직원들이 가지고 있는 자긍심과 가치를 높이고 강화하는 것은 경영자의 가장 중요한 책임 가운데 하나이다. 하지만 내경험에 비추어 볼 때, 대부분의 경영자는 이를 무시한다.

"미안합니다. 하나밖에 없어서 못 드리겠네요."

오래 전에 나는 캐나다에서 항공기 부품을 생산하는 한 대규모 회사의 구매 담당 책임자를 방문한 적이 있다. 우리는 그 회사의 중앙 회의실에서 만났는데, 거기에는 굉장히 멋진 포스터 한 장이 붙어 있었다. 포스터는, 그 회사의 제품이 지구가 아닌 다른 우주에서 사용되고 있으며, 거기에서 날아온 것처럼 묘사하고 있었다. 자기 회사의 제품들은 우주인을 기준으로 설계되었기 때문에, 지구에 사는 사람들이 이 제품을 사용해보면 무척 흥미로울 것이라는 메시지였다. 특히 설정이 재미있었다. 나는 구매 담당자에게 우리 회사 로비에 붙여놓게 포스터 한 장을 얻을 수 있느냐고 물었다. 그는 간단하게 답했다.

"안 됩니다."

안 된다는 게 이상했다. 게다가 그 담당자는 왜 안 되는지 아무런 설명도 하지 않았다. 그래서 나는 나중에 기술자 한 명에게 뭐가 잘못된 것인지, 혹시 내가 무례한 부탁으로 그 담당자를 화나게 만든 것인지 물었다.

"아닙니다. 그게 아니라, 그 포스터는 이 세상에서 딱 하나밖에 없는 것입니다."

그는 계속해서, 그 포스터가 처음 회의실에 걸렸을 때 회사 직원들이 모두 내가 그랬던 것처럼 한 장씩 달라고 아우성을 쳤다고 했다.

'너나 할 것 없이 모두 그 포스터를 가지고 싶었죠. 하지만 모든 사람이 다 가지고 있으면 그건 더 이상 특이한 존재가 되지 못하니까 줄 수 없다고 하더군요.'

일하는 사람의 자부심

하지만 직원들이 진정으로 원했던 것은 작업을 하면서 느끼는 긍지를 대변해줄 수 있는 시각적 표현물이었다는 사실을 고려한다면, 회사는 당연히 그 포스터를 여러 장 출력해서 직원들에게 나누어줬어야 했다. 그랬다면 직원들은 그 포스터를 볼 때마다 그 회사 직원으로서의 자부심을 느낄 수 있었을 것이다. 수많은 기업이 일류 컨설턴트에게 거금을 지불하면서 얻고자 하는 것이 바로 이런 지적들이다.

훈련 프로그램에 참석하는 참가자들에게 일하는 사람으로서의 자부심이 무엇이냐고 질문할 때마다 대체로 맥 빠지는 대답만 돌아온다는 사실에 나는 매번 놀란다. 자부심을 가슴에 담아두고 있는 사람들은 얼마 되지 않는다. 나는 이것과 관련된 교훈을 어릴 때 할아버지에게서 배웠다. 나는 할아버지를 한 번도 본 적이 없지만, 아버지를 통해서 할아버지의 이야기를 들었다. 한번은 아버지가 당신의 소년 시절 이야기를 들려줬다. 어느 날 할아버지가 아버지에게 의자에 페인트칠을 하라고 시켰다. 의자는 하나가 아니고 여러 개였다. 아버지가 페인트칠을 하는데 친구들이 와서 놀자고 했다. 아버지는 서둘러서 일을 끝낸 다음 할아버지에게 가서, 일을 마쳤으니까 친구들과 놀아도 되느냐고 물었다. 그러자 할아버지는 이렇게 물었다.

"의자에 페인트칠을 모두 다 했니?"

"네, 아빠."

다시 할아버지가 말했다.

"그렇다면 가서 검사를 해보자."

할아버지는 의자들을 하나하나 꼼꼼하게 살폈다. 무릎을 꿇고 고개를 숙여서 앉음판 뒷부분까지 살폈다. 그리고는 엄숙한 얼굴로 아버지에게 이렇게 말했다.

"로버트, 이 아랫부분은 칠을 하지 않았구나."

그러자 아버지는, 거기는 사람들 눈에 띄지도 않고 들여다볼 사람도 없는데 굳이 그럴 필요가 있느냐고 대꾸했다. 그러자 할아버지는 이렇게 말했다.

"네가 보잖니."

결국 아버지는 할아버지가 내민 붓을 받아들어야 했다. 나는 아버지에게서 들은 이 이야기에서 일을 하는 사람의 자부심이 무엇인지 배웠다. 일을 하는 사람의 자부심은 쓸모없어 보이는 일까지 하는 것이다. 다른 사람이 볼까봐서가 아니라, 그 개인의 기준이 그만큼 높아서이다.

자부심의 문화를 창조하자

직원들이 자기가 만들거나 제공하는 제품 및 용역에 기꺼이 자기 이름을 올리려고 할 정도로 자부심을 가질 때, 생산성도 높아진다. 회사 및 관리자가 직원들이 제시하는 여러 제안을 소중하게 받아들일 자세가 되어 있다면, 이들은 제품을 보다 창조적으로 만드는 데 열과 성을 다할 것이다. 어떤 문제가 발생하면, 먼저 직원들에게 알리고 그들의 참여를 북돋워라. 그들이 어떤 성과를 이루면 그 성과에 걸맞은 명예를 누리게 해줘야 한다('흰개미의 오류 1' 참조). 이들의 근면함에 합당한 보상을 해줘야 한다. 긍지와 자부심의 문화를 북돋워라. 사실, 이렇게 하는 데 비용이 많이 드는 것도 아니다. 오히려 불량품으로 인한 손실이 훨씬 더 크다는 사실을 기억하기 바란다.

NO.51 흰개미 박멸 프로젝트

1 직원들이 자기가 하는 일에 주인의식을 가지도록 격려하라. 현재 많은 기업들에서는 제품에 생산자의 서명을 넣는 제도를 실시하고 있다. 이것도 직원이 주인의식을 가지게 하는 한 방법이다. 사실 이들이 하는 서명과 상관없이, 제품에는 그들의 서명이 이미 품질이라는 이름으로 들어가 있다.

2 이런 말이 있다. '이 일을 지금 당장 할 시간이 없다면, 나중에 이 일을 할 시간이 생긴다는 보장은 없다.' 해야 할 일을 그 자리에서 곧바로 하느냐, 나중으로 미루느냐를 보고 그 사람의 자부심을 여부를 판단할 수 있다.

3 일이 아니라 사람을 칭찬하라. 어떤 사람이 인생에서 차지하고 있는 지위는 그 사람이 개인적으로 얼마나 높은 가치를 지니고 있느냐 하는 것과 아무런 상관이 없다. 노동을 하는 사람은 자기 노동의 결과가 높이 평가받을 때 가장 행복해한다.

4 어떤 직원이 탁월한 성과를 냈다면 그 사람을 인정하라. 고객이 기대한 수준보다 높은 품질로 고객을 감동시켰다면, 따로 시간을 내어서 그 직원을 칭찬하고 그런 노력이 계속 이어지도록 격려하라. 모범적인 행동도 제대로 인정을 받지 못하면 다시는 더 나타나지 않는다.

❺ 명예의 전당을 만들어라. 높은 생산성과 높은 품질을 계속 유지하는 직원이 있다면, 이들의 성과를 칭찬하고, 이들의 이름과 기록을 명예의 전당에 올리고 영웅 대접을 하라. 이것이 바로 높은 성과를 장려하는 기업 문화를 만드는 과정이다.

흰개미의 오류 52

호의와 공손한 태도를 갖추지 못한다

"다른 사람들과 함께 있을 때, 함께 있는 다른 사람들을 존경하는 마음이 행동에 묻어나도록 해야 한다." ─조지 워싱턴

나는 레트라는 사람과 영업 관련 전화를 처음 하고 나서, 그가 특이한 사람임을 곧바로 알아보았다. 그는 만나는 사람마다 모두 자기들이 매우 중요한 존재라고 느끼게 만드는 비범한 능력을 가지고 있었다. 이런 능력을 가지고 있는 사람은 흔치 않다. 그는 공손했다. 그리고 다른 사람들이 원하는 요구를 기꺼이 들어줄 준비가 되어 있었다. 어떤 사람들은 그를 처음 만나고는 그의 태도가 매우 '저자세'라고 생각한다. 저자세는 보통 어떤 것이 필요해서 어쩔 수 없이 자기를 낮추는 경우가 많지만, 레트의 경우는 그렇지 않았다. 그는 사업에 성공을 해서 자기가 원

하는 것은 무엇이든 누릴 수 있을 만큼 재산을 많이 모은 사람이라서, 굳이 다른 사람에게 아쉬운 소리를 하지 않고도 얼마든지 잘 살 수 있기 때문이다. 그의 공손함은, 고객으로부터 주문을 받아내기 위해서 어쩔 수 없이 취하는 저자세가 아니라 자기 스스로 선택한 태도였다.

조지 워싱턴의 행동 지침

우리 사회는 분명, 출세를 하려면 중요하게 여겨야 한다고 조지 워싱턴이 생각했던 공손함에서 멀리 이탈해왔다. 워싱턴은 14세 때 훌륭한 태도가 매우 중요하다고 생각하고, 개인적인 지침으로 삼을 수 있는 공손한 태도의 목록을 정리했다. 이 목록을 그는 '다른 사람과 함께 있을 때 그리고 다른 사람과 대화를 할 때 공손하고 우아한 행동을 갖추기 위해 필요한 122개의 규칙'이라고 이름을 붙였는데, 이 가운데 몇 가지를 소개하면 다음과 같다.

_그 자리에 없는 사람의 험담을 하지 마라. 부당한 행위이기 때문이다.
_나쁜 말을 하지 마라. 그리고 농담으로라도 거짓말을 하지 마라. 아무리 그럴듯한 이유가 있다 하더라도 콧방귀를 뀌지 마라.
_유쾌하게 즐기려는 사람이 없는 데서는 농담을 하지 마라. 비록 그럴듯한 이유가 있다 하더라도 다른 사람의 불행을 비웃지 마라.
_자신의 평판을 높이고 싶다면 좋은 품성을 갖춘 사람들과 어울려

라. 그리고 나쁜 품성을 갖춘 사람들과 어울리느니 차라리 혼자 있어라.

_누구에게든 책망하는 말을 하지 마라. 욕을 하지도 말고 저주를 하지도 마라.

경영자가 베푸는 호의는 창조성에서 팀워크에 이르기까지 모든 것을 순조롭게 이루어지도록 한다. 하지만 워싱턴이 세웠던 기준과 오늘날의 기준을 비교해보면, 우리가 공손함이나 우아함 그리고 존경심에서 얼마나 많이 벗어나 있는지 알 수 있다.

호의가 사라질 때

오늘날 사업 세계에서 호의는 거만함에 비해 뒷자리로 밀려나 있다. 이제 거만함은 일상 속에서 너무도 일반적인 모습으로 자리를 잡고 있다. 메이저리그 경기에서 심판의 판정에 불만을 품은 선수가 심판의 얼굴에 침을 뱉는 장면이 TV를 통해서 전국에 중계된다. 또 이런 거만함은 일반 직원보다 자기가 우월한 존재라고 생각하는 관리자들에게서도 흔히 찾아볼 수 있다. 기업 사회에서 호의는 점차 낡아빠져 더 이상 아무런 의미가 없는 개념으로 빠르게 추락하고 있다. 요즘처럼 먹히지 않으려면 먹어야 하는 살벌한 경쟁 환경에서 호의라는 개념은 박물관으로 들어가야 한다고 생각하는 사람들이 많다. 하지만 한 연구 결과에 따르면, 어떤 회사에서 호의와 공손함이 사라질 경우에 그 회사의 수익률은 치명적일 정도로 떨어진다고 한다. 경영학 분야에서 세계적인 존경을 받는 권위자로 손꼽히는 피터 드러커는 '호의가 줄어들면 곧 종말의 순간이 다가온다'고 말했다.

호의, 즉 공손함과 배려는 평범한 회사를 높은 수익률을 기록하는 일류 회사로 바꾸어놓을 수 있다. 이런 태도를 강조하는 회사는 다음과 같은 이익을 누릴 수 있다.

_직원은 자기들이 충분히 인정을 받고 있다고 느낀다.
_회사 내에서 갈등이 줄어든다.
_직원들의 자부심이 높아지고 생산성이 향상된다.
_개별 부서의 사기가 올라가고, 전체 조직으로서의 일체감도 높아진다.
_고객의 신뢰도도 높아진다.

입을 씻어라

내 밑에서 오랫동안 일했던 사람들은, 내가 사무실에서 거친 말을 하는 것을 싫어한다는 사실을 잘 알고 있다. 나는 신입사원을 채용할 때마다 늘 따로 시간을 내어서 나의 이런 가치관을 이해시킨다. 내가 중요하게 생각하는 것은 많이 있지만, 그 가운데 가장 중요하게 생각하는 것은 언어이다. 거칠고 속된 말만큼 그 사람이 가지고 있는 가치나 그 사람이 생각하는 기준을 형편없이 낮게 떨어뜨리는 것은 없다. 거칠고

속된 말을 쓰는 사람이라면, 이 사람이 아무리 좋은 아이디어를 낸다 하더라도 믿음이 덜할 수밖에 없다.

  거친 말을 구사하는 사람이나 그런 직원을 용납하는 회사가 불리한 이유는 여러 가지가 있다. 첫째, 언어 구사력이 형편없음을 드러낸다. 사람들은 어휘력이 부족해서 자기 생각을 적절하게 표현하지 못할 때 보통 욕을 한다. 둘째, 전문성이 부족함을 드러낸다. 셋째, 고객에 대한 무관심을 드러낸다. 고객이 보는 앞에서 거친 언행을 하도록 용납하는 회사는, 고객이 불편한 마음을 가지든 말든 무슨 상관이냐는 메시지를 그 고객에게 전달하는 셈이다. 거친 언행을 하지 않았다고 해서 주문을 취소당한 사례는 한 건도 없지만, 그 반대 경우의 사례는 무수하게 많다.

 **NO.52 흰개미 박멸 프로젝트**

1 호의와 공손함은 단호하고 공격적이며 경쟁적인 태도와 얼마든지 양립할 수 있음을 깨달아라. 공손한 언행은 당신과 당신 회사의 경쟁력을 높이는 데 기여할 수 있다. 실제로 수많은 기업에서 소비자에게 내놓는 제품이 비슷비슷한 현실에서, 호의와 공손한 태도는 경쟁력이 있는 장점이 될 수 있다.

2 직원들이 사업 예절의 기본을 익히도록 하라. 사업 예절이 경쟁력 있는 장점임을 인식하는 수많은 회사들이 자기 직원들(특히 고객과 접촉하는 직원들)을 대상으로 이 분야에 초점을 맞춘 훈련 프로그램을 실시하고 있다.

❸ 사무실에서든 생산 현장에서든 당신이 지휘하는 모든 직원들에게, 당신이 거친 언동을 어떻게 평가하는지 분명히 깨우쳐주어라. 어떤 직원의 태도가 당신이 설정하는 기준에 맞지 않다면 그 자리에서 지적하라.

❹ 호의와 공손한 태도에 관해서 당신이 직접 모범을 보이는 것은 바로 경영자로서 당신이 책임져야 할 의무임을 인정하라. 경영자의 행동은 다른 직원들에게 기준이 된다.

❺ 당신이 해야 하는 바람직한 행동 모델을 만들어라. 많은 기업들과 경영자들이, 내가 대접받고 싶은 방식으로 다른 사람들 대접해야 하는 것이 옳다는 것을 잘 알면서도 아직까지 실천하지 못하고 있다.

12부
경영과 영업의 기본

흰개미의 오류 53

물건을 파는 게 아니라 가치를 파는 것임을 이해하지 못한다

"일용품은 매우 특이하다. 모든 게 다 똑같기 때문에 제품이 아니라 사업적 차별성을 팔 생각을 해야 하고, 그 방법을 배워야 한다."
— 시어도어 레빗, 《마케팅의 상상력》

나에게는 죽을 때까지 잊을 수 없는 날이 있다. 화창한 봄날 아침이었다. 겨울의 한기가 따사로운 봄 햇살에 등을 떠밀려 쫓겨나고, 사람들이 저마다 겨우내 움츠렸던 어깨를 펴고 바깥으로 몰려나온 날이었다. 나는 그날 해치워야 할 심부름이 두세 개 있었고, 일을 하기에는 더할 나위 없이 좋은 날이었다. 내가 처음 간 곳은 철물점이었다. 나는 챙겨줄 물품 목록을 점검하면서 가게 주인이던 빌에게, 철물점을 크게 운영하니 돈 걱정은 하지 않고 살 수 있겠다고 말했다. 그러자 빌은 나를 바라보더니 이렇게 말했다.

"마크, 자네도 계속 여기 있었지 않나, 지금도 그렇고. 내가 장담하는데, 자네는 위대한 철물상이 될 거야."

말이 씨가 된 것인지, 얼마 뒤에 나는 철물점을 운영하게 되었다.

철물점을 운영하다

나는 철물점 사업이 어렵다는 것을 충분히 알 수 있을 만큼 철물점을 제법 오래 운영했다. 철물점 사업은 어렵고 힘이 들고 또 경쟁이 치열했다. 가게를 개점하던 날이 지금도 기억에 생생하다. 납품업자들에게 처음 거래를 시작하니까 개점 행사에 쓸 사은품을 좀 달라고 해서 상당한 후원을 받았다. 최고 사은품은 청동으로 만든 현관 자물쇠였는데, 시가 200달러짜리였다. 자물쇠를 비롯한 여러 사은품을 고객들이 고를 수 있게 진열대에 올려놓았다. 그리고 먼저 오는 고객에게 우선권을 주기로 했다.

마침내 영업 시작 시간이 되어서 문을 열었다. 첫 번째 고객은 구두쇠로 소문이 난 은퇴자 호머였다. 호머가 문으로 들어오자 우리는 크게 환영을 하며 그를 '최초의 손님'이라고 공식적으로 기록했다. 기념사진을 몇 장 찍은 뒤에 우리는 그를 사은품 진열대로 데리고 가서 원하는 것을 고르라고 했다. 호머가 청동으로 만든 현관 자물쇠를 고르는 데는 2초도 채 걸리지 않았다. 그가 사은품을 고른 뒤, '에플러스 에스 앤 티 트러스트워시 철물점'의 첫 번째 판매 제품이 무엇이 될 것인지 물었다.

그러자 그는 천천히 입을 열어 이렇게 대답했다.

"나는 아무것도 필요한 게 없어요."

깜짝 놀라서 그럼 왜 왔느냐고 물었다.

"그건…… 어제 내가 길 건너쪽 철물점에 갔는데, 거기에서는 나사못 두 개를 10센트에 팝디다. 그런데 이 가게에서는 하나에 6센트를 받지 않소. 그래서 당신네 가게가 조금 비싸다는 걸 알려주려고 왔어요."

호머는 이 말을 마치고 돌아서서 가게 밖으로 나갔다. 물론 사은품으로 챙긴 자물쇠는 들고…….

철물점 사업이 우선 맞닥뜨리는 현실은 판매 제품이 대부분 일상용품이라는 사실이다. 무슨 말이냐 하면, 상품의 특징이나 이윤폭이 경쟁업체와 동일하다는 것이다. 말하자면 바나나를 파는 것과 똑같다. '이 바나나에는 지퍼가 달려서 먹기에 편리합니다'나 '바나나 꼭지의 꼬부라진 곡선은 요즘 유행하는 트렌드를 반영한 것입니다'라는 말로 고객을 설득할 수 없다는 말이다. 근처에 대형 할인점이 생기자 경쟁에 대한 압력은 더욱 거세졌다. '큰손'들이 이 할인점에 제공한 제품들이 우리가 도매점에서 사오는 가격보다 낮은 가격에 팔리는 경우가 흔히 있기 때문에 그때마다 좌절해야 했다. 살아남기 위해서는 원가를 낮출 수 있는 방법을 찾아야만 했다.

비싸야 잘 팔린다?

어느 날, 거래하는 영업 직원이 도저히 거절할 수 없는 제안 한 가지를 했다. 그가 거래하는 고객 가운데 한 사람이 가죽 장갑 수십 벌을 주문해놓고서는 여유가 없어서 취소해버린 모양이었다. 그리고 납품업자는 그 영업 직원에게 최대한 낼 수 있는 만큼만 가격을 쳐주면 팔겠다고 했고, 그 직원은 보통 소매점에서 한 켤레에 20달러에 팔리는 가죽 장갑을 한 켤레에 2달러에 넘기겠다고 했다. 그러니 도저히 거절할 수가 없었다. 할인점보다 낮은 가격으로 물건을 팔 수 있는 기회라고 생각하고, 외판원의 제안을 받아들였다. 그리고 한 켤레에 5달러 가격을 매긴 뒤에 불티나게 팔려나가기만을 기다렸다.

그런데 매장 입구에 진열된 그 장갑은 도무지 팔리지 않았다. 1년 동안 한 켤레밖에 팔지 못했던 것이다. 그러던 어느 날, 나는 그 외판원에게 가죽 장갑을 싸게 구입했다고 좋아했는데 완전히 망한 거래였다고 투덜거렸다. 그는 진열된 장갑을 보더니 이렇게 말했다.

"가격이 너무 싸잖아요."

그게 무슨 말이냐고 물었다.

"가격을 올리세요. 그럼 금방 다 나갈 겁니다."

그가 간 뒤에 나는 장갑의 가격을 한 켤레에 14달러 95센트로 매겼다. 그리고 세일 상품 목록에 넣고, 9달러 99센트에 판다고 했다. 그랬더니 한 달 사이에 30켤레나 팔려나갔다.

그제야 나는 사업의 기본이 무엇인지 깨우치기 시작했다. 철물점을 운영하던 4년 동안 나는 대학원에서 배운 것보다 더 많은 것을 배웠다. 사람들이 물건을 사는 이유와 물건을 사지 않는 이유에 대해서 많은 것을 깨우쳤다(이 가운데서도 후자에 대해서 더 많은 것을 알았다). 상품의 가치는 상품을 바라보는 사람의 눈에 있는 것이며, 가격은 흔히 그 상품의 가치와 별 상관이 없다는 사실을 깨달았다. 하지만 내가 배운 교훈 가운데 가장 위대한 것은, 철물점 사업에서 진정한 승자는(어떤 사업에서건 마찬가지겠지만) 자기가 판매하는 제품의 가치를 높이는 방법을 알고 있는 사람이라는 사실이다. 진정한 승자는 '평범한 물건'을 특별하게 만듦으로써 물건의 가치를 높이더라는 말이다.

가치에 대한 이해

가치를 정의하자면, 어떤 제품이나 용역이 자기의 욕구를 만족시켜줄 수 있으리라 기대하는 소비자의 기대치이다. 이 정의에서 핵심적인 단어는 '기대'이다. 만일 그 상품이 소비자의 기대를 저버리지 않았다면 그 상품은 만족스러운 것이 된다. 하지만 기대를 저버린다면 소비자는 불만을 느낀다. 실제로 느끼는 만족도와 기대치 사이의 간극이 어느 정도가 되면 소비자는 불만을 느낄까? 소비자는 제품이나 용역을 사는 게 아니다. 소비자는 어떤 욕구에 대한 만족을 사는 것이다. 소비자가 사는 상품이 소비자를 만족시키는 정도가 바로 그 상품의 가치가 된다.

철물점을 운영할 때는 다른 어떤 사업보다 철물점 사업이 경쟁이 치열하다고 생각했는데, 사실은 철물점 사업뿐만 아니라 모든 사업이 마찬가지로 치열한 경쟁 압력 속에 놓여 있다는 사실을 나중에 깨달았다. 오늘날 초경쟁 사업 분야에서 승리를 구가하는 기업들은 제품이 아니라 가치를 창조하고 또 판매해야 하는 필요성을 이해하고 있다.

그런데 이런 가치에 관한 문제들이 왜 경영에 그토록 중요할까? 제품에 부가되는 가치의 절대적인 비중을 그 제품이 생산되는 회사의 직원들이 만들어내기 때문이다. 예를 하나 들어보겠다. 나의 아내는 최근에 내 생일 선물로 그림조각 퍼즐을 사려고 대형 할인점에 갔었다. 그림조각 퍼즐에 대해서 잘 모르던 아내는 점원에게 물어보았고, 점원은 어떤 제품이 가장 적합할지 판단하려고 아내에게 몇 가지 질문을 했다. 아내의 대답을 들은 점원은 전문가용보다 한 단계 낮지만 취미로 하는 사람들이 풀기에는 좀 어려운 제품을 추천했다. 뿐만 아니라 점원은, 최근에 세일 행사를 하면서 퍼즐을 넣어 다닐 수 있는 가방까지 덤으로 끼워주던 제품을 창고에서 일부러 찾아다 주기까지 했다. 비록 아내는 그것보다 더 싼 제품을 발견하고 그것을 사긴 했지만, 그 점원이 놀라운 서비스로 제공한 추가적인 가치는 비싼 가격을 충분히 상쇄하고도 남았다.

 **흰개미 박멸 프로젝트**

1 시간을 들여서 당신이 무엇을 파는지 직원들이 충분히 이해할 수 있도록 대화를 하라. 직원들이 일반적인 범주의 제품(이 제품들은 모두 동일하다)과 특별한 제품(가치가 보다 높아진 제품)이 어떻게 다른지 확실히 이해할 수 있도록 하라.

2 모범적인 고객 서비스 모델을 만들어서 당신이 판매하는 제품에 가치를 덧붙여라. 모든 제품이 동일하더라도, 당신은 그 제품을 통해서 무언가 다

른 것을 팔아야 한다.

3 결과 즉 당신의 제품을 사는 고객의 만족도에 초점을 맞추어서 당신의 사업을 정확하게 규정하라. 고객에게 판매하는 것은 물리적인 제품이 아니라 그 제품을 사용할 때 고객이 느끼는 기분임을 직원들이 확실히 이해하도록 가르쳐라.

4 직원들에게 가치라는 개념이 무엇을 뜻하는지 가르쳐라. 직원들이 가치 개념을 이해할 때, 경영자는 제품이나 용역 등의 물리적인 상품에서 고객의 욕구나 만족 등과 같은 보이지 않는 요소로 관심의 초점을 돌릴 수 있다.

5 어떤 회사든 사업에서 성공하려면 고객의 경험이라는 가치를 끊임없이 높이도록 노력해야 한다. 고객이 가치 있다고 생각하는 게 무엇인지 알 수 있는 유일한 방법은 고객에게 직접 물어보는 것뿐이다.

흰개미의 오류 54

회사의 모든 구성원은 영업사원이라는 사실을 알지 못한다

이 글은 위대한 영업사원이었던 앨 뉴먼(1948-2003)에게 바친다.

오래 전에 소규모 전자 회사의 제안을 받고 거기에서 일을 할 때였다. 이때 나는 그 정도 규모의 회사에서는 혼자서 여러 역할을 동시에 수행해야 한다는 사실을 깨달았다. 비록 영업 부서 책임자로 고용되었지만, 영업과 관련이 없는 업무들까지 적지 않게 떠맡아야 했다. 이 가운데는 금요일 저녁에 매장 청소하는 일까지 포함되어 있었다(내 직무 영역에는 '그 외에 할당되는 임무들'이라고 규정되어 있었다). 이 회사에서 부서를 넘나드는 의사소통은 대단했다. 부서와 업무 사이에 뚜렷한 구분이 없었기 때문이다. 모든 직원들은 공식적으로 할당된 업무 이외의 일을 더 많이 했을 정도이다.

이 회사의 철학 가운데 하나가 모든 직원은 영업사원이라는 것이었다. 사장은 자주 이렇게 말했다.

"누군가 물건을 팔지 않으면 꽝이다. 누구나 물건을 팔아야 한다!"

사장이 전달하고자 한 메시지는 조금도 비유적이지 않았다. 간단명료했다. 자기 회사에서 일을 하고 봉급을 받고 싶으면 길거리에라도 나가서 물건을 팔라는 것이었다. 사장은 모든 직원이 직접 제품을 팔든 혹은 지역 사회에서 회사의 이미지를 팔든 간에 어쨌거나 회사의 어떤 것을 팔 수 있어야 한다고 생각했고, 직원을 모두 그렇게 만들려고 했다.

나는 영업 부서의 책임자이자 영업 부문의 전문가였기 때문에, 다른 부서 사람들에게 현장 경험을 주기 위해서 그들을 대동하고 고객을 방문하곤 했다. 사장이 이들에게 기대한 것은, 우리 회사가 고객의 요구를 반영하기 위해서 얼마나 노력을 하는지 설득력 있게 고객에게 전달하는 것이었다. 한번은 우리 회사의 재정 담당 부사장이던 앨 뉴먼이 고객을 만나러 가는 출장길에 나와 동행했다.

불가능한 일을 가능하게 바꾸어라

캘리포니아 북부의 실리콘밸리에서부터 시작했다. 그곳에 입주해 있는 회사의 기술자와 구매 담당자를 각기 따로 10여 차례 만나서 우리 제품을 홍보했다. 내가 한 홍보 내용은 매번 거의 다르지 않았기 때문에, 나와 동행했던 앨은 우리 회사의 제품을 고객에게 어떻게 홍보하고 시연하는지 충분히 볼 수 있었다. 그리고 산호세에서 사흘을 머문 뒤에 다시 비행기를 타고 로스앤젤레스로 날아가, 거기에서 새로운 도매상을 대상으로 제품 설명회를 가질 예정이었다.

그런데 로스앤젤레스에 가기 전날, 난생 처음으로 회라는 음식을 먹었다. 별로 좋아하지 않았지만 산호세의 도매상인이 맛이 '죽인다'면서 워낙 권하기에 마냥 싫다고 하기도 그래서 그냥 먹었다. 그런데 다음날 아침 로스앤젤레스에서 제품을 설명하던 도중에 정말 '죽는' 느낌이 들었다. 송화 장치를 앨에게 건네고, 두 손으로 배를 감싼 채 허겁지겁 화장실로 달려가야 했다. 그때가 설명을 시작한 지 10분쯤 지난 시점이었고, 이제 모든 것은 앨에게 달려 있었다.

그런데 출장을 마치고 회사로 돌아왔더니, 우리 회사 사장이 크게 좋아하며 내 손을 잡았다. 로스앤젤레스에서 제품 설명을 완벽하게 잘했다면서 내 어깨를 두드리는 것이었다.

"역시! 자네가 해낼 줄 알았어!"

알고 보니, 로스앤젤레스의 도매상인회 회장이 우리 회사 사장에게 전화를 걸어서 우리 회사 직원의 홍보가 환상적이었다면서 치하했는데, 그 사람이 '앨'이라는 이름을 구체적으로 말하지 않았던 터라, 사장은 그 혁혁한 공을 세운 사람이 당연히 나라고 생각하며 내 손을 잡고 흔들었던 것이다. 그래서 내가 자초지종을 이야기했다. 앨이 고객의 요구를 최우선으로 하는 우리 회사의 기업 문화를 설명하고, 뒤이어 사흘 동안 나와 함께 다니면서 열두 차례에 걸쳐서 내가 했던 설명을 옆에서 충분히 지켜보았던 덕분에 그 내용 그대로(어쩌면 내가 한 것보다 훨씬 더 잘) 설명을 했던 것이라고······.

나중에 생각을 해보니까 우리 회사 사장이 한 말이 옳았다. 누군가 물건을 팔지 않으면 꽝이고, 따라서 모든 사람이 나서서 물건을 팔아야 한다. 과거 그 어느 때보다도 경쟁이 치열한 현대 사회에서는 회사 직원이라면 누구나 회사의 물건을 팔 준비를 갖추어야 한다. 한 회사의 영업력은 영업 부서만의 역량이 아니라 회사 전체의 역량이다. 이것을 증명할 수 있는 사례를 이어서 계속 설명하겠다.

회사를 하나의 거대한 영업 조직으로

우리가 따내려고 하는 주문은 우리 회사로서는 매우 중요한 기회였다. 그 회사에서 생산할 제품에 우리가 만든 제품이 왜 가장 적합한 부품인지 설명하는 제품 설명회를 성공적으로 마쳤다. 그러자 그 회사에서, 이번에는 자기 회사의 구매 담당 팀이 우리 생산 시설을 현장에서 검증하겠다고 알려왔다. 그들이 도착해서 첫 번째로 주문한 것은 모든 부서의 관리자들을 상대로 질문을 던지겠으니 회의를 소집해달라는 것이었다. 그들이 던지는 질문은 담당 부서에 관한 전문적인 내용뿐만 아니라 영업과 관련된 내용도 상당히 많이 포함되어 있었다. 전체 회의를 마친 뒤에 방문자들은 각 부서의 책임자들을 따로 일 대 일로 만나서 면접을 했다. 그리고 나중에, 우리 회사가 납품업체로 최종 결정이 되었다는 통보를 받았다. 그리고 우리 회사를 선정한 가장 결정적인 요인은, 연구 부서와 구매 부서 그리고 품질관리 부서 관리자들이 가지고 있는 영업 능력이 경쟁업체들에 비해서 뛰어나다는 사실이라고 했다.

"당신네 회사 사람들은 모두가 다 영업을 뛰더군요. 당신네 회사는 전체가 하나의 커다란 영업 조직이라는 느낌을 받았습니다."

　가격이나 품질이 우리와 비슷한 회사들이 많이 있었음에도 불구하고 이 회사들을 제치고 우리가 선정된 것은, 회사 전체의 영업 능력이 뛰어나다는 차별성을 갖추고 있었기 때문이다.

영업부 소속 기술자?

　한번은 정말 이상한 경험을 했다. 영업상 내가 방문했던 회사 중에서 가장 특이한 경우였다. 우리 회사는 토론토에 있는 공장에서 사용할 부품들을 설계하고 있었다. 우리 회사는 당시 아직 잘 알지 못하는 어떤 부품 공급업체와 거래를 할 작정으로, 그 업체 방문에 나섰다. 예비적인 설명도 함께 곁들일 계획이었다. 그런데 그 회사의 정문을 들어서는 순간, 깜짝 놀라고 말았다. 우리 방문자들의 이름과 함께 환영한다는 내용을 적은 종이가 붙어 있었기 때문이다. 영업 활동을 하면서 그런 환영을 받아보기는 처음이었다.

　안내 데스크에서 우리를 맞이한 사람은 영업부 소속이었다. 대체로 회사의 안내 데스크에 앉아 있는 사람은 영업부 소속이 아니다. 하지만 이 사람의 명패는 분명 '영업부'로 되어 있었다. 안내 데스크의 여자는 우리의 방문 목적을 공손하게 물었다. 우리가 누구인지 밝히자 여자는 어딘가로 전화를 하고는 잠깐 기다리라고 했다. 그리고 우리가 자기 회사에 자주 왔는지 물었다. 처음이라고 대답했다. 그러자 회사를 소개하는 소책자 몇 가지를 건네주었다.

"우리 회사 직원들은 우리 회사를 자랑스럽게 생각합니다. 우리 회사 사람들은 뭐든 잘해낸다고 믿습니다."

만나기로 한 사람이 로비에 나타났다. 명찰을 달고 있었는데 그 사람도 영업부 소속이었다. 그 사람은 기술 부서에서 일을 하는 것으로 알고 있었던 터라, 영업부 소속이 맞느냐고 물었다. 그러자 그 사람은 웃으면서 이렇게 말했다.

"아, 이거요? 우리 회사 직원들은 모두 영업부 소속입니다."

그를 따라가는 동안 '영업부-구매 담당', '영업부-회계 담당' 등이 적힌 글귀들이 눈에 띄었다. 모든 부서가 영업부였다.

담당자는 우리를 자기 공간으로 안내한 뒤에 자기 회사에 대해서 아는 게 있느냐고 물었다. 아는 게 없지만 이번 방문을 통해서 많은 것을 알 수 있을 것이라 기대한다고 대답했다. 그러자 그가 이렇게 말했다.

"우리가 맨 먼저 보여드릴 곳은 공장입니다. 우리 제품이 어떻게 생산되는지 보셔야죠."

그런데 그는 우리를 공장으로 데리고 가지 않고 건물 앞쪽으로 인도해서 회사의 중역실로 데리고 갔다. 거기에서 그는 멀티미디어를 동원해서 자기 회사가 만드는 제품에 대해서 열정적으로 설명을 했다. 그런 다음에 공장 견학이 이어졌다.

공장 견학을 마치고 담당자의 사무실로 다시 돌아가던 길에 나는 이렇게 말했다.

"당신은 기술 부서에 있을 게 아니라 영업 부서에 있는 게 더 낫겠습니다."

그러자 그는 씨익 웃었다.

"그렇죠?"

"자, 그럼 이제 당신은 우리에게 무얼 파실 생각입니까?"

"주식을 팔아야죠."

그가 웃으면서 말했다. 물론 농담이었다. 하지만 나는 그때, 만일 이 회사가 상장되면 이 회사의 주식을 사야겠다는 생각을 했다. 그만큼 자기 회사의 제품을 팔겠다는 그의 열정은 진지하고 신뢰가 갔던 것이다. 모든 직원을 회사의 중심 과제인 영업 분야에 적극적으로 나설 수 있게 훈련시키고 격려하는 회사는, 영업 관련 일은 오로지 영업부에만 맡기고 마는 회사에 비해서 확실히 보다 높은 경쟁력을 가진다.

흰개미 박멸 프로젝트

1 제품을 판매할 수 있는 기회는 도처에 널려 있음을 깨닫고, 모든 직원이 이 기회를 최대한 잡을 수 있도록 독려하라. 직원은 회사의 제품을 팔아야 할 뿐만 아니라, 지역 사회에 회사의 이미지도 함께 팔아야 한다.

2 영업은 갈고닦은 기술도 중요하지만 열정이 더 중요하다. 모든 직원이 자기 회사의 사장과 자기 회사에 대해서 좋은 이야기를 할 때 이 회사의 총체적인 영업 능력은 한층 커진다. 우리의 앨 뉴먼 재정 담당 부사장이 제품 설명회를 그처럼 멋지게 해냈던 것도 부분적으로는 회사에서 생산하는 제품에 대해서 무한한 자부심을 가지고 있었기 때문이다. 이 모든 것은 모든 훈련과 교육을 영업이라는 관점에서 접근했기 때문에 가능했다.

❸ 고객이 가장 원하는 사람은 자기 요구에 기꺼이 귀를 기울이려는 사람임을 명심하라. 우리가 할 수 있는 가장 설득력 있는 행위 가운데 하나가 귀를 기울이는 것이다('흰개미의 오류 5' 참조). 제품을 잘 팔고 싶으면, 입을 다물고 귀를 기울여라.

❹ 영업과 관련된 기술은 직책이나 직위와 상관없이 모든 직원이 꼭 갖추어야 할 덕목이다. 모든 직원은 자기 생각이나 욕구 혹은 전망을 팔아야 한다. 어떤 사업을 하든 혹은 어떤 상황에 처하든, 영업에 대한 기본적인 이해는 매우 유용하게 활용된다.

❺ 조직적인 영업이 한층 강화된 21세기이다. 그러므로 조직에 속한 사람은 누구나 고객과 한 약속에 책임이 있다는 사실을 명심하라. 영업을 하고 또 고객과 한 약속을 꼭 지키는 것은 생산직 근로자부터 수행원에 이르기까지 모두가 해야 할 일이다.

흰개미의 오류 55

직원들에게 회사의 수익 발생 구조를 이해시키지 않는다

"직원이 사업과 관련된 경제적인 역학 관계를 이해할 때, 직원은 회사의 소유주처럼 느끼고 생각하고 행동한다."
—짐 슈라이버, 헤르만 밀러 사(社)의 이사

켄터키 대학교의 전설적인 농구 감독 아돌프 럽은 스포츠 계에서 비록 화려하진 않지만 위협적인 존재였음에 틀림없다. 그는 악의적인 빈정거림으로 가득 찬 즉석 발언으로 유명했다. 그는 자기가 무슨 생각을 하는지 선수들에게 알리거나 선수들이 어떻게 행동해야 할지 말할 때 그다지 많은 단어를 동원하지 않았다. 한번은 켄터키 대학교 농구팀이 잘 싸웠지만 아슬아슬하게 지고 말았다. 경기 직후에 기자가 럽에게 승리도 중요하지만 잘 싸웠다는 것도 그만큼 중요하다고 생각하지 않느냐고 물었다. 그러자 럽은 고함을 빽 질렀다.

"그렇다면 빌어먹을 점수판은 뭐 하려고 세워둬?"

이기는 것은 중요하다. 특히 모든 기업들이 사활을 걸고 경쟁하는 기업 세계에서는 더욱 그렇다. 어떤 회사든 모든 직원이 자기 회사가 기록하고 있는 '현재의 점수'를 아는 게 결정적으로 중요한 이유도 바로 여기에 있다.

연말 보너스를 위해서

경기를 하는 선수는 현재의 점수를 아는 게 중요한데, 이것과 관련해서 오래 전에 내가 컨설팅 작업을 했던 한 회사의 사례를 인용하고자 한다. 이 회사는 해마다 수익의 1퍼센트를 직원에게 나누어주기로 결정했다. 비록 몫이 많지는 않았지만, 직원들은 회사가 이런 결정을 내리자 무척 고맙게 생각했다. 그런데 회사는 수익을 나누는 데는 관대했지만, 그 수익이 어떻게 발생되는지는 직원들에게 알려주지 않았다. 직원이 아는 유일한 사항은, 1년 동안 영업을 해서 만일 남는 게 있으면 보너스를 지급받는다는 것뿐이었다.

그 이전에도 4년 동안 연속적으로 성장을 했던 이 회사는 그 해에 매출액이 25퍼센트 성장하고 판매량도 15퍼센트 성장했다. 늘어나는 주문량을 감당하기 위해서 직원들은 잔업도 마다하지 않았다. 직원 한 사람은 나중에 나에게 이런 말을 했다.

"우리는 기꺼이 잔업을 했습니다. 더 큰 파이가 우리를 기다리고 있다고 믿었거든요."

연말이 다가오자 직원들은 그 어느 때보다 두둑한 보너스를 기대했다. 그런데 이 회사는 매출액과 판매량의 증가는 눈이 부실 정도였지만, 다른 비용도 놀랄 만큼 증가했다. 특히 기계와 설비의 관리 소홀로 인한 유지보수비가 크게 늘어났다. 그리고 기계를 새로 여러 대 구입한 것도 대차대조표에 주름이 지게 만드는 요인으로 작용했다. 재고품의 결손 처분액도 최고치를 기록했다. 원재료 제공업체가 재고 비용을 줄이는 정책을 적극적으로 실천하는 바람에 과거에 혜택을 보았던 할인도 받지 못했다. 또 새로운 광고 전략을 도입하면서 광고비는 평년에 비해서 열 배나 늘어났다. 이런 비용에 대해서 직원들은 자세히 알지 못했던 것이다.

산타클로스, 선물 가방이 텅 비다

이 회사는 해마다 크리스마스 파티 때 직원들에게 수표를 나누어주곤 했다. 이 회사의 사장도 산타클로스 역할을 하기 좋아했다. 그래서 그 해에 직원들은 큰 기대로 흥분 속에 크리스마스 파티를 맞이했다. 마침내 산타클로스가 일어나서 연설을 시작했다. 그런데 산타클로스의 표정과 어투가 심상치 않았다.

"나쁜 소식을 알려드려야 할 것 같습니다."

그는 재고와 이월된 손실, 재고 결손 등을 언급하고 최종적으로 회사의 전년도 손익을 이렇게 보고했다.

"한 마디로 말하면, 돈을 번 게 없습니다."

무거운 침묵 속에서 그는 자리로 돌아가서 앉았다. 산타클로스의 '빈 가방 선언'은 그야말로 폭탄이었다. 직원들은 삼삼오오 모여서 불만을 터트렸다.

"우리가 그렇게 많이 생산을 했는데 돈을 번 게 없다니, 말이 돼?"

매출액이 25퍼센트나 성장했으면서 이익을 내지 못했다면, 5퍼센트 성장했던 지난해에는 어떻게 보너스를 지급할 수 있었는지 알아봐야 하는 것 아니냐고 하는 사람도 있었다. 결국 이런 불평까지 터져 나왔다.

"나한테 어떻게 된 거냐고 묻는다면 난 이렇게 말하겠어. 캐딜락을 몰고 다니는 녀석들이 모두 꿀꺽해버린 게 틀림없다고."

사무실에서 근무하는 여직원도 외투를 집어 들고 나갈 채비를 하면서 이렇게 말했다.

"우리가 돈을 벌지 못했다니…… 장난하나?"

이 이야기를 사장으로부터 듣고 나는 그에게 무엇이 가장 큰 실수였다고 생각하느냐고 물었다.

"수익 배분 계획, 그 바보 같은 계획이 아닐까 싶소."

반은 농담이었다. 하지만 그는 계속해서 이렇게 말했다.

"우리의 최대 실수는, 우리 직원의 다수가, 간부진도 상당수 포함해서, 회사가 어떻게 수익을 내는지 모른다는 사실을 간과했던 것이지요."

경영자가 저지를 수 있는 실수 가운데, 회사의 수익 발생 구조를 직원들에게 알려주지 않는 것이 가장 큰 잘못일지도 모른다. 직원이 자기가 하는 수많은 행동들이 회사의 수익에 어떤 영향을 주는지 알지 못하는 상황에서, 수익을 창출하려는 회사의 노력을 어떻게 지지할 수 있겠는가. 이것은 점수를 매기지도 않고 농구 경기를 하는 것이나 마찬가지이다.

NO.55 흰개미 박멸 프로젝트

1 미리 직원에게 회사의 재정 관련 정보를 모두 공개하겠다고 말하라. 만일 개인의 연봉처럼 공개할 수 없는 몇몇 정보가 있다면, 왜 공개할 수 없는지 이유를 밝혀라. 이 설명을 직원들이 충분히 이해하게 만들어라. 이것이 바로 직원과 경영자 사이에 신뢰를 쌓는 첫걸음이기 때문이다.

2 직원들이 회사의 재정 관련 정보를 이해할 수 있도록 필요한 교육을 실시하라. 그리고 이 교육의 실시 시기와 목적을 미리 알 수 있도록 해서 가능한 한 이 교육에 적극적인 자발성을 가지고 임하도록 독려하라. 그리고 직원은 정보를 제공하지 않는 한 아무것도 모른다는 사실을 늘 전제로 하라. 또, 이 정보는 많은 사람에게 엄청난 효과가 있음을 명심하라.

3 정보를 공개할 때, 가능하면 인쇄물과 시각적 자료를 준비하는 등 전문적인 프레젠테이션 방식을 도입하라. 내가 아는 어떤 회사는 회사의 비용을 설명하면서, 비용을 구성하는 각 항목들이 각각 몇 퍼센트를 차지하는지 1달러 지폐를 조금씩 잘라내는 방식을 사용한다. 물론 순이익은 비용을 모두 잘라내고 남는 조각이었다.

4 손익계산서나 대차대조표와 같은 것을 말하기 전에 먼저 가장 중요한 항

목인 수익부터 시작하라. 이것은 회사가 생존하기 위한 원동력이며, 회사에 발을 들여놓고 있는 사람이라면 누구든 수익 발생 혹은 수익 차감에 직간접적으로 영향을 미치기 때문이다.

5 직원이 수치와 관련된 재정 관련 정보를 이해하고 나면, 그 다음에는 일상 속에서 그것이 어떤 의미가 있는지 알고 실천하게 하라. 사람들에게 보너스를 지급할 수 없다고 말을 해야 하는 순간이 얼마나 비참할지 항상 머릿속에 그려라.

흰개미의 오류 56

어려움에 잘 대처하지 못한다

"평온하던 과거의 논리와 방식으로는 현재의 험난한 문제를 해결하지 못합니다. 우리 앞에는 어려운 문제가 놓여 있습니다. 우리는 어떻게든 이 어려움에 잘 대처해야만 합니다." ―에이브러햄 링컨

사람들은 대부분 자기가 살아온 과거를 돌아보면서 삶에 대한 관점이 새롭게 바뀌었던 순간이 언제였는지 말할 수 있다. 나도 이런 적이 있었다. 열다섯 번째 맞는 생일을 앞둔 때였다. 당시 나는 '낙관주의자 클럽 연설 경연대회'에 참가했다. 이 대회는 지역 예선부터 시작했는데, 클럽 회원 가운데 한 사람이 내 개인 지도 교사로 선정되었다. 운이란 게 늘 그렇듯이, 이 지도 교사는 치과 의사였는데 무척 엄한 사람이었다. 이 사람은 나를 위해 따로 시간을 내기가 어려워서 주로 내가 치과

병원으로 찾아갔다. 그가 환자를 치료하는 동안 나는 옆에서 연설을 했고, 연설을 마치면 그가 이런저런 지적을 하곤 했다. 그날도 여느 때처럼 열심히 열변을 토했는데, 내가 생각해도 완벽하다는 느낌이 들었다. 연설을 마친 뒤 칭찬하는 말을 기대하며 치과 의사를 바라보았다. 하지만 그는 이렇게 말했다.

"침 뱉으시고……."

나는 집으로 돌아와서 아버지와 어머니에게 지도 교사가 마음에 들지 않는다고 불만을 털어놓았다. 두 분은 상의를 한 끝에 당신들이 직접 도와주겠다고 했다. 장로교 목사이던 아버지는 연설로 상대방을 설득하는 기술이라면 당연히 누구에게도 뒤지지 않았다. 집 바깥에 감나무 과수원이 있었는데, 날마다 아버지가 집으로 돌아온 저녁이면 우리 두 사람은 거기에서 고함을 질렀다. 아버지는 신문지를 둘둘 말아서 손에 쥐고서, 내가 강조해야 할 부분을 강조하지 않거나 엉뚱한 부분을 강조할 때 그리고 단어를 잘못 발음할 때마다 그 신문지로 내 머리를 가볍게 한 대씩 때렸다. 해가 지고 어둑해져서 바닥에 뒹굴던 홍시가 보이지 않아 발로 밟을 때까지 연습을 한 적도 여러 번 있었다. 나는 아버지에게 그만하자고 애원하곤 했다. 하지만 그때마다 아버지는 이렇게 말했다.

"넌 네가 원하는 것은 무엇이든 가질 수 있고 이룰 수 있어. 단, 그렇게 되기 위해서 필요한 일들을 기꺼이 한다면 말이야."

그리고 우리는 다시 연습을 시작했다.

감나무 과수원에서 아버지와 연습을 한 후에는, 집 안에서 어머니의 지도를 받았다. 어머니는 대학생 시절에 작가와 아마추어 배우로 이름을 날렸다고 했다. 연습은 주로 거실에서 했는데, 형제들이 연습하는 내 모습을 바라보며 자기들끼리 낄낄거리기도 하고 대놓고 놀리기도 했다. 연습은 늘 같은 방식으로 진행되었다. 어머니는 머리핀 열 개를 작은 종이 상자 안에 넣어두고 있었는데, 내가 실수 없이 연설을 잘하면 칭찬을 하면서 머리핀 하나를 나에게 주었다. 하지만 실수를 하면 격려를 하면서 머리핀 하나를 다시 가져갔다. 연습은 내가 열 개의 머리핀을 모두 받을 때까지 계속되었다. 머리핀 열 개를 다 받지 못했는데 연습을 중도에 그만둔 경우는 단 한 번도 없었다.

우승과 탈락

나는 지금까지도 그날의 연설을 생생하게 기억한다. 그리고 마을회관으로 들어가면서 그날 밤을 위해서 사람들이 얼마나 많은 수고를 했는지 깨달았을 때의 그 흥분도 생생하게 기억한다. 무대는 고등학교 교사 한 분이 설치했는데, 무대 뒤로 검은색 천이 드리워져 있어서 마치 연극의 무대 장치처럼 웅장하고 엄숙한 느낌이 들었다. 그리고 스포트라이트와 앰프 덕분에 비록 작은 마을회관이었지만 마치 카네기 홀 같았다. 이건 나뿐만이 아니라 연설 대회에 참가한 모든 사람들이 다 똑같이 느꼈던 감정이다. 그날 나는 내 생애 최고의 연설을 했고 난생 처음 보는 어마어마한 우승 트로피를 안았다. 그리고 나는 클럽 회장 및 치과 의사와 함께 기념사진도 찍었다(치과 의사는 지도 교사 상을 받았다).

지역 대회에서 우승을 한 뒤 지구 대회에서도 우승을 했다. 이제 렉싱턴에서 열리는 켄터키 주 대표를 뽑는 대회에까지 진출한 것이다. 이 대회에서 우승을 하면 주 대표가 되는 것이었다. 대회는 몇 달 뒤로 예정되어 있었기 때문에 나는 아버지와 어머니에게 얼마 동안 쉬고 싶다고 했다. 그러라고 했다. 그리고 몇 주가 흐르는 동안 두 분은 이따금씩 연습을 다시 시작해야 하지 않느냐고 했다. 하지만 예전처럼 거세게 몰아붙이지는 않았다. 억지로 연습을 시키지는 않겠다고 마음을 먹은 듯했다. 두 분은 처음 시작할 때는 소중한 교훈을 직접 가르쳐주었지만, 이제는 어떤 고통스러운 교훈을 나 혼자서 깨우치도록 한 것이었다.

그리고 주 대회가 열리는 날이 왔다. 나는 그제야 내가 잘못했음을 깨달았다. 아버지와 자동차를 타고 렉싱턴으로 달려가는 차 안에서 아버지는 나에게 연설을 몇 차례 연습해보지 않겠느냐고 물었다. 사실 나는 아침 일찍 거울 앞에 서서 연습을 했었다. 그런데 충격을 받고 말았다. 연설 내용을 너무 많이 까먹어버렸던 것이다. 그때, 기억 속에서 까맣게 지워져버린 내용을 기억하려고 애쓰던 순간의 그 절망적인 느낌을 나는 지금도 기억하고 있다. 그 절망감을 되새기고 싶지 않아서 나는 아버지에게 굳이 그럴 필요 없으며 편안한 마음으로 잘할 수 있을 것 같다고 말했다. 하지만 이렇게 거짓말을 한 더 큰 이유가 있었다. 내가 연설 내용을 제대로 기억하지도 못하는 것을 보고 실망한 아버지가 차를 돌려 집으로 돌아갈지도 몰랐기 때문이다.

렉싱턴에서 보낸 그날은 내 인생에서 가장 긴 하루였다. 켄터키 주 전역에서 12명이 선발되어 참가했는데, 한 명 한 명이 모두 다 잘했고 우승 후보였다. 나는 세 번째로 무대에 올랐다. 그리고 단어 하나도 빼먹지 않았다. 하지만 내가 잊고 빼먹은 것은 따로 있었다. 내 연설에 생기와 힘을 불어넣었던 세부적인 것들, 예컨대 호흡, 손 동작, 시선 등을 많이 빼먹고 말았다. 단어에 너무 집중하는 바람에 전체적인 감정의 흐름을 놓치고 말았던 것이다. 열정과 신념을 실으라고 아버지가 말했던 결론 부분에서도 맥이 빠져 흐느적거리고 말았다. 연설을 마치고 자리에 돌아와서 앉자, 참가자 가운데 한 명이 이렇게 말했다.

"잘했어, 네가 우승할 거야."

나는 그게 빈말임을 알았다. 열두 명 가운데 세 명이 트로피를 안았다. 하지만 나는 빈손으로 돌아와야 했다.

승리의 기쁨을 누릴 자격이 있는 사람

렉싱턴의 아픈 경험은 오랫동안 나를 괴롭혔다. 하지만 그 아픔의 정체는 20년이 지난 뒤에야 비로소 깨달을 수 있었다. 윈스턴 처칠이 2차 대전 때 썼던 전시 지휘본부가 박물관으로 일반에 처음 공개되던 1986년, 나는 런던에 있었다. 처칠의 팬이던 나는 지하 공간으로 연결된 계단을 내려갈 때는 흥분해서 몸이 저절로 덜덜 떨렸다. 그곳의 여러 방들은 마지막으로 사용되었던 그 모습 그대로 전시되어 있었다. 작전실에는 여러 종류의 지도와 군함 배치도가 있었고, 처칠이 루스벨트와 무선 통신으로 대화를 나누었던 통신실도 있었고, 지휘본부의 요원들이 잠을 잤던 좁은 방들도 있었으며, 이들 방보다는 조금 큰 처칠 수상의 침실도 있었다. 볼거리만으로 친다 하더라도 그 박물관은 대단했다.

이제 출구가 얼마 남지 않았다. 그런데 안내원이 우리에게 잠시 조용히 하고 위대한 지도자의 연설에 귀를 기울여보라고 했다. 곧 처칠의 목소리가 우리가 선 공간에 울려 퍼지기 시작했다. 그의 연설에는 불안과 희망이 한데 뒤섞여 있었다. 그는 영국 국민들에게 절대로 포기하지 말고 마지막 순간까지 싸우자고 호소했다. 그리고 뒤이어 결코 잊을 수 없는 말이 이어졌다.

"우리가 이 전쟁에서 이길 거라는 보장은 할 수 없습니다. 하지만 우리는 반드시 승리하고 그 기쁨을 누릴 자격이 있을 거라는 보장은 할 수 있습니다."

렉싱턴의 연설 대회 이후로 오랫동안 나를 괴롭힌 것은 내가 그 대회에서 떨어졌다는 사실이 아니었다. 그제야 깨달았지만, 나를 괴롭힌 것은 내가 승리의 기쁨을 누릴 자격이 없었다는 사실이었다. 나는 어려움에 잘 대처하지 못했던 것이다.

승자는 따로 있다

전화기에서 들리는 구매자의 말은 마치 헤비급 권투 선수의 어퍼컷처럼 강력했다. 회사의 1년 실적을 좌우할 수 있는 기회를 잡기 위해서 우리 부서가 넉 달 동안 심혈을 기울였던 노력이 물거품으로 돌아가는 순간이었다. 그는 우리가 보여준 노력에 감사한다면서 이렇게 말했다.

"솔직히 말씀드리면, 당신 회사는 충분히 자격이 있습니다. 하지만 구매위원회의 대다수 위원들이 규모가 좀더 크고 유명한 회사를 선택

했습니다."

이 말에 어떤 사람은 큰 위안을 얻지 못할지 모르지만, 나는 그렇지 않았다. 그 구매자는 우리를 인정했기 때문이다. 비록 납품업체 선정에는 탈락했지만, 패배가 아니었다. 나는 이 소식을 직원들에게 알리는 게 두렵지 않았다. 오히려 기대되었다. 다음날 아침 나는 우리 부서의 직원들을 회의실로 소집했다. 직원들은 회의실로 들어서자 깜짝 놀랐다. 회의실 탁자에는 각종 빵과 과일, 주스, 커피 등이 차려져 있었기 때문이다. 나는 승자를 위한 조찬 모임에 참석한 걸 환영한다는 말로 그날의 모임을 시작했다. 그러자 직원 한 사람이 흥분해서 이렇게 말했다.

"우리가 납품 따냈군요! 그렇죠?"

"아닙니다. 그쪽에서는 다른 업체를 선정했습니다."

갑자기 회의실에 정적이 감돌았다.

"그런데 뭘 축하하는 거죠?"

누군가의 심드렁한 목소리였다.

"그쪽 구매자가 말하길, 우리 회사는 충분히 자격이 있다고 했습니다. 그 사실을 축하하자는 겁니다."

그리고 이어서 직원들을 자랑스럽게 생각한다는 말로 그들의 노고를 치하하고, 우리는 정말 최선을 다했다고 했다.

"자격도 갖추지 못한 채 이기는 것보다는 차라리 자격을 갖추고 지는 것이 더 낫다고 생각합니다."

한 시간 뒤, 우리 부서의 직원들은 모두 승자의 느낌으로 당당하고 자신 있게 다시 자기 자리로 돌아갔다.

NO.56 흰개미 박멸 프로젝트

❶ 승자의 자격을 갖추는 것이 얼마나 소중한 가치가 있는지 직원들에게 가르쳐라. 칭찬과 보상은 결과가 아니라 노력에 따라서 나오는 것이라고 말하라.

❷ 아무리 과거에 성공했다 하더라도 매너리즘에 빠지면 더 이상 성공할 수 없다는 사실을 직원들에게 가르쳐라. 날마다 많은 노력을 기울일 필요가 있다는 사실을 강조하라.

❸ 작은 일에도 땀을 아끼지 마라. 단 한 번의 요행으로 승리를 얻는 일은 거의 없다. 승리는 수많은 작은 노력들이 하나로 모아져서 이루어지는 것이다. 사소해 보이는 작은 노력이라도 아끼지 말라고 가르쳐라.

❹ 성공이 어떤 것인지 가르쳐라. 승리가 어떤 의미가 있는지, 그리고 승리의 영광이 어떤 느낌인지 가르쳐라.

❺ 직원들이 열심히 일을 해서 승리를 거두었을 때뿐만 아니라, 충분히 승자의 자격을 갖추었음에도 불구하고 패배하고 말았을 때도 직원들이 갖춘 승자의 자격을 축하하라. 경영자가 인정해야 할 유일한 패배는 승자의 자격을 갖추지 못한 패배이다.

13부
가장 중요한 것

흰개미의 오류 57

이론으로 배운 것을 실천하지 않는다

"자기의 타고난 재능이 무엇인지 알고 이 재능을 자기의 강점으로 만들기 위해서 쉬지 않고 노력하며 이 강점을 이용해서 목표를 달성하는 사람이 바로 승자가 된다." —래리 버드, 농구 선수

57개의 장章으로 이루어진 책을 쓰면서 마지막 장을 가장 중요한 내용으로 채워야 한다는 것이 얼마나 큰 부담인지 충분히 이해하리라 믿는다. 〈아마데우스〉라는 영화에서 살리에르는, 사람들이 이제 끝났다는 사실을 알 수 있도록 마지막에는 강력한 것으로 장식해야 한다고 말했다. 나도 이 말에 동의하며, 이 장章이 마지막을 장식하는 강력한 것이 되기를 바란다. 인생의 가장 심오한 교훈은 가장 단순한 방식으로 나타난다. 그래서 주의를 기울여서 찾지 않으면 그 심오한 교훈을 놓쳐

버리기 십상이다. 내가 하려는 이 이야기의 교훈도 그렇다.

어떤 영업사원

오래 전, 현재의 컨설팅 및 훈련 프로그램 사업을 시작할 때 나는 비서와 팩시밀리, 복사기 등을 입주자가 공동으로 사용하는 사무실에 내 자리를 하나 마련했다. 이 사무실 건물은 'U'자 형이었는데, 복도 양 옆으로 개인 사무실 공간이 마련되어 있었다. 그런데 문제는, 개인 사무실마다 대기 공간이 따로 있다고 생각한 사람들이 노크도 없이 불쑥 문을 열고 들어오는 것이었다. 그래서 우리 입주자들은 이럴 경우의 놀라움을 최소한으로 줄이기 위해서 대부분 문을 열어두었다. 그런데 어느 날, 매우 중요한 전화를 하느라 잠시 문을 닫았다. 그런데 갑자기 문이 벌컥 열리면서 덩치가 산만한 사람이 안으로 들어왔다. 덩치가 산만하다는 표현이 과장이 아님을 믿어주기 바란다. 이 남자는 문에서 불과 한 걸음밖에 떼지 않았는데도 내 책상 가까이 다가왔을 정도이니까. 그러더니 들고 있던 것을 펼쳤다. 나는 처음에는 그게 지도인 줄 알았다. 하지만 지도가 아니라 소위 '사지 않으면 두고두고 후회할' 냄비와 프라이팬 세트 사진이었다. 모두 50개였고 가격은 19달러 95센트였다. 남자는 자신이 없는 시선으로 나를 바라보면서 이렇게 말했다.

"냄비와 프라이팬 사시지 않겠습니까?"

나는 전화기를 귀에 댄 채로 앉아 있었다. 내가 전화를 하고 있다는 메시지를 강력하게 전하는 자세였다. 하지만 이 말을 한 마디 더 해야

만 했다.

"보세요, 지금 중요한 전화를 하고 있습니다."

남자는 당황하는 빛을 보이더니 펼친 것을 빠르게 접었다. 나는 그 사람이 내 방에서 나갈 것이라고 생각했다. 하지만 그게 아니었다. 놀랍게도, 그리고 짜증스럽게도, 그는 문 쪽으로 가능한 한 멀리 떨어진 다음에 마치 보초처럼 서서 나를 지켜보았다. 아무래도 나갈 것 같지 않아서, 전화를 마친 다음에 부를 테니까 바깥으로 나가서 기다려 달라고 했다. 그리고 전화를 마친 뒤에 나는 아주 퉁명스러운 말투로 이렇게 말했다.

"도대체 뭘 사란 말이오?"

남자는 다시 파일을 펼치면서 아까와 똑같은 말을 반복했다.

"냄비와 프라이팬 사시지 않겠습니까?"

나는 남자를 똑바로 바라보며 분명하게 말했다.

"안 삽니다."

"그러시군요."

남자는 파일을 덮으면서 이렇게 말했다.

"그럼 어린이 책은 어떻습니까?"

나는 우리집에는 어린이가 없다고 했다. 그러자 그는 그래도 괜찮다고 하면서, 가지고 온 가방에서 파란색 상자를 꺼냈다. 겉에는 붉은색 십자가가 그려져 있었다. 그는 숨을 헐떡이면서 말했다.

"그럼 이 응급처치 상자는 어떻습니까?"

나는 남자의 눈을 바라보며 단호하게 말했다.

"아무것도 사고 싶지 않으니까 나가 주시오."

그러자 그는 어깨를 늘어뜨리고 가방을 들고 일어서서 문으로 걸어갔다. 그러다가 문 앞에서 내 회사 이름을 보더니 다시 돌아섰다.

"사장님은 무슨 일을 하십니까?"

나는 그 남자 때문에 낭비해버린 시간이 아까워서 짜증스런 목소리로 대답했다.

"여러 가지가 있지만, 특히 사람들에게 상품을 파는 법을 가르칩니다."

말을 해놓고 보니까 실수했다는 생각이 들었다. 아니나 다를까 그는 다시 내게 다가와서는 이렇게 물었다.

"내가 뭘 잘못했는지 제발 좀 가르쳐주세요, 사장님."

나는 보통 길거리에서 오다가다 만난 사람에게 공짜로 컨설팅을 하지는 않는다. 하지만 그 남자의 목소리에는 어떤 절실함이 느껴졌다. 그 절실함에 이끌리고 말았다. 그래서 시계를 본 다음에 이렇게 말했다.

"잠시 동안만 여기 앉아보세요, 내가 가르쳐드릴 테니까."

나는 그가 영업에 대해서 무엇을 알고 있는지 파악하려고 질문 하나를 던졌다.

"물건을 팔 때, 그 물건으로 인해 소비자가 누릴 이득이 중요하다고 생각합니까 아니면 그 물건이 가지고 있는 특징이 중요하다고 생각합니까?"

그는 잠시 생각하더니 무슨 말인지 잘 모르겠다고 했다.

"좋습니다. 당신이 스포츠카를 산다고 가정합시다. 차를 판매하는 상인은 이 차가 2.3초 안에 시속 100킬로미터를 낼 수 있다고 말을 합니다. 이것은 이 차의 특징입니까 아니면 당신이 누릴 이득입니까?"

남자는 곧바로 대답했다.

"이득이지요!"

"당신이 그렇게 빨리 가속할 필요가 있다면 이득이지만, 그럴 필요가 없다면 이득이 아닙니다."

이어서 나는, 소비자에게 어떤 새로운 욕구를 만들어내는 것보다 소비자가 이미 가지고 있는 욕구를 만족시키는 것이 훨씬 쉽다는 내 이론을 설명했다.

"사장님이 무슨 말씀을 하시는지 잘 알겠습니다만, 시범을 보여주시면 안 되겠습니까?"

남자는 응급처치 상자를 어떻게 팔 수 있는지 직접 보여달라고 했다. 나는 그에게 사무직원인 것처럼 반응하라고 말하고, 응급처치 상자를 들고 이렇게 말했다.

"선생님은 혹시 종이를 정리하다가 종이에 손을 베인 적이 없습니까?"

그는 내 자리에 앉아서 내가 하는 말을 받아 적으며 고개를 끄덕였다.

"아니면, 책상 서랍을 열다가 책상 서랍으로 무릎을 세게 친 적이 없습니까? 이거 하나만 서랍에 넣어두고 계시면 바로 이 자리에서 응급처치를 하실 수 있습니다."

"그렇게 하면 되겠네요. 정말 훌륭합니다!"

그는 내가 한 말을 받아 적으며 얼굴에 웃음을 띠었다. 시계를 보니 벌써 한 시간이나 지났다. 약속을 지키려면 30분 안에 일어나야 했다. 그리고 그 전에 준비할 것도 있었다.

"자 이제 그만 일을 해야 합니다."

그는 시간을 내주고 도움말을 줘서 고맙다고 했다.

"이제는 내가 어떻게 해야 할지 감을 잡았습니다."

약 40분쯤 뒤, 나는 사무실에서 나와 로비에 있는 비서에게 갔다. 내가 외출한다고 일러주기 위해서였다. 그런데 그 비서의 책상에 응급처치 상자가 놓여 있었다. 나는 짐짓 모른 척하며 물었다.

"어, 응급 상자네?"

"네, 방금 샀어요. 사장님은 혹시 종이를 정리하다가 종이에 손을 베인 적 없나요?"

이제 한 젊은이가 진정한 세일즈맨으로 새로 태어났구나, 하는 생각이 들었다. 차가 있는 곳으로 걸어가는 내 얼굴에는 미소가 퍼졌다.

직장 생활을 하면서 우리는 대부분 세미나나 워크숍 그리고 훈련 프로그램 등의 학습 기회를 여러 번 맞는다. 많은 사람들이 이런 기회를 적극적으로 활용해야겠다면서 달려든다. 일부는 심지어 진행자가 감탄을 할 정도로 모든 열심히 임한다. 그리고 프로그램이 끝난 뒤에는 보다 잘하겠다는 열정으로 충만해서 돌아간다. 그리고 사무실에 따로 파일을 하나 만들어서 프로그램에서 작성했던 메모나 기록들을 보관한다. 그리고 이 파일을 책상 속 깊숙한 곳에다 꼭꼭 넣어둔다. 이것으로 학습은 끝나고 만다.

인생의 가장 위대한 질문 가운데 하나는 이것이라고 생각한다. '우리가 습득하는 모든 지식으로 우리는 과연 무엇을 할 것인가?' 만일 이 지식이 책상 서랍 깊숙한 곳에 처박혀 있다면, 이 지식을 활용할 수 있는 가능성은 그만큼 줄어든다. 지식을 나중에 쓰겠다는 생각으로 따로 치워두지 말고, 될 수 있으면 빠르게 그 지식을 써먹을 수 있는 기회를 찾아야 한다. 인생은 가장 심오한 비밀을 가장 단순한 방법으로 드러낸다. 하지만 오래 전 내 사무실의 문을 벌컥 열고 들어섰던 그 덩치 큰 남자처럼 기꺼이 배우고 실천하려는 사람만이 그 비밀을 알 수 있다.

NO.57 흰개미 박멸 프로젝트

1 당신이 모든 해답을 다 가지고 있지 않다는 사실을 깨달아라. 때로 이것을 인정하는 것은 매우 힘들기도 하다. 특히 모든 해답을 다 가지고 있지 않다는 것을 단점으로 바라보는 사회에서는 더욱 그렇다.

2 도움이 필요하면 망설이지 말고 다른 사람에게 도움을 청하라. 내 사무실에 들어왔던 거구의 남자에게서 내가 가장 마음에 들었던 부분은 그의 겸손함이다(그랬기 때문에 나는 한 시간이라는 내 시간을 기꺼이 공짜로 제공했다). 그에게는 모든 것을 다 아는 척하기보다는 해결책을 구하는 게 훨씬 더 중요했다. 기꺼이 도움을 청하는 태도는(비록 늘 쉽게 도움을 얻을 수 있지는 않겠지만) 성장하는 데 필수적인 덕목이다.

3 이론으로 배운 것을 실천하라. 이것이 내가 '활용의 법칙'이라고 부르는 것인데, 가장 중요한 원칙이다. 교실에서 배운 것을 현실 속에서 과감하게 적용하라.